알리야 물결, 약속의 땅으로

예언과 성취로 이루어진 4천 년 역사 속 **이스라엘 귀환 스토리**

알리야 물결,
약속의 땅으로

홍광석 지음

홈앤에듀

　우리가 사는 이 시간은 옛 선지자들의 예언이 성취되는 하나님의 카이로스의 시간입니다. 언약에 신실하신 하나님이 열방을 향해 깃발을 세우시고(사 11:12) 그 거룩한 이름을 위해 열심을 내어 이스라엘의 흩어진 자들을 땅의 사방에서 돌아오게 하시는 지금은 바로 알리야의 계절입니다.

　하나님의 눈동자인 이스라엘은 이 마지막 때에 하나님의 시간표요, 좌표입니다. A.D.70년 로마 군대에 의해 예루살렘이 멸망한 이후 유대인들은 전 세계로 흩어져 거의 1900년 동안 나라 없이 방랑하며 사는 디아스포라의 삶을 살게 되었습니다.

　하지만 하나님께서는 흩어진 모든 이스라엘 백성을 이방 땅에 한 사람도 남기지 않고 이스라엘로 돌아오게 하시겠다고(겔 39:28) 말씀하셨으며, 이 일을 통해 스스로 여호와 하나님이심을 드러내시겠다고 선포하셨습니다.

　약 2천 년 만에 나라가 건국된 기적의 순간, 1948년 5월 14일부터 전 세계에 흩어져 있던 유대인들이 그들의 고향 이스라엘 땅으로 돌아오는 언약의 성취가 세계 곳곳에서 일어나고 있습니다. 특히나 전 세계를 강타한 코로나19 전염병과 점점 거세지는 반유대주의로 인해 이스라엘로 돌아오는 유대인들의 숫자가 늘어나고 있으며, 특별히 2022년 초 러시아의 우크라이나 침공으로 인해 전쟁이 발발한 직후부터 우크라이나, 러시아를 비롯한 구소련 국가와 중앙아시아에서 이스라엘로 알리야하는 유대인들의 수가 23년 만에 가장 많았습니다. 또한 에티오피아에 있는 유대인들의 알리야 작전이 내전과 전염병 등의 어려움에도 불구하고 계속 진행되고 있습니다.

홍광석 장로님께서 저술하신『알리야 물결, 약속의 땅으로』는 이스라엘 민족의 전반적인 역사와 전 시대를 걸쳐 계속되어 성취되고 있는 알리야의 흐름을 전체적으로 명확하게 보여주는 책입니다.

감사하게도 한국교회가 지난 3~4년 동안 룻과 나오미의 이야기처럼 유대인들이 어려울 때 혼자 두지 않고 곁에 있어 주며 함께 사명을 감당하는 일들이 계속 늘어나고 있습니다. 이 기간에 한국교회를 통해 5,438명이 전 세계로부터 알리야 했고, 최근에는 예수님을 믿는 유대인들도 알리야 하는 일들이 증가하고 있습니다. 하나님께서는 이방인들에게 이스라엘을 도울 수 있는 문을 열어 놓고 계십니다. 결국 성경에서 말씀하신 대로 이 마지막 탈출, 마지막 알리야를 돕는 것은 예수님의 재림을 앞당기는 일이 될 것입니다. 본 저서를 통해 하나님께서 바로 지금 행하고 계시는 크고 작은 알리야의 물결을 이해하며 주님의 손과 발이 되어 마지막 때의 사명에 함께 하시기를 강권합니다.

설은수 쥬이시 에이전시 아시아 크리스천 대표, 원뉴맨패밀리 대표

『알리야 물결, 약속의 땅으로』라는 책 제목에서 예수님의 재림이 가까워져 옴을 느낄 수 있습니다. 우리의 신앙이 잠들어 있지 않고 깨어 있도록 도움을 주며, 예언서를 통해 구속사적으로 이스라엘을 쉽게 이해할 수 있도록 도움을 주는 귀한 책입니다. 이 책을 읽고 더 많은 성경적 알리야 구절을 알게 되었습니다.

한국알리야운동본부는 2019년도에 파리에 있는 300명의 흩어진 유대인을

모아 고토로 올려보냈습니다. 2차로 카자흐스탄과 키르기스스탄에서 120명을 비밀작전으로 귀환시켰습니다. 3차는 인도에서 120명을, 4차는 우크라이나에서 120명을 약속의 땅으로 올려보냈습니다.

알리야에 대한 말씀을 역사적으로 자세하게 기록한 이 책이 많은 한국교회들의 이스라엘 선교 방향을 바로 잡아줄 것을 고대하며 큰 박수를 보내고 싶습니다. 아무쪼록 많은 분께 읽히길 바랍니다.

장상길 한국알리야운동본부 대표, 송도주사랑교회 담임목사

이스라엘 정부 통계에 따르면 2022년 한 해 동안 95개국에서 7만여 명의 유대인들이 이스라엘로 알리야했다고 합니다. 이 숫자는 2021년 28,600명에 비해 거의 두 배가 훨씬 넘는 숫자입니다. 러시아에서 가장 많은 37,364명이, 우크라이나에서는 14,860명, 미국에서는 3,500명, 프랑스에서 2,049명이 알리야 했습니다. 아무래도 2022년 2월 24일 러시아가 우크라이나를 군사적 침공을 하면서 두 나라에 살고 있던 유대인들이 집중적으로 알리야했기 때문이며, 미국 뉴욕의 코로나 바이러스 확산의 주원인으로 부루클린의 유대인들이 지목되고 유럽의 반유대주의의 열풍으로 인해 어쩔 수 없이 유대인들이 이스라엘로 이주해 갔던 것입니다.

하나님은 유대인들이 예수님을 거부한 죄의 결과로 그들을 흩어 놓으셨지만 결국은 다시 불러 모으신다는 약속의 말씀이 이렇게 성취되고 있습니다. 2천 년 만에 이스라엘이 다시 세워진 이후 지금까지도 많은 유대인들이 돌아왔지만 아

직도 돌아오지 않았던 이들을 이렇게 전쟁과 전염병 등으로 어쩔 수 없이 알리야 할 수 밖에 없는 상황이 되었습니다.

알리야에 대한 하나님의 놀라운 계획과 그 계획의 성취를 성경적으로 역사적으로 이렇게 일목요연하고 깔끔하게 정리해서 설명해 주는 홍광석 장로님의 『알리야 물결, 약속의 땅으로』는 이제까지 한국 기독교에서는 전혀 찾아볼 수 없었던 훌륭한 결과물이라고 생각됩니다. 도대체 이런 내용과 도표와 사진 자료들을 어디서 찾아냈을까? '구슬이 서 말이라도 꿰어야 보배'라는 말도 있는데 귀한 자료들을 너무도 훌륭히 서술해 나가는 그 필력도 감탄하지 않을 수 없었습니다. 이 책은 한국 기독교에 꼭 필요한 책이며 널리 보급되고 읽혀져야 할 보물입니다. 제가 이 책을 출판되기 전에 미리 읽어볼 수 있다는 것과 추천서를 쓸 수 있다는 것만으로도 영광입니다.

김종철 브래드TV 대표, 다큐멘터리 영화감독

알리야는 약속의 성취다. 태초에 말씀이 계셨고 이 말씀이 하나님과 함께 계셨는데, 이 말씀이 곧 하나님이시기에… 주님의 말씀이 주님의 시각에 이뤄짐을 우리로 깨닫게 하는 강력한 '사인(sign)'이다. 인류의 역사는 이 약속의 성취를 믿는 '믿음'과 그를 신뢰치 못하는 '이성'과의 충돌이었다. 탁월한 지능을 가진 철학자라는 자들은 단편적 사실을 논리로 꿰맞춰 성경은 상징일 뿐이요, 진실이 아님을 강변해왔다. 세상의 논리는 신학 안에 동록이 되었고 성경은 분석과 해석의 원료로 폄훼해왔다. 그렇게 종교개혁의 발원지 유럽의 교회가

텅텅 비어버렸고, 청교도 국가로 세워진 미국이 동성결혼을 합법화했다. 이성과 믿음의 싸움에서 세상적이고 정욕적이고 마귀적 지혜가 승자가 됐음을 보여준 사례다.

그러나 알리야는 말씀을 의심하던 영적 어린아이들의 믿음을 굳건케 만든다. 목이 곧은 교만한 자들의 뿔을 꺾어 의인의 뿔을 세워주신다. 『알리야 물결, 약속의 땅으로』는 66권의 성경이 그저 단순히 멈춰 있는 활자가 아닌 살아 움직이는 진리임을 간명한 필체로 정리해 놓았다. 한국의 그루터기와 같이 남은 자들의 일독을 권한다.

김성욱 지저스웨이브 대표

목차

1부 성경 속 귀환 약속과 성취

1. 아브라함, 이삭, 야곱에게 하신 언약

2. 첫 번째 귀환 - 하란에서 가나안으로

3. 두 번째 귀환 - 출애굽

제2부 유대인 디아스포라와 1900년 동안의 수난

머리말

　나는 몇 년 전 에스겔서 36장과 37장을 읽다가 등에 전기가 흐르는 것과 같은 엄청난 전율을 느끼게 되었다. 에스겔서의 내용에서 지금도 세상 역사 가운데 강하게 임재하시는 하나님의 손길을 보았기 때문이다. 평상시에도 이스라엘에 관심이 많아 이스라엘 관련 뉴스에 귀 기울이고 있었는데, 에스겔서 36장과 37장의 내용이 현재 이스라엘을 중심으로 전개되는 많은 일들에 그대로 오버랩 되고 있음을 보게 된 것이다. 1800년 동안 황폐하게 버려졌던 땅에 사람들이 모여들어 땅을 개간하기 시작한 일, 1948년에 새롭게 나라가 세워지고 그 나라 이름을 '유다(또는 유대)'가 아니라 '이스라엘'로 정한 일, 황폐하였던 땅에서 포도, 올리브, 대추야자와 오렌지 같은 품질 좋은 과일들이 재배되는 일, 최첨단 낙농 기술로 많은 낙농 제품을 수출하는 나라가 된 일, 여기저기 도시와 마을들이 세워지고 많은 사람이 모여드는 일, 전 세계로부터 많은 이스라엘의 자손들이 속속 약속의 땅으로 돌아오고 있는 일 등 에스겔서의 내용과 그대로 일치되는 일들이 그 땅에서 실제로 이루어지고 있다는 것을 알게 되었을 때의 벅찬 감동은 도저히 잊을 수가 없다. 하나님께서는 지금도 성실하게 약속을 성취하고 계시며 이 모든 일을 이루시는 분이 바로 하나님이심을 드러내고 계신다.

　사도행전 1장에는 예수님의 승천에 관한 내용이 기록되어 있다. 이 땅에서의 공생애를 마치시고 하늘로 올라가시려고 하는 예수님께 제자들이 조용히 다가와서 물었다. "주께서 이스라엘을 회복하심이 이때입니까?" 제자들의 이 질문에 예수님께서는 전혀 엉뚱한 대답을 하신다. "때와 시기는 아버지께서 자기의 권한에 두셨으니 너희가 알 바 아니요 오직 성령이 너희에게 임하시면 너희가 권

능을 받고 예루살렘과 온 유대와 사마리아와 땅 끝까지 이르러 내 증인이 되리라"(사도행전 1장 7절~8절)는 말씀을 남기시고 제자들이 보는 앞에서 하늘로 올라가신다. 이 대화는 예수님과 제자들이 나눈 이 땅에서의 마지막 대화였다. 제자들은 예수님께 이제 이스라엘을 회복할 때가 되지 않았느냐고 여쭈었는데, 예수님께서는 이스라엘 회복의 때에 대해서는 너희들이 알 바가 아니라고 잘라 말씀하신다. 완전히 동문서답이 아닌가? 그렇다면 제자들은 왜 이런 질문을 예수님께 던진 것일까?

제자들이 예수님을 따라다녔던 이유는 예수님이 로마의 세력을 몰아내고 성경(구약)에 예언된 대로 이스라엘을 회복시킬 메시아라고 믿었기 때문이다. 이스라엘 땅에 새로운 메시아 왕국이 세워지면 자기들은 높은 자리를 차지하고 권세를 누릴 것이라 기대하면서 3년간 예수님을 따라다녔다. 그런데 예수님께서는 이스라엘 회복의 때는 너희들이 알 바가 아니라고 말씀하시고 하늘로 올라가셨다. 제자들이 얼마나 황당했을까?

제자들뿐만 아니라 모든 유대인은 메시아가 오시면 이스라엘이 회복될 것으로 믿었다. 그 이유는 바로 성경(구약)에 이스라엘 회복에 대한 많은 예언의 말씀이 기록되어 있기 때문이다. 이사야서, 예레미야서, 에스겔서 및 스가랴서 등을 읽어보면 흩어신 백성들을 불러 모으시고 이스라엘을 회복 시키시겠다고 하시는 하나님의 약속이 반복되어 기록되어 있음을 어렵지 않게 알 수 있다. 특별히 에스겔서 37장에는 남유다와 북이스라엘로 나누어지고 멸망하였던 이스라엘이 다시 한 나라로 통일될 것이고, 한 임금 즉, 메시아가 통일된 나라를 다스리게 될 것이라는 예언의 말씀이 기록되어 있다. 그렇기에 예수님을 메시아로 여기고 따라다녔던 제자들은 당연히 예수님께서 분열되고 망가진 이스라엘을 회복시켜 주실 것으로 기대하고 있었다. 그런데 제자들의 기대와는 달리 예수님께서는 이스라엘 회복의 때에 대해서는 너희들이 신경 쓸 바 아니라고 잘라 말씀하시고 하늘로 올라가셨다. 게다가 예수님 승천 후 40년이 지난 A.D.70년에 성전은 로마군에 의해 파괴되고 동시에 예루살렘은 멸망한다. 또한 유대인들은 전 세계로 흩어져 디아스포라가 되고 약 1900년 동안 이리저리 쫓겨 다니며 이루 말할 수 없는 고난 속에 방랑 생활을 이어간다. 그렇다면 이스라엘 백성들을 약속의 땅으로 불러 모으시고, 이스라엘 나라를 회복하시겠다는 하나님의 약속은 그냥 공수표가 되어버리고 만 것일까?

그렇지 않다. 예수님께서 제자들을 향해 "너희들이 알 바가 아니다"라고 말씀하셨던 이스라엘 회복의 때가 이제 우리의 눈 앞에 펼쳐지고 있다. 하나님께서는 약속을 반드시 성취하신다. 아브라함과 이삭과 야곱에게 하신 약속을 지금도 성취하고 계신다. 이 약속을 성취하시기 위해 지금도 전 세계에 흩어져 있는 유대인들을 아브라함과 이삭과 야곱에게 약속하신 그 땅으로 불러들이고 계시며, 이것을 '알리야'라고 한다.

원래 '알리야'는 '올라간다'는 의미이다. 회당에서 율법을 읽을 때 단상으로 올라가는 것을 알리야라고 한다. 또한 이스라엘 백성들이 일 년에 세 번, 유월절과 오순절 그리고 초막절에 여호와의 성전이 있는 예루살렘으로 올라가는 일을 알리야라고 한다. 이 '알리야'라고 하는 단어가 지금은 공식적으로 전 세계에 흩어

져 있는 이스라엘의 후손들이 하나님께서 아브라함과 이삭과 야곱에게 주시겠다고 약속하신 고국 땅으로 돌아간다는 의미로 사용되고 있다. 한국어로는 주로 '귀환'이라는 말로 번역된다. 이스라엘 백성들에게 있어서 지금까지 세 번의 귀환이 있었는데 이러한 내용은 성경에 상세히 기록되어 있다. 그러니까 지금 이루어지고 있는 귀환(알리야)은 네 번째가 되는 셈이다.

첫 번째 귀환은 형 에서를 피해 외삼촌 라반이 사는 하란으로 가서 일가를 이루고 다시금 고향 땅으로 돌아오는 야곱(이스라엘)의 귀환이다. 이때 하란으로 간 사람은 야곱 한 사람뿐이었다. 야곱은 하란에서 20년 동안 외삼촌 라반의 집에서 종과 같은 생활을 한다. 그 과정에서 4명의 아내와 11명의 아들, 외동딸과 큰 재산도 얻게 된다. 외삼촌 라반의 집에서 탈출해 수년에 걸쳐 고향으로 귀환하는 길에 온 가족이 몰살당할 뻔한 세 번의 위기를 맞이하지만 하나님의 도우심으로 위기를 넘기고 고향 땅으로 '귀환'을 한다. 고향으로 돌아오는 길에 하나님께서는 야곱에게 새로운 이름, '이스라엘'을 주신다.

두 번째 귀환은 출애굽 사건이다. 약속의 땅, 가나안에 큰 흉년이 들었을 때, 야곱(이스라엘)의 가족들은 모두 요셉이 총리로 있는 애굽으로 내려간다. 이때 애굽으로 내려간 야곱 가족 70명의 이름이 창세기 46장에 기록되어 있다. 시간이 흘러 애굽에서 종살이하던 이스라엘의 자손들은 모세의 인도하에 출애굽을 하게 되는데, 이 날은 이스라엘이 애굽에 내려간 지 정확하게 430년이 끝나는 날이었다. 애굽에서의 노예 생활과 출애굽에 대해서는 이미 하나님께서 아브라함에게 예언해 주셨는데, 이 내용이 창세기 15장에 기록되어 있다. 애굽에서 출발한 이후 요단강을 건너 가나안 땅에 들어가기까지 정확하게 40년이 걸렸다. 이 두 번째 귀환에 대한 기록이 출애굽기, 레위기, 민수기, 신명기 및 여호수아서에 기록되어 있다.

세 번째 귀환은 바벨론으로부터의 귀환이다. 북이스라엘이 앗수르에 의해 멸망한 이후 남유다도 바벨론에 의해 정복당하고 B.C.586년에 예루살렘 성과 성전이 파괴된다. 이 과정에서 유대인들은 B.C.605년, B.C.597년, B.C.586년 세 차례에 걸쳐 바벨론에 포로로 끌려간다. 바벨론에서 포로 생활하던 유대인들은 예레미야서의 예언에 따라 70년이 지나 예루살렘으로 귀환하게 되는데 B.C.517년, B.C.457년 그리고 B.C.444년에 세 차례로 나뉘어 귀환이 이루어진다. 따라서 이때의 귀환은 약 74년에 걸쳐 이루어진 셈이 된다.

이제 마지막, 네 번째 귀환이 바로 우리가 사는 이 시대에 이루어지고 있다. 이 네 번째 귀환은 지금껏 가장 큰 규모였던 출애굽보다 훨씬 규모도 크고 광범위하다. 출애굽 사건 때 애굽을 탈출한 이스라엘 자손들은 200만 명 이상으로 추정되는데, 현재 진행되고 있는 네 번째 귀환의 대상 인원은 1,500만 명을 넘어선다. 출애굽이 40년 걸린 데 비해 이 마지막 귀환은 이미 140년을 넘어서고 있다. 출애굽은 애굽이란 한 나라로부터의 귀환이지만 지금 진행되고 있는 네 번째 귀환은 전 세계로부터의 귀환이다. 이 모든 일들이 성경에 기록된 내용 그대로 진행되고 있다. 그런데 하나님을 믿고 성경을 읽는다고 하는 성도들 대부분이 이 위대한 하나님의 역사에 대해 잘 알지 못한다. 안타까운 일이 아닐 수 없다. 많은 성도가 성경을 읽으면서도 성경 속 예언과 역사를 통해 이뤄지는 예언의 성취에

대해서는 별 관심이 없는 것 같다. 예언과 성취에 대해 잘 알지 못하면 성경의 내용에 대해서도, 하나님과 예수님에 대해서도 제대로 알기가 쉽지 않다.

이 책에서는 하나님께서 전 세계로 흩으셨던 이스라엘 백성들을 약속의 땅으로 불러 모으시고 이스라엘을 회복시키시겠다는 약속 및 예언의 내용과 그 성취 과정을 중심으로 이야기를 펼쳐 나가고자 하며, 그렇게 함으로써 역사를 주관하시는 하나님에 대해 조금 더 알아가는 기회가 되길 바란다. 아울러 지금도 이스라엘을 향해 선포하셨던 약속과 예언을 성실하게 성취해 나가시는 하나님의 역사하심과 신실하신 손길을 독자들과 함께 느껴보고자 한다.

지은이

서론

성경 속 예언과 성취의 목적

성경 속에는 수많은 예언과 그 예언의 성취에 관한 내용이 기록되어 있다. 하나님께서는 앞으로 이루어질 일들을 직접 말씀하시기도 하고, 선지자들을 통해 말씀하시기도 한다. 아울러 여러 가지 언약과 예표를 통해서도 앞으로 일어날 일들을 계시하신다. 예수님께서도 많은 예언의 말씀을 하셨다.

첫 언약의 말씀은 에덴동산에서 주어졌다. 하나님께서는 아담과 하와에 대해 몇 가지를 말씀하시고 하와에게 선과 악을 알게 하는 나무의 열매를 따 먹도록 유혹한 뱀에 대해서는 이렇게 말씀하신다.

> 내가 너로 여자와 원수가 되게 하고 네 후손도 여자의 후손과 원수가 되
> 게 하리니 여자의 후손은 네 머리를 상하게 할 것이요 너는 그의 발꿈치
> 를 상하게 할 것이니라 하시고 (창 3:15)

결국 이 세상의 역사는 여자의 후손으로 오실 예수 그리스도와 옛 뱀으로 상징되는 사탄과의 영적 전쟁으로 이어지며 종국에는 예수 그리스도의 승리로 마감된다는 예언의 말씀이다. 이 말씀은 예수 그리스도의 십자가 및 부활 사건으로 성취되었으며 최종적으로는 요한계시록에 기록된 대로 사탄의 멸망으로 종결될 것이다. 이것을 통상 '원시 복음'이라고 한다.

　　창세기 초반의 가장 큰 사건인 노아의 홍수 사건 역시 홍수가 있기 거의 천 년 전에 예언된 사건이다. 노아의 증조할아버지인 에녹은 아들을 낳고 그의 이름을 무드셀라로 지었다. '무드셀라'라는 이름에는 세상이 멸망될 것이라는 의미가 내포되어 있다. 무드셀라는 969세가 되던 해에 죽었고, 그의 이름대로 바로 그해에 홍수가 일어났다. 하나님께서는 노아에게도 앞으로 홍수가 있을 것임을 알려 주셨고 그에게 방주를 지으라고 명령하셨다. 120년이 지나 하나님의 말씀대로 홍수가 일어났고 노아의 가족 8명을 제외한 모든 사람이 홍수에 의해 멸망했다.

> 하나님이 노아에게 이르시되 모든 혈육 있는 자의 포악함이 땅에 가득
>
> 하므로 그 끝 날이 내 앞에 이르렀으니 내가 그들을 땅과 함께 멸하리라
>
> (창 6:13)

　　하나님께서는 갈대아 지방의 우르라는 곳에 살다가 하란으로 이주한 아브람을 부르시고 하나님께서 지시하는 땅으로 가라고 하셨다. 하나님께서 지시하신 땅은 현재 이스라엘이 차지하고 있는 가나안 땅이었고 그곳에서 아브람과 언약을 맺으신다. 이 언약의 내용은 그 당시 자식이 없었던 아브람에게 셀 수 없이 많은 자손을 주시겠다는 것과 그 자손들에게 이 가나안 땅을 주시겠다는 것이었다. 아울러 아브람의 자손이 이방의 객이 될 것이고 그들은 400년 동안 그 나라를 섬길 것이라는 말씀도 하셨다. 여기에 덧붙여 하나님께서는 그 자손들을 이

방 땅에서 데리고 나오실 것도 약속하셨다. 그리고 이 예언의 말씀과 약속은 출애굽 사건을 통해 그대로 성취되었다.

> 여호와께서 아브람에게 이르시되 너는 반드시 알라 네 자손이 이방에서 객이 되어 그들을 섬기겠고 그들은 사백 년 동안 네 자손을 괴롭히리니 그들이 섬기는 나라를 내가 징벌할지며 그 후에 네 자손이 큰 재물을 이끌고 나오리라 너는 장수하다가 평안히 조상에게로 돌아가 장사될 것이요 네 자손은 사대 만에 이 땅으로 돌아오리니 이는 아모리 족속의 죄악이 아직 가득 차지 아니함이니라 하시더니 (창 15:13~16)

다윗의 아들 솔로몬 때는 하나님께서 우상 숭배에서 돌이킬 것을 두 번이나 명령하셨으나 솔로몬이 이를 듣지 않자 솔로몬의 아들에게서 나라를 빼앗아 그의 신하에게 줄 것이라고 말씀하신다. 결국 하나님께서는 솔로몬의 아들 르호보암에게서 열 지파를 빼앗아 에브라임 지파 출신으로 솔로몬의 신하였던 여로보암에게 주셨고 이스라엘은 남과 북, 두 나라로 나뉘게 된다.

> 여호와께서 솔로몬에게 말씀하시되 네게 이러한 일이 있었고 또 네가 내 언약과 내가 네게 명령한 법도를 지키지 아니하였으니 내가 반드시 이 나라를 네게서 빼앗아 네 신하에게 주리라 그러나 네 아버지 다윗을 위하여 네 세대에는 이 일을 행하지 아니하고 네 아들의 손에서 빼앗으려니

와 오직 내가 이 나라를 다 빼앗지 아니하고 내 종 다윗과 내가 택한 예

루살렘을 위하여 한 지파를 네 아들에게 주리라 하셨더라 (왕상 11:11~13)

분열 왕국 시대부터는 이사야, 예레미야, 에스겔, 다니엘 등 많은 선지자를 세

우셔서 다양한 예언의 말씀을 선포하게 하시고 그 말씀을 그대로 성취해 나가신

다. 선지자들의 예언대로 북이스라엘과 남유다는 각각 앗수르와 바벨론에 멸망

하게 된다. 이와 동시에 앗수르, 바벨론, 헬라, 로마와 같은 제국들이 일어나고,

이러한 제국들은 다니엘서에 기록된 예언의 말씀에 따라 멸망의 길을 걷는다.

구약의 선지자뿐만이 아니라 이 땅에 오신 예수님을 통해서도 많은 예언의 말

씀이 선포된다. 대표적인 예언이 예루살렘 성전 파괴에 대한 말씀이다. 이 말씀

대로 A.D.70년에 로마 군대에 의해 예루살렘이 멸망할 때 성전도 완전히 돌 하

나도 돌 위에 남지 않고 무너뜨려진다.

예수께서 성전에서 나와서 가실 때에 제자들이 성전 건물들을 가리켜 보

이려고 나아오니 대답하여 이르시되 너희가 이 모든 것을 보지 못하느냐

내가 진실로 너희에게 이르노니 돌 하나도 돌 위에 남지 않고 다 무너뜨

려지리라 (마 24:1~2)

그렇다면 하나님께서는 무엇 때문에 앞으로 하실 일을 사전에 선포하시고 사

람들이 그것을 알게 하시는 것일까? 이사야서에는 다음과 같은 내용의 말씀이

기록되어 있다.

> 나 여호와가 말하노니 너희 우상들은 소송하라 야곱의 왕이 말하노니 너
> 희는 확실한 증거를 보이라 장차 당할 일을 우리에게 진술하라 또 이전
> 일이 어떠한 것도 알게 하라 우리가 마음에 두고 그 결말을 알아보리라
> 혹 앞으로 올 일을 듣게 하며 뒤에 올 일을 알게 하라 그리하면 너희가 신
> 들인 줄 우리가 알리라 또 복을 내리든지 재난을 내리든지 하라 우리가
> 함께 보고 놀라리라 (사 41:21~23)

> 보라 전에 예언한 일이 이미 이루어졌느니라 이제 내가 새 일을 알리노라
> 그 일이 시작되기 전에라도 너희에게 이르노라 (사 42:9)

이 말씀들은 하나님께서 우상 숭배에 빠진 이스라엘 백성들의 어리석음을 책
망하시면서 하신 말씀이다. 나무와 돌로 만든 목석을 자기의 신이라고 섬기고
있는 이스라엘 백성들에게 돌아오라고 재촉하시는 말씀이다. 이 세상에 앞으로
일어날 일들이 이루어지기 전에 알려줄 수 있는 분은 오직 전능하신 여호와 한
분이므로 우상에게서 떠나 여호와 한 분만을 섬기라는 말씀이다.

예언서 중에서도 특별히 에스겔서에는 "내가 여호와인 줄을 그들이 알리라"
와 같은 형식의 말씀이 60군데 이상 기록되어 있다. 이 중 몇 가지를 인용하면 다
음과 같다.

내가 내 손을 들어 너희 조상들에게 주기로 맹세한 땅 곧 이스라엘 땅으로 너희를 인도하여 들일 때에 너희는 내가 여호와인 줄 알고 (겔 20:42)

내가 너를 뭇 나라 가운데에 흩으며 각 나라에 헤치고 너의 더러운 것을 네 가운데에서 멸하리라 네가 자신 때문에 나라들의 목전에서 수치를 당하리니 내가 여호와인 줄 알리라 하셨다 하라 (겔 22:15~16)

내가 바벨론 왕의 팔은 들어 주고 바로의 팔은 내려뜨릴 것이라 내가 내 칼을 바벨론 왕의 손에 넘기고 그를 들어 애굽 땅을 치게 하리니 내가 여호와인 줄을 그들이 알리라 (겔 30:25)

그러므로 너는 대언하여 그들에게 이르기를 주 여호와께서 이같이 말씀하시기를 내 백성들아 내가 너희 무덤을 열고 너희로 거기에서 나오게 하고 이스라엘 땅으로 들어가게 하리라 내 백성들아 내가 너희 무덤을 열고 너희로 거기에서 나오게 한즉 너희는 내가 여호와인 줄을 알리라 (겔 37:12~13)

하나님께서 선지자 에스겔을 통해 예언의 말씀을 선포하실 때 반복적으로 "내가 여호와인 줄을 그들이 알리라"라고 강조하신 이유는 이 일이 성취된 후에 이스라엘과 만국의 백성들이 예언의 성취는 우연히 된 것이 아니라 바로 하나님께서 성취하신 것임을 알게 하시려는 것이다. 다시 말해, 성경에 수많은 예언이 기록된 이유와 그 목적은 하나님께서 일을 계획하시고 또 그 일을 친히 성취하시는 분임을 드러내기 위한 것이다. 사람들에게 하나님의 하나님 되심을 드러내기 위한 수단의 하나로 이 예언과 성취를 사용하고 계신 것이다. 성경에 기록된 예언과 그리고 성취된 일들을 살펴보면 하나님의 품성이나 경륜 등에 대해 많은 것을 알 수 있게 된다. 하나님에 대해 보다 더 잘 알기 위해서는 반드시 예언과 성취에 관해 공부해야 한다.

성경의 예언과 성취는 크게 세 종류로 구분해 볼 수 있다. 첫 번째는 메시아에 대한 예언과 성취이고, 두 번째는 이스라엘에 대한 예언과 성취이다. 그리고 세 번째는 이방 민족들 즉, 세상 열방에 대한 예언과 성취이다. 이 세 가지의 예언과 성취는 별개로 진행되는 것이 아니라 서로 엉킨 실타래처럼 서로 밀접하게 연관돼 있다.

세 종류의 예언과 성취 중에서 가장 중요한 부분인 메시아에 대한 예언과 성취에 대해서는 이전에 쓴 책『바이블 이슈 40』을 통하여 어느 정도 설명을 한 바 있다. 이 책에서는 두 번째 부분인 이스라엘에 대한 예언과 성취 부분을 다루고자 하며, 그중에서도 이스라엘의 4천 년 역사 가운데 반복적으로 이루어진 약속의 땅으로의 귀환 과정을 중점적으로 다루어 보고자 한다.

성경에 기록된 반복적인 귀환 과정을 되짚어 보고 현재 우리가 사는 이 시대 가운데 이스라엘 땅에서 이루어지는 일들을 기록된 예언의 말씀에 비추어 보면, 지금도 약속과 예언의 말씀을 성실히 성취해 나가고 계시는 하나님의 역사하심

을 어렵지 않게 알 수 있다. 하나님께서는 이 모든 일을 행하시는 분이 바로 여호와 하나님이신 것을 우리가 깨달아 알기를 원하시며 우리의 눈앞에 하나님의 이름이 명백히 드러나기를 원하신다. 이 책을 통해서 지금도 살아 역사하시는 우리 하나님의 이름이 세상 가운데, 또 믿는 자들 가운데 명확히 드러나 하나님께서 찬양과 존귀와 영광을 받으시기를 간절히 바란다.

1부

성경 속 귀환 약속과 성취

1
아브라함, 이삭, 야곱에게 하신 언약

1) 아브라함까지의 계보와 부르심

창세기에는 많은 족보가 기록되어 있다. 일반적으로 성경을 읽을 때 족보는 그냥 눈으로 대충 훑고 넘어가기 쉽다. 그런데 창세기 5장에 기록된 족보의 내용을 살펴보면, 아담을 1대로 하면 홍수에서 살아남은 노아는 10대임을 알 수 있다. 그리고 창세기 11장에는 노아의 아들인 셈으로부터 아브람까지의 족보가 기록되어 있는데 노아의 아들 셈은 아담으로부터 11대가 되고 아브라함은 20대가 된다.

셈의 후손인 아브라함이 원래 살던 곳은 '갈대아 우르'였다. 갈대아는 지금의 메소포타미아 지역을 의미하며, 우르는 그 지역에 있던 도시 중 한 곳이다. 아브라함의 가족들은 갈대아의 우르를 떠나 지금의 터키 동부에 있는 하란에서 거류했다. 아브라함이 75세가 되었을 때 그는 하나님의 부르심을 받고 가족을 떠나 하나님께서 주시기로 한 가나안 땅에 들어와 살게 된다.

> 여호와께서 아브람에게 이르시되 너는 너의 고향과 친척과 아버지의 집을 떠나 내가 네게 보여 줄 땅으로 가라 내가 너로 큰 민족을 이루고 네게 복을 주어 네 이름을 창대하게 하리니 너는 복이 될지라 (창 12:1~2)

가나안 땅의 이름은 함의 넷째 아들인 가나안의 후손들이 그곳에 살고 있었기 때문에 붙여진 이름이다. 창세기 10장에는 노아의 아들인 셈과 함과 야벳의 아들들의 계보가 기록되어 있다. 이 중에 함은 네 명의 아들을 낳았고, 막내아들이 바로 가나안이다.

> 함의 아들은 구스와 미스라임과 붓과 가나안이요 (창 10:6)

> 가나안은 장자 시돈과 헷을 낳고 또 여부스 족속과 아모리 족속과 기르가스 족속과 히위 족속과 알가 족속과 신 족속과 아르왓 족속과 스말 족속과 하맛 족속을 낳았더니 이 후로 가나안 자손의 족속이 흩어져 나아갔더라 (창10:15~18)

가나안의 후손인 시돈 족속과 헷 족속 그리고 여부스 족속, 아모리 족속, 기르가스 족속, 히위 족속, 알가 족속, 신 족속, 아르왓 족속, 스말 족속과 하맛 족속을 통틀어 '가나안 족속'이라 일컫는다. 아브람이 75세에 가나안 땅의 세겜(현재의 나블루스)에 도착했을 때 그곳에 가나안 사람들이 살고 있었다.

> 아브람이 그의 아내 사래와 조카 롯과 하란에서 모은 모든 소유와 얻은
> 사람들을 이끌고 가나안 땅으로 가려고 떠나서 마침내 가나안 땅에 들어
> 갔더라 아브람이 그 땅을 지나 세겜 땅 모레 상수리나무에 이르니 그 때
> 에 가나안 사람이 그 땅에 거주하였더라 (창 12:5~6)

하나님의 부르심으로 75세에 가나안 땅으로 들어온 아브라함은 175세에 죽을 때까지 100년 동안 가나안 땅에서 나그네의 삶을 살다가 그 땅의 헤브론에 장사 된다.

2) 하나님과 아브라함과의 언약

아브라함이 가나안 땅에 살 때 그곳에 흉년이 들어 애굽(이집트)으로 내려갔다가 아내를 잃을 뻔한 일을 당하고 다시 가나안 땅의 벧엘과 아이 사이에서 하나님께 제단을 쌓는다. 그리고 여기에서 자신을 따라 가나안 땅에 함께 들어왔던 조카 롯과 헤어진다.

롯이 풍요로운 땅을 보고 동편으로 떠난 후에 하나님께서는 당시 아들이 없던 아브라함에게 나타나셔서 셀 수 없이 많은 자손을 주실 것이고, 아브라함과 그 자손에게 가나안 땅을 주시겠다는 약속을 하신다.

> 롯이 아브람을 떠난 후에 여호와께서 아브람에게 이르시되 너는 눈을 들
> 어 너 있는 곳에서 북쪽과 남쪽 그리고 동쪽과 서쪽을 바라보라 보이는

땅을 내가 너와 네 자손에게 주리니 영원히 이르리라 내가 네 자손이 땅
의 티끌 같게 하리니 사람이 땅의 티끌을 능히 셀 수 있을진대 네 자손도
세리라 너는 일어나 그 땅을 종과 횡으로 두루 다녀 보라 내가 그것을 네
게 주리라 (창 13:14~17)

　이후에 아브라함은 남쪽으로 이동해 헤브론 산지에 거주하게 된다. 얼마간의
시간이 흐른 후 하나님께서 아브라함의 환상 중에 나타나셔서 반드시 아브라함
의 몸에서 날 자가 상속자가 될 것이라고 말씀하신다. 하나님께서는 아브라함을
밖으로 데리고 나와 별을 보게 하시며 아브라함의 자손이 별같이 많게 될 것이
라고 하시면서 가나안 땅을 주시겠다고 재차 약속하신다. 이때 아브라함은 하나
님께 약속의 증거를 보여 달라고 하고, 하나님께서는 아브라함에게 3년 된 암소
와 3년 된 암염소 그리고 3년 된 숫양을 가져다가 이들을 반으로 쪼개고, 쪼갠 것
을 서로 마주 대하여 놓으라 하신다. 또한 산비둘기와 집비둘기 새끼를 갖다 놓
으라고도 하신다. 그날 밤 어두울 때 횃불이 쪼갠 고기 사이로 지나감으로써 하
나님께서는 이를 약속의 증거로 삼는다. 이것이 바로 하나님과 아브라함 사이의
횃불 언약이다.

해가 저서 어두울 때에 연기 나는 화로가 보이며 타는 횃불이 쪼갠 고기
사이로 지나더라 그 날에 여호와께서 아브람과 더불어 언약을 세워 이르
시되 내가 이 땅을 애굽 강에서부터 그 큰 강 유브라데까지 네 자손에게
주노니 곧 겐 족속과 그니스 족속과 갓몬 족속과 헷 족속과 브리스 족속
과 르바 족속과 아모리 족속과 가나안 족속과 기르가스 족속과 여부스 족
속의 땅이니라 하셨더라 (창 15:17~21)

당시 중동에서는 서로 간에 중요한 계약을 할 때, 짐승을 잡아 반을 쪼개고 계약 당사자가 쪼갠 고기 사이를 지나감으로써 약속을 반드시 지키겠다는 맹세를 했다고 한다. 다시 말해, 약속을 지키지 않을 경우 자기를 쪼갠 짐승처럼 처리해도 좋다는 의미였다. 하나님께서 보낸 횃불이 쪼갠 고기들 사이로 지나갔다는 의미는 바로 하나님께서 아브라함에게 하신 이 약속을 어떠한 일이 있어도 반드시 지키시겠다는 약속이었다.

가나안 땅에 들어온 지 10년이 지나도록 아브라함에게는 아들이 없었다. 그래서 아브라함은 아내 사라의 여종인 하갈을 통해 아들을 얻고 그 이름을 이스마엘이라고 했다. 이때가 아브라함의 나이 86세가 되었을 때다. 오랫동안 아내 사라를 통해 아들을 얻지 못했으니 앞으로도 사라를 통해서는 아이를 얻을 수 없으리라 판단해서 그렇게 한 것이다.

그런데 아브라함이 99세가 되었을 때, 하나님께서는 다시 그에게 나타나셔서 자손과 땅에 대한 세 번째 언약의 말씀을 하신다. 그리고 아브라함의 자손들과도 언약을 세우시겠다고 하신다.

> 보라 내 언약이 너와 함께 있으니 너는 여러 민족의 아버지가 될지라 이제 후로는 네 이름을 아브람이라 하지 아니하고 아브라함이라 하리니 이는 내가 너를 여러 민족의 아버지가 되게 함이니라 내가 너로 심히 번성하게 하리니 내가 네게서 민족들이 나게 하며 왕들이 네게로부터 나오리라 내가 내 언약을 나와 너 및 네 대대 후손 사이에 세워서 영원한 언약을 삼고 너와 네 후손의 하나님이 되리라 내가 너와 네 후손에게 네가 거류하는 이 땅 곧 가나안 온 땅을 주어 영원한 기업이 되게 하고 나는 그들의 하나님이 되리라 (창 17:4~8)

이 언약의 표징으로 아브라함과 이스마엘 그리고 아브라함 집안의 모든 남자가 할례를 행했다. 창세기 15장의 횃불 언약과 17장의 할례 언약으로 하나님과 아브라함, 하나님과 아브라함의 자손들 간의 언약이 맺어진 것이다. 이렇게 언약을 세우신 이유는 하나님께서 아브라함과 그 후손들의 하나님이 되시기 위해서였다. 이 언약을 맺은 후 1년이 지나 아브라함이 100세가 되었을 때 하나님의 말씀대로 더 이상 자식을 낳을 수 없게 된 90세 아내 사라를 통해 아들 이삭을 얻는다.

하나님은 아브라함에게 세 번에 걸쳐 자손과 땅에 관한 언약을 하셨고 최종적으로는 모리아 산에서의 이삭 번제 사건 때 이전에 말씀하셨던 자손에 대한 약속과 그 자손을 통해 태어날 메시아에 대한 약속 그리고 그 메시아를 통해 천하 만민이 복을 받을 것이라는 약속으로 언약을 마무리하신다.

> 이르시되 여호와께서 이르시기를 내가 나를 가리켜 맹세하노니 네가 이같이 행하여 네 아들 네 독자도 아끼지 아니하였은즉 내가 네게 큰 복을 주고 네 씨가 크게 번성하여 하늘의 별과 같고 바닷가의 모래와 같게 하리니 네 씨가 그 대적의 성문을 차지하리라 또 네 씨로 말미암아 천하 만민이 복을 받으리니 이는 네가 나의 말을 준행하였음이니라 하셨다 하니라 (창 22:16~18)

위의 말씀에서 '네 씨가 그 대적의 성문을 차지하리라'라는 말씀은 창세기 3장 15절 말씀의 '여자의 후손이 뱀의 머리를 상하게 하는' 것과 같은 의미로 해석되며, 여자의 후손은 곧 메시아(그리스도)로 해석된다. 메시아를 통한 복이 이스라엘만이 아닌 천하 만민에게 이른다는 의미이다.

3) 하나님과 이삭과의 언약

이삭은 40세에 아내 리브가를 맞고 20년이 지난 60세가 되어서 쌍둥이 아들 에서와 야곱을 얻는다.

이후에 가나안 땅에 흉년이 들어 이삭의 가족은 블레셋 사람들이 사는 그랄에 이르게 되는데, 이때 하나님께서 이삭에게 말씀하시기를 아브라함처럼 애굽으로 내려가지 말고 그랄 땅에 머무르라 하시면서 아브라함에게 하셨던 언약을 이삭과 다시 맺으신다.

> 여호와께서 이삭에게 나타나 이르시되 애굽으로 내려가지 말고 내가 네
> 게 지시하는 땅에 거주하라 이 땅에 거류하면 내가 너와 함께 있어 네게
> 복을 주고 내가 이 모든 땅을 너와 네 자손에게 주리라 내가 네 아버지 아
> 브라함에게 맹세한 것을 이루어 네 자손을 하늘의 별과 같이 번성하게 하
> 며 이 모든 땅을 네 자손에게 주리니 네 자손으로 말미암아 천하 만민이
> 복을 받으리라 이는 아브라함이 내 말을 순종하고 내 명령과 내 계명과
> 내 율례와 내 법도를 지켰음이라 하시니라 (창 26:2~5)

위의 말씀에서 '네 자손으로 말미암아 천하 만민이 복을 받으리라'라는 의미 역시 메시아를 통한 구원을 말하는 것으로 해석된다. 따라서 하나님께서는 이삭에게도 아브라함에게 하신 것과 같이 자손에 대한 언약, 땅에 대한 언약 그리고 장차 오실 메시아에 관한 언약을 하신 것이다.

이후에 이삭이 브엘세바로 거처를 옮겼을 때 하나님께서 다시 이삭에게 나타나셔서 재차 자손에 대한 언약의 말씀을 하신다.

이삭이 거기서부터 브엘세바로 올라갔더니 그 밤에 여호와께서 그에게
나타나 이르시되 나는 네 아버지 아브라함의 하나님이니 두려워하지 말
라 내 종 아브라함을 위하여 내가 너와 함께 있어 네게 복을 주어 네 자
손이 번성하게 하리라 하신지라 이삭이 그 곳에 제단을 쌓고, 여호와의
이름을 부르며 거기 장막을 쳤더니 이삭의 종들이 거기서도 우물을 팠더
라 (창 26:23~25)

시간이 흘러 이삭의 작은 아들 야곱이 아버지 이삭을 속여 형 에서에게 돌아
갈 아버지의 축복을 가로채는 사건이 발생한다. 형 에서가 크게 화가나 야곱을
죽이려고 하자 이들의 어머니인 리브가가 야곱을 하란(밧단아람) 지방에 있는
자기의 오빠 라반에게 피신시키게 된다. 이때 이삭이 하란으로 떠나는 야곱에게
외삼촌 라반의 딸 중에서 아내를 맞이하라고 당부하며 하나님과의 언약 즉, 자
손과 땅에 대한 언약이 야곱을 통해 이루어지기를 축복한다.

이삭이 야곱을 불러 그에게 축복하고 또 당부하여 이르되 너는 가나안 사
람의 딸들 중에서 아내를 맞이하지 말고 일어나 밧단아람으로 가서 네 외
조부 브두엘의 집에 이르러 거기서 네 외삼촌 라반의 딸 중에서 아내를
맞이하라 전능하신 하나님이 네게 복을 주시어 네가 생육하고 번성하게
하여 네가 여러 족속을 이루게 하시고 아브라함에게 허락하신 복을 네게
주시되 너와 너와 함께 네 자손에게도 주사 하나님이 아브라함에게 주신
땅 곧 네가 거류하는 땅을 네가 차지하게 하시기를 원하노라 (창 28:1~4)

이렇게 아브라함에게서 이삭으로 이어지는 하나님의 언약은 동생에게 장자

권을 팔았던 형 에서가 아니라 동생 야곱을 통해 계승된다.

4) 하나님과 야곱과의 언약

에서의 분노를 피해 외삼촌 라반이 있는 하란으로 향하던 야곱은 루스라고 하는 곳에서 돌베개를 베고 잠을 자다 꿈에 하나님의 사자들이 오르락내리락하는 하늘에 닿은 사닥다리를 보게 되고, 그 위에 계신 하나님을 만나게 된다. 여기에서 하나님께서는 야곱에게 언약하신다. 이전에 야곱의 할아버지 아브라함과 아버지 이삭에게 하셨던 언약이다. 땅을 야곱과 야곱의 자손에게 주시겠다는 언약과 자손이 땅의 티끌 같이 많아지리라는 언약 그리고 땅의 모든 족속이 야곱의 자손으로 말미암아 복을 받으리라는 언약이다.

> 또 본즉 여호와께서 그 위에 서서 이르시되 나는 여호와니 너의 조부 아
> 브라함의 하나님이요 이삭의 하나님이라 네가 누워 있는 땅을 내가 너와
> 네 자손에게 주리니 네 자손이 땅의 티끌 같이 되어 네가 서쪽과 동쪽과
> 북쪽과 남쪽으로 퍼져 나갈지며 땅의 모든 족속이 너와 네 자손으로 말미
> 암아 복을 받으리라 (창 28:13~14)

하나님께서는 아브라함과 이삭에게 하셨던 언약에 덧붙여 고향과 부모를 떠나 멀리 하란으로 향하는 야곱에게 반드시 이 땅으로 돌아오게 하시겠다는 약속의 말씀을 하신다. 아울러 하나님께서 언약하신 모든 것을 다 이루기까지 그에게서 떠나지 않으시겠다는 말씀도 하신다.

하나님의 말씀을 들은 야곱은 베고 자던 돌베개에 기름을 붓고 하나님께 서원

한다. 하나님께서 자기를 온전히 이 땅으로 돌아오게 하신다면 여호와께서 자기의 하나님이 되실 것이라는 서원이다. 즉, 온전히 여호와 하나님만을 섬기겠다는 의미였다. 야곱은 하나님을 만난 그곳의 이름을 하나님의 집이라는 의미인 '벧엘'이라고 불렀다.

> 야곱이 서원하여 이르되 하나님이 나와 함께 계셔서 내가 가는 이 길에서
> 나를 지키시고 먹을 떡과 입을 옷을 주시어 내가 평안히 아버지 집으로
> 돌아가게 하시오면 여호와께서 나의 하나님이 되실 것이요 내가 기둥으
> 로 세운 이 돌이 하나님의 집이 될 것이요 하나님께서 내게 주신 모든 것
> 에서 십분의 일을 내가 반드시 하나님께 드리겠나이다 하였더라
>
> (창 28:20~22)

외삼촌 집에 도착한 야곱이 이곳에서 종살이와 같은 20년의 세월을 보냈을 때, 하나님께서는 그에게 조상의 땅으로 돌아가라고 말씀하신다. 하란에서의 20년 세월 동안 야곱은 네 명의 아내에게서 11명의 아들과 외동딸을 얻어 대가족을 이루게 되었다. 하란에서 새롭게 만들어진 가족들을 데리고 라반의 집에서 도망쳐 나온 야곱은 세 번의 죽을 고비를 맞고 가족 모두 몰살당할 위기에 처하지만 그때마다 하나님의 도우심으로 절체절명의 위기를 넘긴다.

세 번의 위기를 넘긴 야곱은 20년 전 하란으로 도망칠 때 하나님을 만났던 벧엘에서 다시 하나님을 만난다. 그곳에서 하나님께서는 그의 이름이 '이스라엘'임을 재차 확정해 주시며 이전에 말씀하셨던 땅과 자손에 대한 약속을 다시금 확인시켜 주신다. 야곱이 그곳에서 하나님께 전제를 드림으로 하나님과 야곱과의 언약이 확정된다.

야곱이 밧단아람에서 돌아오매 하나님이 다시 야곱에게 나타나사 그에게 복을 주시고 하나님이 그에게 이르시되 네 이름이 야곱이지마는 네 이름을 다시는 야곱이라 부르지 않겠고 이스라엘이 네 이름이 되리라 하시고 그가 그 의 이름을 이스라엘이라 부르시고 하나님이 그에게 이르시되 나는 전능한 하나님이라 생육하며 번성하라 한 백성과 백성들의 총회가 네게서 나오고 왕들이 네 허리에서 나오리라 내가 아브라함과 이삭에게 준 땅을 네게 주고 내가 네 후손에게도 그 땅을 주리라 하시고 하나님이 그와 말씀하시던 곳에서 그를 떠나 올라가시는지라 야곱이 하나님이 자기와 말씀하시던 곳에 기둥 곧 돌 기둥을 세우고 그 위에 전제물을 붓고 또 그 위에 기름을 붓고 하나님이 자기와 말씀하시던 곳의 이름을 벧엘이라 불렀더라 (창 35:9~15)

이렇게 하나님과 아브라함, 하나님과 이삭 그리고 하나님과 야곱과의 언약이 마무리되었다. 이 언약을 통해 하나님께서는 자손과 땅과 메시아에 관해 약속하셨고, 이 언약을 바탕으로 지금까지 4천 년 이스라엘 역사가 진행해 왔으며, 예수 그리스도(메시아)를 통한 하나님의 나라가 열방 가운데 선포되고 확장되고 있다.

성경에 기록된 이스라엘의 역사를 살펴보면, 이스라엘이 어쩔 수 없는 사정으로 약속의 땅을 떠났다가 하나님의 도움을 받아 예언의 말씀대로 다시 약속의 땅으로 귀환하는 일이 세 번에 걸쳐 있었음을 알 수 있다. 첫 번째 귀환은 야곱(이스라엘)의 하란에서의 귀환이고, 두 번째 귀환은 출애굽 사건이다. 그리고 세 번째 귀환은 3차에 걸친 바벨론 포로 귀환이다.

지금은 네 번째 귀환이 진행되고 있다. 성경 속 귀환이 일정 지역으로부터의 귀환이라고 한다면, 이 네 번째 귀환은 전 세계로부터의 귀환이며 앞의 세 번의 귀환과 비교해 규모도 훨씬 크고 기간 또한 훨씬 길다. 앞의 세 번의 귀환 내용에 대해서는 그 예언(또는 약속)과 성취의 내용이 모두 성경에 기록되어 있지만 네 번째 귀환은 그 약속과 예언의 내용만이 성경에 기록되어 있을 뿐, 성취의 내용은 성경 기록에서 찾을 수 없다. 그런데 이 네 번째 귀환 예언에 대한 성취가 지금 우리의 세대에 이루어지고 있는 것이다. 이 네 번째 귀환을 다루기에 앞서 2장부터 4장까지 성경에 기록된 세 번의 귀환에 대해 간략히 살펴보고자 한다.

2
첫 번째 귀환
– 하란에서 가나안으로 –

1) 약속의 땅(가나안)에서 하란으로

아버지를 속이고 형에게 돌아갈 축복을 가로챈 야곱이 형 에서에게 죽을까 걱정이 된 리브가는 야곱을 자기의 오빠 라반이 있는 하란으로 빼돌리기 위해 남편 이삭에게 제안한다. 야곱을 하란(밧단아람)으로 보내 라반의 딸 중 하나와 결혼을 시키자는 것이다. 리브가의 이 제안은 헷 족속의 며느리들로 인해 골치 아팠던 이삭의 마음을 움직였다. 당시 라반에게는 레아와 라헬이라는 두 딸이 있었다. 이때 에서와 야곱의 나이는 77세로, 에서는 이미 오래전 40세 때 이방 가나안 여인인 헷 족속의 아내 둘과 결혼하여 가정을 이루었고, 이 며느리들로 인해 이삭과 리브가의 근심은 이만저만이 아니었다. 이삭은 아내 리브가의 제안을 승낙하고 야곱을 하란으로 보내면서 축복해준다.

이삭은 야곱을 불러 가나안 여인을 아내로 맞이하지 말고 밧단아람으로 가서 외삼촌 라반의 딸 중에서 아내를 맞이하라고 당부하면서 하나님께서 아브라함과 이삭에게 언약하셨던 자손과 땅에 대한 복을 야곱에게 빌어준다. 이 축복은 하나님께서 아브라함과 이삭에게 하신 언약이 형 에서(에돔)가 아닌 동생 야곱(이스라엘)으로 이어진다는 의미가 된다.

아버지 이삭의 축복을 받고 밧단아람으로 가는 도중 야곱은 벧엘에서 하나님을 만나 언약을 맺게 되는데, 이 언약에는 이전에 아브라함과 이삭과 맺으신 세 가지 언약 즉, 땅에 대한 언약과 자손에 대한 언약 그리고 야곱과 그의 자손을 통해 온 민족이 복을 받을 것이라는 언약에 덧붙여 야곱을 반드시 조상의 땅으로 돌아오게 하시겠다는 약속이 추가된다.

> 내가 너와 함께 있어 네가 어디로 가든지 너를 지키며 너를 이끌어 이 땅
> 으로 돌아오게 할지라 내가 네게 허락한 것을 다 이루기까지 너를 떠나지
> 아니하리라 하신지라 (창 28:15)

이에 야곱은 베개로 삼았던 돌을 기둥으로 세우고 그 위에 기름을 붓는다. 하나님께 전제를 드린 것이다. 또한 야곱은 하나님께서 자기를 자기 아버지의 집으로 귀환할 수 있도록 지켜 주신다면 여호와는 자기 하나님이 되시고 아울러 십일조를 드리겠노라고 서원을 한다. 이로써 하나님과 야곱(이스라엘) 사이에 언약이 세워진 것이다.

야곱은 벧엘을 떠나 지금의 터키 동부에 있는 하란에 도착하여 우물가에서 외삼촌 라반의 작은딸 라헬을 만나게 되고 그곳에서 타향살이를 시작한다.

2) 하란에서의 20년

하란에 도착한 지 한 달이 지났을 때 외삼촌 라반이 야곱에게 정식으로 일을 시킬 테니 품삯을 정하자고 제안한다. 한 달간 외삼촌 집에 있으면서 작은딸 라헬을 사랑하게 된 야곱은 7년 동안 외삼촌을 위해 일을 할 테니 그 대가로 라헬을 달라고 조건을 제시하고 라반은 이에 동의한다.

이렇게 야곱과 외삼촌 사이에 계약이 성립되어 야곱은 외삼촌의 양을 치는 자가 되었다. 야곱은 성실하게 자기의 의무를 수행하였고 외삼촌과 약속한 7년을 채우게 된다. 라헬을 지극히 사랑한 야곱은 7년을 며칠 같이 여겼다고 성경은 기록하고 있다(창 29:20).

기한을 채운 야곱이 외삼촌에게 라헬을 달라고 요구했고, 이에 외삼촌 라반은 혼인 잔치를 연다. 그런데 이게 어찌 된 일인가? 아침에 일어나 보니 첫날밤을 보낸 야곱의 옆에 라헬이 아닌 언니 레아가 누워있는 게 아닌가? 기겁한 야곱은 격노하여 외삼촌에게 자기가 7년 동안 외삼촌을 섬긴 것은 라헬을 위한 것이었는데 왜 약속을 어기고 레아를 들여보냈냐고 따져 묻는다. 이에 라반은 이 지방에서는 동생을 언니에 앞서 시집보내는 일이 없으므로 먼저 레아를 들여보냈다고 하며 레아와의 혼인 잔치가 끝나면 바로 라헬을 줄 테니 다시금 7년을 일하라고 제안한다. 야곱은 억울하고 분했지만 어쩔 수 없이 외삼촌의 제안을 받아들인다. 졸지에 두 명의 아내를 얻게 된 야곱은 다시 7년 동안 외삼촌의 일을 한다. 라반은 큰딸 레아에게는 그의 여종 실바를, 작은딸 라헬에게는 그의 여종 빌하를 주어 시녀를 삼게 했다.

이 두 번째 7년 동안 야곱은 두 명의 아내와 두 명의 여종을 통해 11명의 아들과 외동딸 디나를 얻는다. 자녀들의 이름을 정리하면 다음과 같다.

레아 : 르우벤, 시므온, 레위, 유다, 잇사갈, 스불론, 디나(딸)

라헬 : 요셉

실바 : 갓, 아셀

빌하 : 단, 납달리

위의 아들 중 열한 번째로 얻은 아들이 요셉이다. 두 번째 7년의 봉사가 끝나갈 무렵 야곱은 사랑하는 아내 라헬로부터 고대하던 아들 요셉을 얻고 고향으로 돌아갈 마음을 먹는다. 야곱을 보내고 싶지 않았던 라반은 새로 품삯을 정하라고 제안한다. 지난 14년간 외삼촌을 위해 일했던 야곱에게는 4명의 아내, 11명의 아들과 딸 하나가 생겼지만 재산은 없었다. 재산이 필요했던 야곱은 외삼촌의 양과 염소를 칠 테니 양 중에서 아롱진 것과 점 있는 것과 검은 것 그리고 염소 중에서 점 있는 것과 아롱진 것을 자기의 품삯으로 해 달라는 조건을 제시하고 이를 라반이 받아들임으로써 둘 간의 계약이 성립된다. 야곱이 제시했던 종류의 양과 염소는 일반적으로 숫자가 적은 편이라 야곱의 제안을 쉽게 받아들인 것 같다.

다시 6년이 흘렀고 야곱의 재산은 엄청나게 불어난다. 라반과 그의 아들들이 야곱을 대하는 태도도 이전과는 확연히 달라졌다. 그들은 야곱이 술수를 써서 라반의 재산을 빼돌리고 있다고 생각하게 된다. 이러한 때에 하나님께서 야곱에게 나타나셔서 이제 고향 땅으로 돌아가라고 하신다.

> 여호와께서 야곱에게 이르시되 네 조상의 땅 네 족속에게로 돌아가라 내
>
> 가 너와 함께 있으리라 하신지라 (창 31:3)

야곱이 고향 브엘세바를 떠나 하란에 온 지도 벌써 20년의 세월이 지났다. 야곱은 97세가 되었고 이때 요셉은 6세였다. 야곱은 라헬과 레아를 불러 꿈에 나타나신 하나님의 말씀에 대해 설명하고 이제 하란을 떠나 자기 고향 땅으로 돌아가겠다고 하니 두 아내도 흔쾌히 동의한다.

> 나는 벧엘의 하나님이라 네가 거기서 기둥에 기름을 붓고 거기서 내게
> 서원하였으니 지금 일어나 이 곳을 떠나서 네 출생지로 돌아가라 하셨
> 느니라 (창 31:13)

드디어 야곱은 20년 만에 종살이와 같았던 하란에서의 생활을 정리하고 그곳에서 얻은 아내들과 자식들 그리고 그의 모든 소유를 이끌고 외삼촌 라반 몰래 하란을 떠난다.

3) 하란에서 약속의 땅(가나안)으로의 귀환

외삼촌 라반의 추격과 첫 번째 구원

야곱의 귀환 길은 순탄치 않았다. 야곱이 길을 떠난 지 사흘 만에 외삼촌 라반이 야곱의 도주를 알게 되었다. 라반과 그의 형제들은 추격단을 꾸려 야곱의 뒤를 추격한 지 7일 만에 갈릴리 호수 남동쪽의 길르앗 산에서 야곱을 따라잡는다. 그들은 야곱을 죽이고 그의 아내들과 여종들 그리고 그의 소유를 빼앗으려고 추격해 온 것이다. 그때까지도 라반은 야곱이 가진 모든 것이 자기의 소유라고 생각하고 있었다. 야곱을 그저 자신의 종이라 여긴 것이다.

그런데 이 절체절명의 위기 가운데 하나님께서 개입하신다. 하나님께서 밤에

라반의 꿈에 나타나셔서 어떠한 일이 있더라도 절대 야곱을 건드리지 말라고 경고하신다.

> 밤에 하나님이 아람 사람 라반에게 현몽하여 이르시되 너는 삼가 야곱에
> 게 선악간에 말하지 말라 하셨더라 (창 31:24)

하나님의 경고를 두려워한 라반은 마음에는 없었지만 결국 야곱과 화해를 하고 둘은 서로 헤어져 제 갈 길을 간다. 하나님의 도우심으로 첫 번째 위기를 무사히 넘긴 야곱은 얍복강을 향해 계속 남하한다.

형 에서와의 만남과 두 번째 구원

외삼촌 라반의 추격에서 벗어나기는 했지만 야곱을 더 두렵게 하는 문제는 여전히 남아 있었다. 20년 전, 형 에서에게 돌아갈 축복을 가로챈 것에 대한 형의 분노를 어떻게 마주할 것인가 하는 두려움이었다. 야곱은 형에게 용서를 구하기 위해 사자들을 먼저 에서에게 보낸다. 그런데 에서에게 갔다 돌아온 사자들의 보고에 야곱은 기겁한다. 에서가 장정 400명을 거느리고 자기를 만나러 온다는 보고였다. 야곱과 그의 가족을 몰살시키겠다는 에서의 분노를 읽을 수 있었다.

다급해진 야곱은 심히 두렵고 답답해서 가족들과 짐승들을 두 무리로 나누었다. 한쪽을 치면 다른 한쪽은 도망해서 절반만이라도 살리려는 계획이었다. 이렇게 해놓고도 엄습해 오는 불안과 공포에 야곱은 어쩔 수 없이 하나님께 매달려 살려 달라고 애원하는 기도를 하게 된다. 하나님께서 고향으로 돌아가라고 지시하셔서 가는 길인데 여기서 모두 죽게 생겼으니 하나님이 책임지셔야 한다는 기도였다. 하나님께서 벧엘에서 자손에 대해 약속하셨던 것을 언급하며 자신과 가

족이 여기서 모두 죽게 되면 하나님의 언약은 무산되는 것 아니냐는 호소였다.

> 야곱이 또 이르되 내 조부 아브라함의 하나님, 내 아버지 이삭의 하나님
> 여호와여 주께서 전에 내게 명하시기를 네 고향, 네 족속에게로 돌아가
> 라 내가 네게 은혜를 베풀리라 하셨나이다 나는 주께서 주의 종에게 베푸
> 신 모든 은총과 모든 진실하심을 조금도 감당할 수 없사오나 내가 내 지
> 팡이만 가지고 이 요단을 건넜더니 지금은 두 떼나 이루었나이다 내가 주
> 께 간구하오니 내 형의 손에서, 에서의 손에서 나를 건져내시옵소서 내가
> 그를 두려워함은 그가 와서 나와 내 처자들을 칠까 겁이 나기 때문이니이
> 다 주께서 말씀하시기를 내가 반드시 네게 은혜를 베풀어 네 씨로 바다의
> 셀 수 없는 모래와 같이 많게 하리라 하셨나이다 (창 32:9~12)

  그래도 불안했던 야곱은 형의 분노를 조금이라도 가라앉히기 위해 에서에게
줄 선물로 양과 염소, 낙타와 소, 나귀들을 준비해 종들에게 맡기고 차례대로 형
에게 앞서 보낸다. 그리고 그날 밤 두 아내와 두 여종, 자식들과 모든 소유를 요
단강 동편에 있는 얍복 나루로 인도해 시내를 건너게 하고 야곱은 홀로 남는다.
그리고 그 밤, 얍복 나루에서 야곱은 하나님과 밤이 새도록 씨름을 하게 되고 하
나님으로부터 '이스라엘'이라는 이름을 얻는다.
  에서가 장정 400명과 함께 오고 있는 모습이 눈에 들어왔다. 얍복 나루에서 하
나님을 만나기는 했어도 형에 대한 두려움은 가시지를 않았다. 그래서 가장 앞
에는 두 여종과 그들의 네 아들을, 그 뒤에는 레아와 그의 여섯 아들과 딸 디나를
세웠다. 그리고 맨 뒤에 사랑하는 아내 라헬과 그의 아들 요셉을 세웠다. 어떤 위
험이 닥치더라도 라헬과 요셉은 살리고 싶었으리라.

에서가 두려웠던 야곱은 땅에 일곱 번 절을 하며 형에게 다가간다. 그런데 이게 어찌 된 일인가? 자기에게 달려와서 칼을 휘두를 줄 알았던 에서가 갑자기 야곱을 껴안고 입을 맞추고 우는 게 아닌가? 야곱은 어떻게 된 영문인지 어리둥절했지만 이내 곧 그 이유를 알아차리고 아내들과 자식들을 차례로 에서에게 인사시켰다. 외삼촌 라반과 헤어지고 내려오는 길에 마하나임에서 만났던 하나님의 사자들이 이미 에서의 마음에 있는 분노를 잠재워 놓은 것이었다. 두 형제는 20년 만에 화해하고 에서는 자기가 사는 세일[1]로 돌아갔다. 하나님의 도우심으로 두 번째 절체절명의 위기를 넘긴 야곱은 숙곳을 거쳐 요단강 서쪽으로 건너 가나안 땅인 세겜에 도착해 거기에 장막을 치고 머물게 된다.

디나 추행사건과 세 번째 구원

세겜은 갈릴리 호수에서 사해로 흐르는 요단강의 서쪽에 있는 지역으로 야곱(이스라엘)의 할아버지인 아브라함이 하나님의 지시로 가나안 땅에 들어와 처음으로 제단을 쌓았던 곳이다. 세겜의 북쪽에는 에발 산이 있고 남쪽에는 비슷한 높이의 그리심 산이 있다. 비교적 물도 풍부하고 목축하기도 꽤 괜찮은 곳이다. 형 에서의 분노에서 벗어난 야곱은 그동안의 무거운 짐을 벗게 되어 마음이 아주 홀가분했을 것이다. 세겜 성읍 앞에 장막을 친 그는 땅도 사고 우물도 팠다. 야곱과 그의 가족은 그곳에서 몇 년을 보내게 된다.

그러던 어느 날 야곱의 외동딸 디나가 세겜 성읍을 구경하러 갔다가 세겜의 추장인 세겜에게 성폭행당하는 사건이 발생한다. 이 사건을 알게 된 야곱의 아들들은 분노하고, 디나를 아내로 삼고 싶었던 세겜 추장과 그의 아버지 하몰에게

---

1. 사해 남쪽의 지역으로 사해와 홍해의 아카바 만 사이에 위치함.

거짓으로 조건을 제시해 세겜 성읍의 모든 남자가 할례를 받게 한다. 할례 후 3일째 되는 날, 고통이 가장 심한 때를 택해 야곱의 둘째 아들 시므온과 셋째 아들 레위가 칼로 성읍의 모든 남자를 죽이고 디나를 데려온다. 다른 형제들도 성읍의 여자들과 아이들 그리고 재물을 탈취하는 일에 가담한다. 이 엄청난 사실을 알게 된 야곱은 망연자실해 아들들을 꾸짖지만 이미 쏟아진 물을 다시 담을 수는 없는 노릇이었다.

야곱은 주변에 사는 가나안 사람들이 이 소식을 듣고 자기들을 치러 몰려올까 봐 심히 두렵고 떨렸다. 가나안 사람들이 복수를 위해 떼 지어 달려들면 그의 가족들은 분명 몰살당할 게 뻔했다. 고향으로 귀환하는 길에 가족 모두가 몰살당할 세 번째 위기를 맞닥뜨리게 된 것이다. 어떻게 해야 할 것인가? 어찌할 바를 모르고 두려워 떨고 있던 야곱에게 하나님께서 나타나신다. 그리고 그에게 벧엘로 올라와 제단을 쌓으라고 말씀하신다.

> 하나님이 야곱에게 이르시되 일어나 벧엘로 올라가서 거기 거주하며 네
> 가 네 형 에서의 낯을 피하여 도망하던 때에 네게 나타났던 하나님께 거기
> 서 제단을 쌓으라 하신지라 (창 35:1)

어쩌면 하나님께서는 야곱이 하란으로 도망갈 때 했던 언약을 기억하시면서 야곱이 벧엘로 올라오기만을 기다리셨는지도 모르겠다. 야곱은 하루라도 빨리 벧엘로 올라가서 하나님께 제단을 쌓았어야 했던 게 아닌가? 그런데 야곱은 그렇게 하지 않고 세겜에 땅까지 사고 수년을 눌러앉아 있다가 큰 홍역을 치르게 된 것이다. 그때야 정신을 차린 야곱은 모든 식솔을 모아 놓고 환난 날에 만났던 하나님께 제단을 쌓으러 벧엘로 올라가겠다고 하면서 세겜 스타일의 옷을 갈아

입고 정결케 하라고 지시한다. 그리고 모든 세겜의 장신구를 모아 상수리나무 아래에 묻는다. 야곱이 세겜을 떠나 벧엘로 올라오는 동안 하나님께서 주변의 가나안 사람들에게 공포감을 심어 주셔서 아무도 야곱 일행에게 해를 끼칠 수가 없었다. 가족 모두가 몰살당할 뻔한 세 번째 절체절명의 위기도 하나님의 도우심으로 무사히 넘길 수가 있었다.

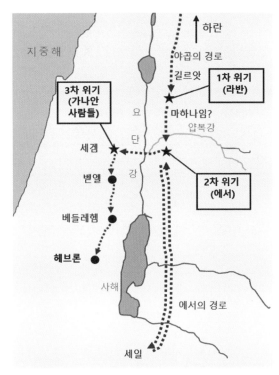

이스라엘의 첫 번째 귀환 경로

벧엘에서 다시 만난 하나님

야곱은 모든 식솔과 함께 세겜을 떠나 벧엘로 향했다. 하나님께서는 야곱에게 나타나셔서 복을 선포하시고 그의 이름이 '이스라엘'임을 다시 한번 확정해 주셨다. 그리고 이전에 벧엘에서 하셨던 자손과 땅에 대한 언약의 말씀을 다시금 상기시켜 주신다.

> 하나님이 그에게 이르시되 나는 전능한 하나님이라 생육하며 번성하라 한 백성과 백성들의 총회가 네게서 나오고 왕들이 네 허리에서 나오리라 내가 아브라함과 이삭에게 준 땅을 네게 주고 내가 네 후손에게도 그 땅을 주리라 하시고 (창 35:11~12)

야곱은 이곳에서 돌기둥을 세우고 기름을 부어 전제를 드린다. 이렇게 함으로써 하나님과 야곱(이스라엘) 간의 언약이 재차 확정되었다.

라헬의 죽음과 베냐민의 탄생

벧엘을 떠나 헤브론으로 내려오던 중간 지점인 베들레헴 근처에서 야곱이 가장 사랑했던 아내 라헬이 요셉의 동생을 해산하다 죽고 만다. 야곱은 이 막내아들의 이름을 '베냐민'이라고 지었고, 사랑하는 아내 라헬을 이곳에 묻었다. 라헬의 묘는 약 4천 년 가까이 지난 지금도 그 자리에 있다. 베들레헴을 지나 에델 망대라고 하는 곳을 지나올 때 야곱의 맏아들 르우벤과 라헬의 여종 빌하 사이에 불륜 문제가 발생해 야곱의 마음을 찢어 놓았다.

헤브론 도착과 첫 번째 귀환 마무리

야곱(이스라엘)은 이렇게 20년 동안 하란에서 종살이하다가 하나님의 도우심으로 세 번의 절체절명의 위기를 넘기며 수년에 걸친 귀환 여정을 마치고 헤브론에 돌아와 아버지 이삭을 만난다. 야곱(이스라엘)이 형을 피해 하란으로 도망할 당시 아버지 이삭은 헤브론 남쪽에 있는 브엘세바에 살고 있다가 후에 헤브론으로 거처를 옮겼다. 이스라엘(야곱)은 약속의 땅을 떠나 타향살이하는 동안에 12명의 아들을 갖게 되었고, 이들이 이스라엘의 12지파가 된다. 이스라엘의 12지파가 만들어진 이스라엘의 첫 번째 귀환은 이렇게 마무리된다.

3
두 번째 귀환
− 출애굽 −

1) 출애굽에 대한 하나님의 예언과 약속

창세기 15장에는 하나님과 아브라함 사이의 횃불 언약이 기록되어 있다. 하나님께서 자식이 없던 아브라함에게 나타나셔서 하늘의 별과 같이 많은 자손을 주시겠다고 약속하시고 땅도 주시겠다고 하신다. 이에 대해 아브라함은 땅에 대한 약속의 증거를 보여 달라고 한다. 그날 밤 어두울 때 횃불이 나타나 쪼갠 암소와 암염소, 숫양 사이로 지나간다. 이것이 바로 하나님과 아브라함 사이의 횃불 언약이다. 하나님께서는 어떤 일이 있더라도 반드시 약속하신 땅을 아브라함과 그 자손들에게 주시겠다는, 변치 않는 약속의 증거를 아브라함에게 보여주셨다.

횃불이 쪼갠 고기 사이로 지나기 전에 하나님께서 잠이 든 아브라함에게 그의 자손이 이방의 객이 되어 그들을 섬기고, 그 이방인들은 400년 동안 그의 자손을 괴롭힐 것이라고 하신다. 하지만 하나님께서 그 이방 나라를 징계하실 것이고, 그의 자손은 4대 만에 큰 재물을 이끌고 돌아올 것이라고 예언하신다.

> 여호와께서 아브람에게 이르시되 너는 반드시 알라 네 자손이 이방에서 객이 되어 그들을 섬기겠고 그들은 사백 년 동안 네 자손을 괴롭히리니 그들이 섬기는 나라를 내가 징벌할지며 그 후에 네 자손이 큰 재물을 이끌고 나오리라 너는 장수하다가 평안히 조상에게로 돌아가 장사될 것이요 네 자손은 사대 만에 이 땅으로 돌아오리니 이는 아모리 족속의 죄악이 아직 가득 차지 아니함이니라 하시더니 해가 져서 어두울 때에 연기 나는 화로가 보이며 타는 횃불이 쪼갠 고기 사이로 지나더라 (창 15:13~17)

이 예언의 말씀은 아브라함에게서 이삭에게로, 또 이삭에게서 야곱에게로 전달된다. 그리고 이어서 요셉을 비롯한 그의 아들들에게도 전해진다.

2) 가나안 땅에서 애굽으로

요셉이 애굽의 총리로 있을 때, 애굽 바로(왕)의 꿈을 요셉이 해석해주었던 그대로 7년의 풍년에 이은 극심한 기근이 발생한다. 야곱과 그의 가족들이 살던 가나안 땅에도 기근이 발생하고 2년이 지났을 즈음 야곱은 그의 아들들을 애굽으로 보내며 곡식을 구해오라고 한다. 야곱의 아들들이 동생 요셉을 노예로 판지도 벌써 22년이 흘렀다.

애굽에 내려간 야곱의 아들들은 우여곡절 가운데 애굽의 총리가 된 요셉을 만나고 요셉은 아버지 야곱과 가족들을 애굽 땅 고센 지방으로 내려와 살도록 한다. 짐승에게 찢겨 죽은 줄만 알았던 사랑하는 아들 요셉이 살아있다는 소식에, 그것도 애굽의 총리가 되었다는 소식에 야곱의 기진했던 기운이 새롭게 소생한다. 하란 땅에서 귀환한 지도 벌써 이십여 년이 흘렀다. 야곱은 설레는 마음으로 짐을 꾸려 다시 고향을 등지고 사랑하는 아들 요셉이 기다리는 애굽으로 떠난다. 야곱은 애굽으로 가는 도중 할아버지 아브라함과 아버지 이삭이 살았던 브엘세바에 도착해 하나님께 희생제사를 드렸다. 그날 밤, 하나님께서 나타나셔서 야곱의 이름을 부르시고 애굽으로 내려가기를 두려워하지 말라고 하신다. 아울러 거기서 큰 민족을 이루게 하실 것이고 다시 가나안 땅으로 올라오게 하시겠다고 약속하셨다.

이스라엘이 모든 소유를 이끌고 떠나 브엘세바에 이르러 그의 아버지 이삭의 하나님께 희생제사를 드리니 그 밤에 하나님이 이상 중에 이스라엘에게 나타나 이르시되 야곱아 야곱아 하시는지라 야곱이 이르되 내가 여기 있나이다 하매 하나님이 이르시되 나는 하나님이라 네 아버지의 하나님이니 애굽으로 내려가기를 두려워하지 말라 내가 거기서 너로 큰 민족을 이루게 하리라 내가 너와 함께 애굽으로 내려가겠고 반드시 너를 인도하여 다시 올라 올 것이며 요셉이 그의 손으로 네 눈을 감기리라 하셨더라 (창 46:1~4)

하나님의 말씀에 야곱은 안심하고 가족들과 함께 요셉이 기다리는 애굽 땅으로 내려간다. 하란에서 첫 번째 귀환을 할 때는 12지파의 기원이 되는 12명의 아들만 있었는데, 이십여 년이 지난 지금은 그 아들들의 아들들이 태어나 야곱의 가족은 애굽에 있는 요셉의 두 아들까지 포함해 70명이 되었다. 며느리들은 뺀 숫자다. 야곱과 사랑하는 아들 요셉은 22년 만에 애굽의 고센 땅에서 만나 서로 목을 어긋 맞춰 안고 한참을 울었다. 야곱의 나이 130세, 요셉의 나이 39세 때의 일이다. 이때부터 이스라엘의 애굽 생활이 시작된다.

야곱이 헤브론에 있을 때, 다른 아들들은 양을 치러 내보내도 요셉만은 채색옷을 입히고 늘 곁에 두었었다. 이때 아마도 요셉에게 많은 이야기를 들려주었을 것이다. 하나님에 대해, 천지창조와 홍수에 대해, 하나님과 아브라함과의 언약, 하나님과 이삭과의 언약에 대해 그리고 하나님과 자신과의 언약에 대해 많은 이야기를 들려주지 않았을까. 그렇게 아버지 야곱의 이야기를 들으면서 요셉의 믿음도 성장했을 것이다. 요셉은 죽을 때, 하나님께서 자기의 증조부 아브라함에게 하셨던 횃불 언약을 상기시키며 후손들에게 유언을 남긴다. 요셉의 유언은 이스라엘의 두 번째 귀환에 대한 예언이기도 하다.

> 요셉이 그의 형제들에게 이르되 나는 죽을 것이나 하나님이 당신들을 돌
> 보시고 당신들을 이 땅에서 인도하여 내사 아브라함과 이삭과 야곱에게
> 맹세하신 땅에 이르게 하시리라 하고 요셉이 또 이스라엘 자손에게 맹세
> 시켜 이르기를 하나님이 반드시 당신들을 돌보시리니 당신들은 여기서
> 내 해골을 메고 올라가겠다 하라 하였더라 (창 50:24~25)

3) 애굽에서의 430년

이스라엘의 가족이 애굽에 도착하고도 흉년은 5년 더 지속되었다. 흉년이 계속되는 중에도 이스라엘의 가족들은 요셉의 보살핌으로 고센 땅에서 풍요로운

생활을 할 수 있었다. 그런데 고센 땅에서 한동안 평화로운 생활을 하던 이스라엘의 가족들에게 어두운 그림자가 드리우게 된다. 애굽의 왕조가 바뀌면서 이스라엘에게 적대적인 새로운 왕조가 들어선 것이다. 성경은 이 왕조의 출현을 '요셉을 알지 못하는 새 왕'이 일어났다고 기록하고 있다.

> 요셉을 알지 못하는 새 왕이 일어나 애굽을 다스리더니 (출 1:8)

하나님께서 아브라함과 횃불 언약을 맺을 때 말씀하셨던 아브라함의 자손들을 괴롭힐 새로운 왕조가 등장한 것이다. 이스라엘 후손들의 수는 계속 증가하고 있었다. 애굽은 원래 노아의 아들 중 함의 둘째 아들인 미스라임이 세운 함족의 나라였다. 나라를 다스리는 함족에게는 그 땅에 들어와 사는 셈족의 후손들이 달갑지 않았다. 애굽의 통치자는 혹시라도 다른 셈족 백성이 애굽에 쳐들어올 경우 같은 셈족인 이스라엘 백성들이 침략자들과 한 편이 되어 자기들의 함족 왕조를 무너뜨릴까 걱정이 되었다.

> 자, 우리가 그들에게 대하여 지혜롭게 하자 두렵건대 그들이 더 많게 되
> 면 전쟁이 일어날 때에 우리 대적과 합하여 우리와 싸우고 이 땅에서 나
> 갈까 하노라 하고 (출 1:10)

이스라엘 백성들을 잠재적인 적으로 간주한 애굽의 통치자 바로는 이스라엘 백성들이 더 늘어나지 못하도록 국고성 비돔과 라암셋을 짓는 혹독한 노역에 이스라엘 백성들을 동원 시킨다. 그들의 기운을 쇠잔하게 해서 인구가 늘어나는 것을 막으려 한 것이다. 그런데도 이스라엘 백성들의 수는 계속 늘어났고, 그럴

수록 이스라엘 백성들에게 가해지는 노동의 강도는 점점 더 가혹해졌다.

가혹한 노동이 더해지는데도 이스라엘 백성들의 수가 계속 늘어나자 바로는 히브리 산파에게 새로 태어나는 히브리 남자아이들을 죽이라고 명령한다. 하지만 하나님을 두려워했던 산파들은 이런저런 핑계를 대며 아이들을 살려낸다. 히브리 산파를 통한 남아 살해 명령이 효과를 거두지 못하자 새로운 방법이 동원되었는데, 그것은 바로 남자아이가 태어나면 무조건 나일강에 던지라는 명령이었다. 이러한 엄중한 시기에 '모세'라는 남자아이가 태어난다.

4) 모세를 부르심

모세는 야곱의 열두 아들 중 셋째였던 레위의 후손으로 태어났다. 바로의 명령에 따라 나일강에 던져져 죽을 운명이었지만 그의 부모는 그렇게 하지 않았다. 아이가 태어난 후 3개월이 지나자 더 이상 아이를 집에 숨길 수 없었던 그의 부모는 갈대 상자를 만들어 물이 새지 않도록 역청과 나무의 진을 바르고 아이를 상자에 담아 나일강 강가에 둔다. 바로의 공주가 그 갈대 상자를 발견하고 아이의 이름을 물에서 건졌다는 의미로 '모세'라고 지었다. 모세는 40세가 될 때까지 왕궁에서 공주의 아들로 생활하게 된다.

모세의 유모는 바로 자기를 낳은 어머니 요게벳이었다. 모세는 비록 바로의 왕궁에서 생활했지만 자신이 히브리인이라는 것을 알고 있었다. 모세가 장성했을 때 자기 동족 히브리인을 괴롭히는 애굽 사람을 죽이고 그 일을 숨기려 했지만 결국 발각되고 모세는 죽음을 피해 광야로 도망가게 된다. 그곳이 바로 미디안 광야이다. 지금의 홍해 아카바만의 동편, 사우디아라비아의 서북쪽에 있는 지역이다. 이곳에서 미디안 제사장 이드로의 딸 십보라와 결혼한 모세는 40년 동안 광야에서 장인 이드로의 양을 치는 목동 생활을 한다.

광야에서 양을 치던 어느 날, 호렙산의 불붙는 떨기나무에 나타나신 하나님을 만나게 되고 하나님께 애굽에서 노예 생활하고 있는 이스라엘 백성들을 데리고 나오라는 말씀을 듣게 된다. 모세는 여러 가지 핑계를 대면서 하나님의 지시를 회피하려고 했지만, 하나님의 계획에는 변함이 없었다. 하나님께서는 모세보다 세 살 많은 모세의 형 아론에게 모세를 마중 나오게 하셨고, 모세는 형 아론과 함께 40년 전에 떠나왔던 애굽 땅으로 하나님의 지팡이를 들고 돌아간다.

5) 유월절과 출애굽

모세는 애굽의 바로에게 나아가 이스라엘 백성들을 놓으라 요구했지만 바로가 그 요구를 들어줄 리 만무했다. 피의 재앙으로부터 시작해 개구리 재앙, 이 재앙, 파리 재앙, 가축의 죽음 재앙, 악성 종기 재앙, 우박 재앙, 메뚜기 재앙과 흑암 재앙이 애굽 땅에 내려졌다. 재앙의 강도는 점점 심해졌고 바로의 마음은 더욱더 완악해졌다. 애굽 전역이 재앙으로 고통 중에 있을 때 고센 땅은 예외였다. 아홉 번의 재앙이 끝나도록 바로는 이스라엘 백성들을 내보낼 마음이 없었다. 당시 장정만 60만 명 이상이 되는 히브리 노예를 내보내게 되면 애굽의 국력은 형편없이 약해질 게 뻔했다. 이제 마지막 열 번째 재앙인 장자 재앙이 기다리고 있었다.

하나님께서는 장자 재앙을 내리시기 전에 모세와 아론을 통해 이스라엘 백성들에게 아주 특별한 명령을 하신다. 첫 번째로 달력을 바꾸라고 하셨다. 장자 재앙을 내리는 이달을 한 해의 첫 달로 바꾸라는 것이다. 그래서 이후로는 장자 재앙을 내렸던 이달이 한 해의 첫째 달(1월)이 되었다. 이 첫째 달은 원래 창세 후

일곱째 달이었다.

두 번째로 흠 없고 일 년 된 수컷 어린 양을 1월 10일에 준비해 두었다가 14일[2] 해가 질 때 잡으라고 하셨다. 14일 해가 질 때라는 의미는 14일이 시작되는 때를 말한다. 이스라엘의 경우 해가 지면서 새로운 하루가 시작되기 때문이다. 그리고 그 양의 피를 집의 좌우 문설주와 인방에 바르고 고기는 불에 구워 무교병과 쓴 나물과 함께 먹으라고 하셨다. 하나님께서 애굽 사람들과 짐승의 처음 난 것을 치실 때, 그 집의 문설주와 인방에 어린 양의 피가 발라져 있으면 그 집은 재앙을 내리지 않고 그대로 넘어가시겠다고 하셨다. 이날은 대대로 기념할 여호와의 절기라고도 하셨다. 이날이 바로 하나님께서 제정해 주신 '넘어간다'라는 의미의 '유월절'이다. 이날이 바로 이 땅에 세상 죄를 지고 가는 어린 양으로 오신 예수 그리스도가 십자가에 달리실 날을 예표 하기 위해 하나님께서 정하신 날이다. 세 번째는 14일 저녁부터 21일 저녁까지 무교병을 먹으라고 지시하셨다. '무교절'을 제정해 주신 것이다.

해가 지면서 1월 14일이 시작되었고, 그날 밤 애굽 사람들의 모든 집에 울부짖는 소리가 울려 퍼졌다. 문설주와 인방에 어린 양의 피가 발라진 이스라엘 집들을 제외한 애굽의 모든 집의 장자 즉, 왕궁에서부터 옥중에 있는 자와 짐승에 이르기까지 처음 난 것을 하나님께서 치셨다. 더 이상 견딜 수 없었던 애굽의 바로는 밤에 모세와 아론을 불러 애굽을 떠날 것을 명령하기에 이른다. 이 명령은 이스라엘의 각 가정에 신속히 전달되었고, 하나님께서 아브라함에게 말씀하셨던 대로 이스라엘 백성들은 애굽 사람들에게 금은과 의복을 취해 애굽을 떠나게 된다. 하나님께서 아브라함에게 하신 언약이 성취된 것이다.

---

2. 이스라엘의 달력(히브리력)은 음력이며, 우리나라의 음력보다 한 달 앞서간다. 즉, 히브리력 1월 14일은 우리나라 음력 2월 14일이 된다. 단, 한국이나 이스라엘에 윤달이 있는 경우, 앞뒤로 한 달 정도 더 차이가 난다.

여호와께서 아브람에게 이르시되 너는 반드시 알라 네 자손이 이방에서 객이 되어 그들을 섬기겠고 그들은 사백 년 동안 네 자손을 괴롭히리니 그들이 섬기는 나라를 내가 징벌할지며 그 후에 네 자손이 큰 재물을 이 끌고 나오리라 (창 15:13~14)

6) 애굽에서 시내산까지

이스라엘 자손들은 드디어 애굽 땅 라암셋을 떠나 출애굽의 여정을 시작한다. 이때 출애굽 한 이스라엘 장정의 수가 약 60만 명이 되었다. 노인과 여자, 어린이 까지 합하면 200만 명이 훨씬 넘는 숫자이다. 이들이 라암셋을 떠난 날은 첫 번째 유월절 이튿날인 1월 15일이었는데, 이날은 야곱이 가족들과 함께 애굽에 도착한 지 정확히 430년이 차는 날이었다. 야곱의 가족이 애굽 땅 고센에 도착했던 날이 430년 전 1월 16일이었다는 이야기다.

그들이 첫째 달 열다섯째 날에 라암셋을 떠났으니 곧 유월절 다음 날이 라 이스라엘 자손이 애굽 모든 사람의 목전에서 큰 권능으로 나왔으니

(민 33:3)

이스라엘 자손이 애굽에 거주한 지 사백삼십 년이라 사백삼십 년이 끝나 는 그 날에 여호와의 군대가 다 애굽 땅에서 나왔은즉 (출 12:40~41)

출애굽 할 때 모세는 요셉의 유골을 챙겨 나왔다. 그때까지도 이스라엘 백성 들은 359년 전에 죽은 요셉의 유언을 기억하고 있었다. 요셉의 유골은 가나안 정

복 전쟁이 끝나고 나서 이전에 요셉이 야곱에게 상속받았던 세겜 땅(창 48:22)에 요셉의 직계 후손인 여호수아에 의해 장사 된다.(수 24:32)

홍해를 건넘

출애굽 한 이스라엘 백성들은 구름 기둥과 불기둥의 인도 가운데 밤낮 쉬지 않고 진행해 광야 끝, 에담에 장막을 친다. 그런데 하나님께서는 이스라엘 백성들을 가던 길에서 되돌려 홍해 바닷가에 있는 비하히롯 앞에 장막을 치게 하신다. 뒤는 산, 앞은 바다인 이곳은 적이 공격해 오면 피할 곳이 없는 막다른 곳이었다. 하나님께서 이스라엘 백성들을 이곳으로 인도하신 이유는 다름 아닌 바로의 군대를 유인해 내기 위해서였다.

> 바로가 이스라엘 자손에 대하여 말하기를 그들이 그 땅에서 멀리 떠나 광
>
> 야에 갇힌 바 되었다 하리라 (출 14:3)

하나님께서 말씀하신 대로 바로는 애굽의 모든 병거를 이끌고 막다른 곳에 갇힌 이스라엘 백성들을 공격하기 위해 달려왔지만, 하나님께서는 홍해를 열어 마른 땅이 되게 해주셨고 이스라엘 백성들은 무사히 건널 수 있었다. 그러나 애굽의 모든 군대는 홍해에 수장되었다. 이렇게 하나님께서는 자기의 언약 백성들을 괴롭힌 애굽에 대해 모든 진노를 쏟으셨고 하나님의 영광을 드러내셨다. 또한 애굽 사람들이 이 일을 행하신 이가 바로 여호와인 줄을 알게 하셨다.

> 내가 바로의 마음을 완악하게 한즉 바로가 그들의 뒤를 따르리니 내가 그
>
> 와 그의 온 군대로 말미암아 영광을 얻어 애굽 사람들이 나를 여호와인

줄 알게 하리라 하시매 무리가 그대로 행하니라 (출 14:4)

마라의 쓴 물, 엘림, 만나와 메추라기

하나님의 인도로 홍해를 건넌 이스라엘 백성들은 쓴 물을 단물로 만든 마라를 지나 12개의 샘과 70그루의 종려(대추야자)나무가 있는 엘림에서 휴식을 취한 후, 2월 15일에 엘림과 시내산 중간에 있는 신 광야에 도착한다. 이 신 광야는 시내산 서쪽 편에 있는 것으로 짐작된다. 애굽에서 출발한 지

지중해
가나안
사해
블레셋
라암셋
1월15일 출발
추정 출애굽 경로1
에돔
아말렉
애굽
에담
르비딤
비하히롯
라오즈산 (호렙산) (시내산)
기존 출애굽 경로
미디안
(종전)시내산
3월1일 도착
홍 해

추정 출애굽 경로1(애굽~시내산)

한 달이 지나 애굽에서 가지고 나왔던 양식도 다 떨어졌다. 백성들은 모세를 향해 아우성쳤고, 하나님께서는 만나와 메추라기를 보내 주신다. 이스라엘 백성들은 이때부터 40년 후 1월 15일까지 만나를 먹게 된다.(여호수아 5:10~12)

르비딤에서 있었던 일들

신 광야를 출발해 호렙산 서북쪽 기슭 근처 르비딤에 장막을 쳤을 때, 백성들은 물이 없다고 다시 모세와 다투게 된다. 하나님의 명령에 따라 모세가 지팡이

로 반석을 치니 물이 나왔고 모든 백성이 마실 수 있게 되었다. 그런데 이곳에 이스라엘 백성들을 향해 아말렉 군사들이 쳐들어온다. 여호수아는 장정들과 함께 나가 싸우고, 모세는 아론과 훌과 함께 산꼭대기로 올라가 기도한다. 모세의 손이 올라가면 이스라엘이 이기고 손이 내려오면 아말렉이 이기게 되니, 아론과 훌이 모세의 양팔을 받쳐 들고 팔이 내려오지 못하게 한다. 해가 지도록 모세의 손이 내려오지 않았고 이스라엘의 승리로 전투가 마무리된다. 모세가 제단을 쌓고 그 이름을 '여호와 닛시'라 한다.

이스라엘이 르비딤에 있을 때, 모세의 장인 이드로가 모세의 아내 십보라와 두 아들을 데리고 모세를 찾아온다. 이후에 이스라엘 백성들은 르비딤을 돌아 시내산 동쪽에 장막을 치는데 이날이 3월 1일이다. 이스라엘 백성들이 애굽의 라암셋을 떠난 지 1개월 15일이 지난 셈이다.

7) 시내산에서의 1년

하나님과 이스라엘 간의 피의 언약

이스라엘 백성들이 시내산 동편 시내 광야에 도착했을 때, 하나님께서는 모세에게 산 위로 올라오라고 하셔서 새로 언약을 맺을 것이라 말씀하신다. 그리고 하나님과 언약을 맺기 위해 3일간 성결할 것을 지시하신다.

> 세계가 다 내게 속하였나니 너희가 내 말을 잘 듣고 내 언약을 지키면 너희는 모든 민족 중에서 내 소유가 되겠고 너희가 내게 대하여 제사장 나라가 되며 거룩한 백성이 되리라 너는 이 말을 이스라엘 자손에게 전할지니라 (출 19:5~6)

다시 시내산으로 올라간 모세에게 하나님께서는 십계명을 비롯한 몇 가지 지켜야 할 내용을 알려주신다. 산에서 내려온 모세는 하나님께 들은 말씀의 내용을 백성들에게 설명하고 백성들에게 하나님의 말씀을 지킬 것인가를 물으니, 백성들은 하나님의 말씀을 지키겠다고 대답한다. 이에 모세는 하나님의 말씀을 기록하고 제단을 쌓고 열두 기둥을 세운다. 이어서 번제와 화목제를 드리고 피의 반은 뿌리고 나머지 반은 양푼에 담는다. 다시금 언약서를 백성들에게 읽어 주었고, 백성들은 하나님의 모든 말씀을 준행하겠다고 일제히 대답한다. 백성들의 맹세를 들은 모세는 양푼에 담긴 피를 백성들에게 뿌리면서 이 피가 하나님과 이스라엘 백성 간에 맺은 언약의 피임을 선포한다.

> 언약서를 가져다가 백성에게 낭독하여 듣게 하니 그들이 이르되 여호와의 모든 말씀을 우리가 준행하리이다 모세가 그 피를 가지고 백성에게 뿌리며 이르되 이는 여호와께서 이 모든 말씀에 대하여 너희와 세우신 언약의 피니라 (출 24:7~8)

이로써 하나님께서 아브라함, 이삭, 야곱과 맺으신 언약에 더해 하나님과 이스라엘 백성들 간에 소위 '피의 언약'이 새롭게 맺어진 것이다. 이후에 이스라엘 백성들이 우상을 섬기고 하나님의 말씀에서 떠난 삶을 살 때마다 하나님께서는 이스라엘 백성들에게 이 언약을 기억하고 지키라고 끊임없이 요구하시며 돌아올 것을 명령하신다.

십계명 돌판과 금송아지 사건

하나님과 이스라엘 백성들 간에 피의 언약이 맺어진 후, 모세는 다시 시내 산에 올라 40일 동안 하나님과 함께 있게 된다. 이때 하나님께서는 모세에게 성막을 지으라고 명령하시고 성막과 성막에 쓰이는 기구들, 제사장의 옷 등에 대해 아주 상세하게 설명해 주시고 그 모형들도 보여주신다. 그리고 돌판에 친히 십계명을 새겨 주신다. 그런데 그때 산 아래에서는 백성들이 아론에게 금송아지를 만들게 해 하나님이 격노하시는 일이 발생한다. 급히 산에서 내려온 모세는 돌판을 던지고 이스라엘 백성들을 심히 책망한다. 이 악한 일로 인해 레위 자손들의 손에 3천 명 정도의 사람들이 죽게 된다. 하나님과 이스라엘 백성 간에 피의 언약을 맺은 지 얼마 지나지도 않았는데 이스라엘 백성들은 하나님과 맺은 피의 언약을 어겼고, 언약은 무효가 되었다.

모세는 다시 산에 올라가 40일 동안 먹지도 않고 마시지도 않으면서 격노하신 하나님께 백성들의 죄에 대한 용서를 구한다. 하나님께서는 이스라엘의 죄를 용서하시고 또한 모세가 새로 만들어서 가지고 올라 온 돌판에 새롭게 십계명을 새겨 주시며 다시금 언약을 세우신다.

성막 제작

산에서 내려온 모세는 백성들에게 하나님의 말씀에 따라 성막과 기구들, 제사장의 옷 등을 만들 재료들을 자원하여 드리도록 한다. 백성들은 애굽에서 나올 때 애굽 사람들에게 받았던 금은과 보석 등을 예물로 드린다. 이어서 유다 지파의 브살렐과 단 지파의 오홀리압을 성막 제작의 책임자로 정하니 그들에게 하나님의 영이 충만히 임해 이 일을 충분히 감당하게 되었다.

성막은 지성소와 성소로 구분되었고 지성소에 들어갈 언약궤와 성소에 놓을 향단, 진설병 상, 순금 등잔대가 만들어졌다. 지성소와 성소 사이에는 그룹들을 수놓은 휘장이 쳐졌고 성막의 동쪽에 휘장 문을 설치했다. 그 밖에는 물두멍과 번제단을 만들어 놓았다. 또 동서 가로로 100규빗, 남북 세로로 50규빗 되는 세마포로 성막 울타리를 만들었다. 성막 울타리 안으로 들어가는 휘장 문도 동쪽에 두었다. 제사장의 옷들도 완성되었고 출애굽 한 이듬해 1월 1일에 성막이 세워졌다. 하나님께서 모세에게 명하신 대로 모든 역사가 마무리되자 구름이 성막(회막)에 덮이고 시내산 위에 머물던 하나님의 영광이 성막에 충만했다.

레위기의 율법과 시내산 출발

시내산에 올라가 하나님을 만났던 모세는 이제 성막에서 하나님을 만나게 되었다. 그래서 성막을 '회막(Tent of Meeting)'이라고도 불렀다. 이 성막에서 주신 율법의 내용이 바로 레위기이다. 하나님께서 우선 다섯 가지 제사 즉, 번제, 소제, 화목제, 속죄제와 속건제를 드리는 요령을 정해 주셨고 이어서 아론과 아론의 네 아들에 대한 제사장 임명식이 거행되었다. 출애굽 한 이듬해 1월 14일이 되어 두 번째 유월절을 지켰으며, 1월 18일에는 성막에서 첫 번째 제사를 지냈다. 그런데 아론의 장남 나답과 차남 아비후가 하나님이 명령하지 않으신 다른 불로 분향하려고 하다 그만 하나님에게서 나온 불에 타죽는 일이 발생하게 된다.

이후에 하나님께서는 이스라엘 백성들이 지켜야 할 정결 예식 등 다양한 율법을 주셨다. 이 율법에는 안식일, 안식년, 희년에 대한 규례 및 매년 정기적으로 지켜야 하는 일곱 가지 절기인 유월절, 무교절, 초실절, 오순절(맥추절, 칠칠절), 나팔절, 속죄일 및 초막절(장막절, 수장절)에 대한 율법이 포함되어 있다.

첫 번째 인구 조사와 출발 준비

출애굽 이듬해 2월 1일에는 하나님께서 모세에게 레위 지파를 제외한 12지파별로 20세 이상 싸움에 나갈 만한 남자의 수를 세라고 명령하신다. 그 결과 이스라엘의 20세 이상 싸움에 나갈 만한 남자의 수는 60만 3,550명이 집계되었다. 레위 지파만 1개월 이상 된 남자를 다 계수했는데 그 수는 2만 2천 명이었다. 다른 지파들의 수가 평균 5만 명인 것에 비해 레위 지파는 그 수가 상당히 적었다.

이제 시내 산을 떠날 때가 되었다. 시내 산을 떠나 행진할 때의 지파별 순서가 정해졌고, 행진을 멈추고 난 후에 지파별로 진을 칠 위치가 정해졌다. 레위 지파는 레위의 아들들의 후손인 고핫 자손, 게르손 자손, 므라리 자손으로 나뉘는데 각 자손의 임무도 주어졌다. 몇 가지 율법이 추가로 주어지고 2월 20일에 장막에 머물러 있던 구름이 성막에서 떠올랐다. 드디어 이스라엘 백성들은 가나안 땅을 향해 시내 산을 출발한다. 하나님의 언약궤가 3일 길을 앞서 나갔다. 이스라엘 백성들이 시내산에 도착한 지 11개월 20일 만의 일이다.

8) 시내산에서 요단 동편 모압 평지까지

시내산에서 가데스 바네아까지

시내산에서 출발한 이스라엘 백성들이 가나안 땅 남쪽 경계 부근에 있는 가데스 바네아까지 가는 동안에도 여러 사건이 발생한다. 이스라엘 백성 중에 섞여 살던 다른 인종들이 탐욕을 품고 부추기면서 이스라엘 백성도 "누가 우리에게 고기를 주어 먹게 하랴"라며 울며 원망하게 된다. 결국 하나님께서 바다에서부터 메추라기를 몰아 그들에게 실컷 먹게 하시지만, 욕심을 낸 백성들은 하나님의 진노로 죽게 된다. 그러한 과정 가운데 하나님께서는 모세에게 장로 70명을 세우라고 하시고 그들에게 하나님의 영을 부어주시기도 한다.

모세가 구스(에티오피아) 여인을 취하자 모세의 누나 미리암과 형 아론이 모세를 비방한다. 그런데 이 비방이 단순한 비방을 넘어 모세의 권위에 도전하는 일로 비화하게 되었다. 하나님께서는 모세의 권위를 인정해 주셨고, 미리암은 나병에 걸려 7일 동안 진영 밖에 있게 된다.

정탐꾼 파견 및 가나안 입성 좌절

가데스 바네아에 도착한 후 하나님께서는 각 지파에서 지휘관 한 명씩 모두 12명을 뽑아 가나안 땅을 정탐하라고 하신다. 정탐꾼들은 40일 동안 가나안 땅을 정탐하고 돌아와 이스라엘 백성들에게 보고했다. 여호수아와 갈렙은 올라가서 그 땅을 취하자고 했지만 다른 10명의 정탐꾼은 그 땅을 악평하고 그곳의 거민이 크고 강대해 자기들은 메뚜기같이 보잘것없어 보인다는 식으로 보고한다. 이 보고에 이스라엘 백성들은 심히 낙담해 밤새도록 통곡하고 모세와 아론을 원망하면서 다른 지휘관을 세워 애굽으로 돌아가자고 한다. 여호수아와 갈렙이 옷을 찢으며 두려워하지 말고 가나안 땅으로 올라가자고 소리쳐 외쳤지만 그들의 말을 듣지 않을 뿐 아니라 심지어는 여호수아와 갈렙을 돌로 치려고 했다.

이런 이스라엘 백성들의 믿음 없는 모습에 하나님께서는 정탐 일수 하루를 일년으로 환산해 40년 동안 광야 생활을 하게 하시겠다고 하시면서 여호수아와 갈렙을 제외한 20세 이상으로 계수된 자들은 모두 그들의 말대로 메뚜기처럼 광야에서 죽게 될 것이라 하신다. 이 사건으로 인해 이스라엘 백성들은 가나안 땅에 들어가지 못하고 광야 생활을 시작하게 된다.

광야 생활 마감, 미리암의 죽음과 므리바 사건

가데스 바네아 사건 이후 이스라엘 백성들은 광야에서 약 38년 동안 방황하다가 다시금 가데스 지역으로 돌아온다. 이 38년 동안 이스라엘 백성들이 무엇을 했는지 성경에는 기록되어 있지 않다. 다만 민수기 33장에 애굽에서 모압 평지까지 진을 친 장소가 기록되어 있을 뿐인데, 그 위치가 정확히 어디인지 확인하기 어려운 곳이 많다.

출애굽 한 지 40년째 되는 해의 1월에 모세의 누나 미리암이 가데스에서 죽고 거기서 장사 된다. 이곳에서도 물이 없다고 백성들은 또 모세와 다툰다. 하나님께서는 모세에게 반석을 향해 물을 내라고 명령하라고 하셨는데, 모세는 홧김에 지팡이로 반석을 두 번 친다. 많은 물이 흘러 나와 백성들이 물을 마시긴 했지만 하나님께서는 하나님의 말씀대로 바위에 명하지 않고 바위를 친 모세와 그의 형 아론에게 가나안 땅에 들어가지 못할 것이라고 말씀하신다. 이후에 모세가 하나님께 다시 한번 가나안 땅에 들어갈 수 있도록 허락해 달라고 간구했지만 하나님께서는 허락하지 않으신다.

왕의 대로의 통과 거절, 아론의 죽음, 불뱀 사건

모세가 가데스에 있을 때, 에돔 왕에게 사신을 보내 에돔의 중간을 통과하는 왕의 대로를 지나가게 해달라고 요청한다. 에돔에는 절대 피해를 주지 않고 왕의 대로를 벗어나지도 않겠다고 사정했다. 이 왕의 대로는 남쪽의 애굽에서 에돔과 모압 그리고 암몬을 지나 북쪽의 다메섹까지 이어지는 길로, 주로 대상들이 이동하는 길이었다. 대상들의 행렬이 마치 왕의 행렬 같다고 '왕의 대로'라는 이름으로 불렸다.

에돔은 야곱(이스라엘)의 형 에서의 후손들이 세운 나라다. 두 형제 사이에 좋지 않은 일들이 있었기 때문일까, 에돔은 이스라엘이 자기네 영토 한복판으로 지나가는 것을 단호히 거절한다. 거절했을 뿐만 아니라 에돔의 왕이 많은 백성을 끌고 나와 길을 가로막았다. 이스라엘 백성들은 하나님께서 형제 나라인 에돔을 건드리지 말라고 말씀하셨기 때문에 어쩔 수 없이 에돔의 남쪽 경계를 돌아서 동북쪽으로 이동했다.

이스라엘 백성들이 가데스를 떠나 호르산에 이르렀을 때, 하나님께서 모세에게 아론과 아론의 셋째 아들 엘르아살을 데리고 호르산에 오르라고 하신다. 아론이 입었던 제사장 옷을 벗겨 엘르아살에게 입히고, 출애굽 40년째 되는 해 5월 1일에 아론은 123세로 거기서 죽는다. 엘르아살이 아론에 이어 두 번째 대제사장이 된다.

30일 동안 아론의 죽음을 애도한 이스라엘 백성들은 에돔을 지날 수가 없어서 남쪽의 홍해 가에 있는 에일랏과 에시온게벨로 내려와 동쪽으로 방향을 틀고 에돔 땅을 우회했다. 한참을 돌아야 하는 길 때문에 백성들은 참지 못하고 하나님과 모세를 원망한다. 하나님께서는 이에 불뱀을 보내셔서 많은 사람이 불뱀에 물려 죽게 된다. 백성들이 잘못을 뉘우치고 모세에게 기도를 요청하니 하나님께서는 놋으로 불뱀을 만들어 장대에 달게 하시고, 불뱀에 물린 자가 놋뱀을 쳐다보면 살게 되었다.

아모리 왕 시혼과 바산 왕 옥을 물리침

이스라엘 백성들은 에돔의 남동쪽 변경을 돌아 사해로 흘러 들어가는 세렛 시내를 건너 모압 땅의 동쪽 경계를 따라 북상했다. 가데스 바네아의 정탐꾼 사건 이후 세렛 시내를 건너기까지 38년의 세월이 흘렀다. 하나님께서 말씀하신 대로 이 38년 동안 가데스 바네아 사건 당시 20세 이상이었던 장정들은 모두 광야에서 죽었다.

세렛 시내를 건너 모압 땅의 동쪽 경계를 따라 북상한 이스라엘 백성들은 모압의 북쪽 경계를 이루는 아르논 강의 계곡을 건넌다. 이 아르논 강의 북쪽은 아모리 족속의 왕인 시혼이 차지하고 있었다. 하나님께서 이곳에서 우물의 물을 내게 하셨고 이곳을 '브올'이라 불렀다. 모세는 이곳에서 아모리 왕 시혼에게 사신을 보내 왕의 대로로 지나갈 수 있도록 허락해 달라고 청했지만, 아모리 왕 시혼은 이를 허락하지 않고 백성들을 모아서 이스라엘을 쳤다. 결국 두 백성 간에 전투가 벌어지고, 이스라엘은 아모리 왕 시혼이 차지했던 모든 성읍을 점령한다.

아모리 지역을 통과해 갈릴리 호수의 동북쪽에 있는 바산 지역으로 올라간 이스라엘 백성들을 바산 왕 옥이 백성들을 이끌고 나와 공격했다. 다시 전투가 벌어졌고, 여기에서도 이스라엘 백성들이 승리해 바산의 땅을 모두 점령한다.

발락과 발람 사건

두 번의 전투를 승리로 마친 이스라엘 백성들은 요단강 동편의 모압 평지에 진을 친다. 강 건너 서쪽에는 여리고 성이 있었고 남쪽 아르논 강을 건너면 모압 땅이었다. 하나님께서는 아브라함의 조카 롯의 후손인 모압은 건드리지 말라고 하셨지만 모압 왕 발락은 혹시라도 이스라엘이 모압을 치지 않을까 전전긍긍했다. 그래서 이스라엘을 저주하기 위해 부른 사람이 바로 그 유명한 주술사 발람이었다.

발람은 돈 때문에 발락의 요구대로 네 번이나 이스라엘을 저주하려고 했지만 하나님께서는 이 저주를 축복으로 바꾸도록 하신다. 결국 발락의 요구는 관철되지 않았고 대가를 받기 어려웠던 발람은 꾀를 내어 이스라엘 백성들이 하나님의 저주를 받을 수밖에 없는 방법을 발락에게 가르쳐 준다. 바로 이스라엘 백성들이 우상에게 절을 하고 범죄에 빠지도록 하면 하나님의 저주로 이스라엘이 망하게 되리라는 것이다.

이 일에는 모압과 미디안의 여인들이 동원되었다. 이 여인들은 이스라엘 남자들을 자기 신들의 제사에 초대했고 이 초대에 응한 이스라엘 남자들은 우상에게 절하고 우상에게 바쳐진 음식을 먹었고 여인들과 음행했다. 이 일로 인해 하나님께서는 크게 노하셨고 백성의 수령들을 나무에 매달게 하셨다. 이와 더불어 이스라엘 백성들 가운데 염병이 퍼져 2만 4천 명이 죽게 된다. 이 일로 인해 하나님께서는 미디안을 멸하라고 하셨고 이 과정에서 발람은 이스라엘의 칼에 죽임을 당한다.

두 번째 인구 조사

염병이 있고 난 뒤 하나님께서는 다시 인구 조사를 하라고 하신다. 그래서 지파별로 장정의 수를 세어 보니 레위 지파를 제외하고 계수된 자가 60만 1,730명이었다. 39년 전 시내 산을 떠나기 전에 실시한 인구 조사에서는 레위 지파를 제외한 장정의 인구가 모두 60만 3,550명이었다. 가데스 바네아 사건 당시 20세 이상의 장정들이 여호수아와 갈렙 외에는 모두 광야에서 죽었는데도 전체적으로는 크게 차이가 나지 않았다.

요단강 동편 땅 분배

하나님께서 아브라함과 이삭과 야곱에게 약속하셨던 땅은 요단강과 사해의 서쪽에 있는 가나안 땅이었다. 그런데 르우벤 지파와 갓 지파 사람들이 모세에게 와서 아모리 왕 시혼과 바산 왕 옥이 차지하고 있었던 요단 동편의 땅을 달라고 요청했다. 그들에게는 가축이 많았고 요단 동편의 땅이 가축을 기르기에 아주 좋아 보였기 때문이다. 이 요청을 들은 모세는 요단강 동편의 땅은 하나님께서 약속하신 땅이 아니라 그들에게 분배할 생각이 없었지만 그들은 계속해서 졸라댔다. 하는 수 없이 모세는 가나안 땅을 정복하는 동안 그들 지파의 장정들도

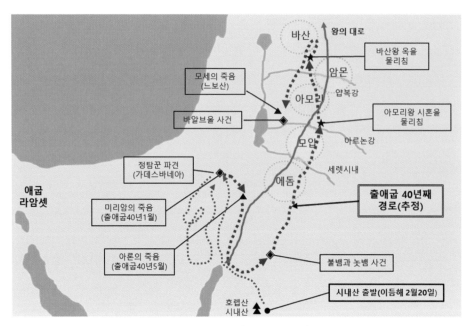

추정 출애굽 경로2(시내산~요단강)

다른 지파와 함께 요단강을 건너 정복 전쟁에 참여하겠다는 다짐을 받고 르우벤 지파, 갓 지파와 므낫세 반 지파에 요단강 동편의 땅을 분배해 준다. 므낫세 지파의 나머지 반 지파는 후에 요단강 서편 가나안 땅을 분배받는다.

모세의 회상, 당부와 죽음

출애굽 후 40년째 해 11월 1일 모세는 요단강 동편 모압 평지에서 이스라엘 백성들에게 하나님의 율법에 관해 설명하며 지난 40년 동안의 출애굽 여정을 회상한다. 아울러 하나님께서 이스라엘 백성들에게 주시겠다고 맹세하신 약속의 땅에 들어가게 되면 이방 신을 섬기거나 이방 사람들의 방식으로 살지 말고 오직 하나님을 사랑하고 하나님께서 주셔서 지키기로 맹세한 하나님의 말씀에 따라

순종하며 살 것을 신신당부한다. 이 내용을 기록한 책이 바로 신명기다.

여호수아가 모세의 뒤를 이어 이스라엘의 지도자로 세워진 후, 모세는 각 지파를 축복하고 느보산에 올라 죽음을 맞는다. 그의 나이가 120세였으나 눈이 흐리지도 기력이 쇠하지도 않았다. 누구도 그가 묻힌 곳을 알지 못한다.

9) 여호수아와 가나안 정복

여리고 성 정탐꾼 파견

이스라엘 백성들이 진을 치고 있던 모압 평지에서 서쪽으로 요단강을 건너면 바로 맞은편에 여리고 성이 있다. 요단강을 건너기 전에 여호수아는 정탐꾼 2명을 여리고 성으로 보낸다. 이들은 여리고 성의 성벽 위에 있는 기생 라합의 집에 유숙하게 되는데, 여리고 성의 왕에게 정탐꾼이 들어왔다는 보고가 들어갔고 군사들이 라합의 집에 들이닥친다. 라합의 기지로 정탐꾼들은 위기를 모면하고 라합은 그들에게 하나님의 역사하심을 믿는다고 고백하면서 여리고 성이 멸망할 때 자기 가족들을 구해 달라고 요구한다. 창에 붉은 줄을 내리면 그것을 보고 구원해 주겠다고 약속한 정탐꾼들은 무사히 진으로 돌아오게 되고, 약속대로 여리고 성을 점령할 때 창에 붉은 줄을 내린 라합과 그녀의 가족들은 구원받게 된다.

요단강 도강과 40년 마감

하나님의 지시에 따라 이스라엘 백성들은 40년 전 애굽에서 유월절 어린양을 준비했던 날인 1월 10일에 요단강을 건넌다. 히브리력으로 1월 10일은 한국의 음력 2월 10일이 되고, 양력으로 하면 3월 중하순쯤 된다. 그때는 갈릴리 호수

북쪽 헬몬산의 눈이 녹아 요단강이 범람할 시기였으나 언약궤를 맨 제사장들의 발이 요단강에 들어서는 순간, 북쪽 갈릴리 호수에서 남쪽 사해로 흐르던 요단 강물이 북쪽으로 물러나 멀리 있는 아담 성읍 변두리에서 일어서고 더 이상 남쪽으로 흐르지 않았다. 이스라엘 백성들은 마른 땅으로 요단강을 건너 길갈에 진을 친다. 드디어 하나님께서 아브라함과 이삭과 야곱에게 약속하셨던 가나안 땅에 들어온 것이다. 야곱과 그의 가족이 가나안 땅을 떠나 애굽으로 내려간 지 470년이 지났다.

출애굽 이후 광야에서 태어난 세대는 이동 중에 할례를 행할 수 없었기 때문에 하나님께서는 이제 그들에게 할례를 행하라고 하신다. 그들은 길갈에서 부싯돌로 할례를 행한 후 1월 14일에 유월절을 지낸다. 40년 전 1월 15일에 애굽의 라암셋에서 출발했으니, 출애굽을 한지 정확히 40년이 찬 것이다. 이튿날인 1월 15일에는 그 땅의 소산물로 무교병과 볶은 곡식을 먹었고 그 이튿날부터는 만나가 내리지 않았다.

> 유월절 이튿날에 그 땅의 소산물을 먹되 그 날에 무교병과 볶은 곡식을 먹었더라 또 그 땅의 소산물을 먹은 다음 날에 만나가 그쳤으니 이스라엘 사람들이 다시는 만나를 얻지 못하였고 그 해에 가나안 땅의 소출을 먹었더라 (수 5:11~12)

여리고 성과 아이 성 점령

가나안 땅에 들어오긴 했지만 그 땅을 차지하기 위해서는 그 땅 거민들을 몰아내야 했다. 가장 먼저 점령해야 하는 성은 바로 앞, 서쪽 평야에 있는 견고한 여리고 성이었다. 그런데 하나님께서는 이상한 지시를 내리신다. 성을 바로 공격하는 것이 아니라 6일 동안 하루에 한 바퀴씩 성을 돌고, 7일 째는 일곱 바퀴를 돌라고 하신다. 그리고 제사장들이 나팔을 불면 백성들은 크게 소리를 외치라고 하셨다. 그러면 성이 무너질 것이니 백성들은 앞으로 올라가라고 명령하셨다.

여호수아는 하나님의 말씀대로 따랐고 견고했던 여리고 성은 맥없이 무너져 내렸다. 이스라엘의 장정들은 여리고 성을 불태우고 모든 거민들을 죽였다. 이때 두 명의 정탐꾼을 살려 줬던 기생 라합과 그녀의 가족들은 붉은 줄을 보고 들어온 정탐꾼에게 구원받게 된다.

그러나 여리고 성보다 빈약했던 아이 성은 간단히 함락되지 않았다. 백성들은 아이 성을 우습게 보고 약 3천 명을 보내 아이 성을 쳤지만 오히려 36명쯤 죽게 되고 전쟁에 패한다. 이는 여리고 성 공격 당시 성의 모든 것을 진멸해야 함에도 아간이 욕심을 내어 일부를 숨겼기 때문에 하나님께서 노하셔서 생긴 일이었다. 결국 아간과 그의 가족들은 아골 골짜기에서 돌에 맞아 죽게 된다. 이 일 이후 이스라엘 백성들은 매복 작전을 구사해 아이 성을 점령한다.

세겜에서의 저주와 축복에 대한 맹세

아이 성 점령이 끝난 후에 여호수아는 이스라엘의 남녀노소, 동행하는 거류민들까지 모든 백성을 성의 북쪽에 있는 세겜으로 불러 모은다. 모세가 모압 평지에서 지시한 대로 축복과 저주를 선포하기 위해서였다. 세겜은 아브라함이 가나안 땅에 들어와 처음으로 하나님께 제단을 쌓은 곳이고, 하나님께서 아브라함에게 이 땅을 주시겠다고 처음으로 약속하신 장소였다. 또한 야곱(이스라엘)이 하란의 외삼촌 라반의 집에서 도망쳐 나와 가나안 땅으로 귀환할 때 수년 동안 거주하며 땅도 사고 우물도 팠던 곳이며, 외동딸 디나에게 불미스러운 일이 발생한 곳이기도 하다. 야곱은 애굽에서 죽기 전에 세겜에 사두었던 땅을 요셉에게 상속해주었었다.

이곳에서 여호수아는 신명기에 기록된 모세의 지시에 따라 세겜의 북쪽에 있는 에발산 중턱에 쇠 연장으로 다듬지 않은 새 돌로 제단을 쌓고 하나님께 번제와 화목제를 드린다. 이 여호수아 제단은 지금도 그 자리에 있다. 또 큰 돌에 석회를 바르고 율법을 기록하고 나서 언약궤를 가운데 두고 여섯 지파는 세겜의 북쪽에 있는 에발산 앞에 그리고 다른 여섯 지파는 세겜의 남쪽에 있는 그리심산 앞에 세운다. 가운데 서 있는 레위 지파 사람들이 축복의 율법을 선포하면 그리심산 앞에 선 지파들이 "아멘" 하고, 저주의 율법을 선포하면 에발산 앞에 선 지파들이 "아멘" 하였다. 이렇게 함으로써 가나안 땅에 들어 올 수 있도록 인도하신 하나님께 감사드리고, 하나님의 율법을 반드시 지키겠다고 이스라엘의 모든 백성이 하나님 앞에서 맹세했다.

정복 전쟁과 땅 분배 그리고 두 번째 귀환의 마무리

세겜에서의 행사가 모두 끝나고 본격적인 가나안 정복 전쟁이 시작되었고, 여호수아는 여리고성과 아이성을 포함해 가나안에 터를 잡고 거주하는 31개 성의 왕들을 쳐서 이겼다. 가나안 땅 전부를 완전히 정복한 것은 아니었지만 지파별로 제비를 뽑게 해서 땅을 분배했다. 특별히 "이 산지를 내게 주소서"라며 헤브론을 달라고 요구한 유다 지파의 갈렙에게는 헤브론이 할당되었다. 헤브론에는 특별히 아브라함과 사라, 이삭과 리브가, 야곱과 레아의 묘소가 있었다. 이 막벨라 굴의 묘소는 지금도 그 자리에 있다.

출애굽 당시 모세가 들고나왔던 요셉의 유골은 요셉의 직계 후손인 여호수아에게 인계되었고, 요셉의 유언대로 야곱이 요셉에게 상속해준 세겜 땅에 장

세겜(현 나블루스)에 위치한 요셉의 무덤

(출처 : 연세중앙교회 신문)

사 되었다. 이 요셉의 묘는 약 3400년이 지난 지금도 그 자리에 있다. 이렇게 하나님께서 아브라함과 이삭과 야곱에게 약속하신 자손과 땅에 대한 언약과 창세기 15장에서 약속하신 출애굽이 성취됨으로써 이스라엘의 두 번째 귀환이 마무리된다.

4
세 번째 귀환
− 바벨론 포로 귀환 −

1) 하나님과 이스라엘 백성 간의 언약과 맹세

이스라엘 백성들은 출애굽을 한 후 시내산 기슭에서 하나님의 율법을 반드시 지키겠다고 맹세하며 하나님과 피의 언약을 맺었다.

그 후 하나님께서 모세가 지은 성막에서 레위기 율법을 주실 때 이스라엘 백성들에게 애굽 땅의 풍속이나 가나안 땅의 풍속을 따르지 말라고 명령하신다. 하나님께서 명령하신 규례와 법도를 지키지 않고 가나안 사람들의 가증한 풍속을 따르면 그 땅이 더러워질 것이고, 그 땅이 그들보다 앞서 그곳에 살던 가나안 사람들을 토해낸 것처럼 이스라엘 백성들도 토해낼 것이라고 강하게 경고하셨다.

너희가 전에 있던 그 땅 주민이 이 모든 가증한 일을 행하였고 그 땅도 더

러워졌느니라 너희도 더럽히면 그 땅이 너희가 있기 전 주민을 토함 같이

너희를 토할까 하노라 (레 18:27~28)

목이 곧은 이스라엘 백성들을 염려했던 모세는 죽기 전에 이스라엘 백성들에
게 신신당부하기를 가나안 땅에 들어가면 세겜에 있는 에발산 앞과 그리심산 앞
에 각각 여섯 지파씩 서서 축복과 저주를 선포하라고 명령했다. 하나님의 말씀
에 순종하겠다는 이스라엘 백성들의 맹세와 다짐을 받아 놓기 위해서였다. 여기
에는 순종에 따른 축복의 내용과 불순종에 따르는 저주의 내용이 포함되어 있
다. 만일 이스라엘 백성들이 하나님의 말씀에 불순종하면 저주가 이스라엘 가
운데 내려서 전염병으로 진멸할 것이며, 성은 알지 못하는 흉악한 민족에게 포
위되어 자식의 살을 먹게 되고 왕과 백성들은 알지 못하던 이방 나라로 끌려가
고 살던 땅에서 쫓겨나 여러 나라로 흩어질 것이며, 모든 민족 가운데 비방 거리
가 되리라는 내용이다.

모세는 이런 내용을 신명기에 기록해 놓았다. 불순종에 관한 저주의 내용 중
이스라엘 백성을 흩으시겠다는 말씀 몇 군데를 찾아보면 다음과 같다.

여호와께서 네 적군 앞에서 너를 패하게 하시리니 네가 그들을 치러 한

길로 나가서 그들 앞에서 일곱 길로 도망할 것이며 네가 또 땅의 모든 나

라 중에 흩어지고 네 시체가 공중의 모든 새와 땅의 짐승들의 밥이 될 것

이나 그것들을 쫓아줄 자가 없을 것이며 (신 28:25~26)

여호와께서 너와 네가 세울 네 임금을 너와 네 조상들이 알지 못하던 나

라로 끌어 가시리니 네가 거기서 목석으로 만든 다른 신들을 섬길 것이며 여호와께서 너를 끌어 가시는 모든 민족 중에서 네가 놀람과 속담과 비방 거리가 될 것이라 (신 28:36~37)

여호와께서 너희에게 선을 행하시고 너희를 번성하게 하시기를 기뻐하시던 것 같이 이제는 여호와께서 너희를 망하게 하시며 멸하시기를 기뻐하시리니 너희가 들어가 차지할 땅에서 뽑힐 것이요 여호와께서 너를 땅 이 끝에서 저 끝까지 만민 중에 흩으시리니 네가 그 곳에서 너와 네 조상들이 알지 못하던 목석 우상을 섬길 것이라 (신 28:63~64)

앞장에서 언급했듯이 여호수아의 인도 아래 가나안 땅에 들어온 이스라엘 백성들은 에발산 앞과 그리심산 앞에서 축복과 저주를 선포하며 하나님의 율법에 순종하는 삶을 살겠다고 맹세했지만, 출애굽을 경험한 세대가 죽고 나니 그 후에 태어난 세대들은 점점 하나님과 하나님께서 행하신 일을 알지 못하는 다른 세대가 되어버린다.

백성이 여호수아가 사는 날 동안과 여호수아 뒤에 생존한 장로들 곧 여호와께서 이스라엘을 위하여 행하신 모든 큰 일을 본 자들이 사는 날 동안에 여호와를 섬겼더라 여호와의 종 눈의 아들 여호수아가 백십 세에 죽으매 무리가 그의 기업의 경내 에브라임 산지 가아스 산 북쪽 딤낫 헤레스에 장사하였고 그 세대의 사람도 다 그 조상들에게로 돌아갔고 그 후에 일어난 다른 세대는 여호와를 알지 못하며 여호와께서 이스라엘을 위하여 행하신 일도 알지 못하였더라 (삿 2:7~10)

사사 시대를 거치면서 하나님을 잘 알지 못했던 이스라엘 백성들은 가나안 정복 전쟁 중 진멸하지 못한 주변 가나안 사람들의 영향을 받게 되어 그들의 가증한 풍속을 따르고 그들의 신을 섬기는 일들이 빈번히 일어나게 된다. 그럴 때마다 하나님께서는 이방 민족을 일으켜 이스라엘을 곤경에 처하게 하시고 심한 곤경 가운데 이스라엘 백성들은 회개하며 하나님의 도움을 구한다. 그러면 하나님께서는 사사를 통해 그들을 구원하시는데, 이런 패턴은 사사 시대 내내 약 300년 동안 반복된다.

급기야 이스라엘 백성들은 마지막 사사인 사무엘에게 주변의 다른 나라들처럼 왕을 세워 달라고 요구하고 어쩔 수 없이 사무엘은 하나님의 말씀대로 사울을 이스라엘의 첫 번째 왕으로 기름 붓는다. 이스라엘에 왕국 시대가 열린 것이다. B.C.1050년에 이스라엘의 왕이 된 사울은 40년 동안 이스라엘을 통치하다 블레셋과의 전투에서 목숨을 잃게 된다. 이어서 17세 때 사무엘로부터 기름 부음을 받았던 다윗이 30세가 되어 B.C.1010년에 유다의 왕이 되고 이어서 이스라엘의 왕이 된다. 다윗 역시 40년 동안 이스라엘을 통치하다가 죽고 그의 아들 중에서 솔로몬이 다윗의 뒤를 이어 B.C.970년에 이스라엘의 왕이 되고 40년 동안 이스라엘을 다스린다.

2) 남북 왕국으로의 분열

하나님께서는 솔로몬에게 지혜와 부귀영화를 허락하셨다. 솔로몬은 아버지 다윗이 간절히 짓기를 원했던 여호와의 성전을 예루살렘에 건축한다. 솔로몬 시대의 이스라엘은 더욱 강성한 나라가 되었고 솔로몬 왕은 주변의 여러 나라들과 정략적인 혼인 관계를 맺게 되어 처첩이 1천 명에 이르게 된다. 솔로몬의 아내들은 예루살렘으로 올 때 자기들이 섬기던 신들도 함께 가지고 왔고 결국 솔로몬은 말년에 우상을 섬기는 일로 인해 하나님의 경고를 두 번씩이나 받는다. 거듭된 경고에도 불구하고 솔로몬이 마음을 돌이키지 않자 하나님께서는 솔로몬의 아들 때에 나라를 다른 신하에게 주고, 솔로몬의 아들에게는 한 지파만을 남기시겠다고 말씀하신다.

솔로몬이 마음을 돌려 이스라엘의 하나님 여호와를 떠나므로 여호와께서 그에게 진노하시니라 여호와께서 일찍이 두 번이나 그에게 나타나시고 이 일에 대하여 명령하사 다른 신을 따르지 말라 하셨으나 그가 여호와의 명령을 지키지 않았으므로 여호와께서 솔로몬에게 말씀하시되 네게 이러한 일이 있었고 또 네가 내 언약과 내가 네게 명령한 법도를 지키지 아니하였으니 내가 반드시 이 나라를 네게서 빼앗아 네 신하에게 주리라 그러나 네 아버지 다윗을 위하여 네 세대에는 이 일을 행하지 아니하고 네 아들의 손에서 빼앗으려니와 오직 내가 이 나라를 다 빼앗지 아니하고 내 종 다윗과 내가 택한 예루살렘을 위하여 한 지파를 네 아들에게 주리라 하셨더라 (왕상 11:9~13)

솔로몬의 통치가 40년 만에 끝나고, 그의 아들 르호보암이 왕이 되려고 할 때, 이스라엘의 10지파가 원래 솔로몬의 신하였던 에브라임 지파의 여로보암을 왕으로 옹립한다. 하나님의 말씀대로 르호보암이 속한 유다 지파와 베냐민 지파만이 르호보암에게 남게 된다. 결국 이스라엘은 솔로몬의 범죄 때문에 남과 북, 두 나라로 분열한다. 북쪽 나라는 국호를 '이스라엘' 그대로 썼고, 남쪽 나라는 '유다'로 정했다. 분열 왕국 시대의 이 두 나라를 편의상 '북이스라엘'과 '남유다'라고 부른다. 북이스라엘은 야곱이 요셉에게 상속해 준 땅이 있는 세겜을 도성으로 삼고, 남유다는 여호와 성전과 다윗성이 있는 예루살렘을 그대로 도성으로 삼는다. 솔로몬의 범죄로 인해 이스라엘의 통일 왕국은 120년으로 마감되고 B.C.930년부터 남북 분열 왕국 시대로 접어든다. 북이스라엘의 아합왕과 남유다의 여호사밧왕 시대를 제외하고는 두 나라 사이에 늘 전쟁이 있었다.

3) 북이스라엘의 멸망

여로보암은 선지자 아히야의 예언대로 북이스라엘의 왕이 되었지만 그에게는 한 가지 큰 걱정이 있었다. 하나님의 율법에 따라 이스라엘 백성들은 일 년에 세 번, 유월절과 오순절 그리고 맥추절에 성전이 있는 예루살렘으로 올라가야 했다. 북이스라엘 백성들도 절기 때가 되면 하나님께 제사하러 예루살렘으로 올라갔는데, 여로보암은 예루살렘으로 올라가던 백성들이 혹시나 자기를 배반하지 않을까 걱정에 사로잡힌다. 그래서 그는 백성들이 예루살렘으로 올라가지 못하도록 금송아지 둘을 만들어 하나는 남쪽 국경 근처의 벧엘에 두고, 다른 하나는 북쪽 국경 근처에 있는 단에 두었다. 아울러 이들을 위한 제단도 만들었다.

백성들에게는 이 금송아지들이 이스라엘을 애굽의 종살이에서 건져내신 여호와 하나님이라고 하고 금송아지에 경배하도록 했다. 물론 자기도 벧엘에 올라가 금송아지에 경배했다. 원래 제사장은 아론의 후손이 담당해야 하는데, 자기 마음대로 제사장을 정하기도 하고 여호와의 절기를 무시하고 임의로 8월 15일을 절기로 정해버린다. 하나님께서는 이 일로 진노하셨고 여로보암의 왕권은 여로보암의 아들 때, 잇사갈 지파의 바아사의 반역으로 마감된다. 이때가 여로보암이 왕이 된 지 25년째였으며, 바아사는 여로보암의 집을 쳐서 한 사람도 남기지 않는다.

북이스라엘의 우상 숭배는 후에 왕권을 잡은 오므리의 아들 아합왕 때 극치를 이룬다. 아합왕은 시돈의 공주 이세벨을 아내로 맞이하는데, 시돈은 가나안의 맏아들 이름이다. 그녀는 시집올 때 가나안의 신인 바알과 아세라를 함께 들여와서 이스라엘을 극심한 우상 숭배에 빠지게 한다. 이때 아합의 우상 숭배를 규탄하며 등장한 선지자가 바로 엘리야다. 하나님께서는 아합의 집을 멸절시키시기 위해 예후에게 기름을 붓게 하신다. 예후는 아합의 집을 멸절시키고 바알과 아세라 제사장들을 한곳에 모아 죽이기도 한다. 하지만 예후와 그의 후대 왕들 역시 여로보암이 만들었던 금송아지를 섬기는 죄에서는 떠나지 않는다.

여로보암 2세 때, 하나님께서는 선지자 호세아를 세워 음란한 북이스라엘을 향해 하나님께 돌아오라고 외치게 하셨으며, 남유다의 드고아 출신인 아모스를 불러 북이스라엘에서 회개를 선포하게 하신다.

선지자 호세아와 아모스 그리고 요나

하나님께서는 선지자 호세아를 택하셔서 음란한 여인 고멜을 아내로 맞아 음란한 자식들을 낳으라고 하신다. 그녀는 음란하게 우상을 섬기는 북이스라엘을 상징한다. 호세아는 이스라엘 백성들에게 그들의 죄를 책망하며 회개하고 돌아오라고 촉구하지만 그들은 돌이키지 않는다.

여호와께서 처음 호세아에게 말씀하실 때 여호와께서 호세아에게 이르시되 너는 가서 음란한 여자를 맞이하여 음란한 자식들을 낳으라 이 나라가 여호와를 떠나 크게 음란함이니라 하시니 (호 1:2)

에브라임은 내가 알고 이스라엘은 내게 숨기지 못하나니 에브라임아 이제 네가 음행하였고 이스라엘이 더러워졌느니라 그들의 행위가 그들로 자기 하나님에게 돌아가지 못하게 하나니 이는 음란한 마음이 그 속에 있어 여호와를 알지 못하는 까닭이라 (호 5:3~4)

이스라엘이 이미 선을 버렸으니 원수가 그를 따를 것이라 그들이 왕들을 세웠으나 내게서 난 것이 아니며 그들이 지도자들을 세웠으나 내가 모르는 바이며 그들이 또 그 은, 금으로 자기를 위하여 우상을 만들었나니 결국은 파괴되고 말리라 사마리아³여 네 송아지는 버려졌느니라 내 진노가 무리를 향하여 타오르나니 그들이 어느 때에야 무죄하겠느냐 이것은 이스라엘에서 나고 장인이 만든 것이라 참 신이 아니니 사마리아의 송아지가 산산조각이 나리라 (호 8:3~6)

하나님께서는 호세아와 더불어 양을 치던 아모스를 유다 땅으로부터 불러내셔서 그를 통해 돌아오지 않는 북이스라엘을 책망하시며, 회개하지 않으면 닥칠 재앙에 대해 선포하게 하신다.

여호와께서 이와 같이 말씀하시기를 네 아내는 성읍 가운데서 창녀가 될 것이요 네 자녀들은 칼에 엎드러지며 네 땅은 측량하여 나누어질 것이며 너는 더러운 땅에서 죽을 것이요 이스라엘은 반드시 사로잡혀 그의 땅에서 떠나리라 하셨느니라 (암 7:17)

---

3. 아합왕의 부친인 오므리왕이 세운 북이스라엘의 도성으로 북이스라엘 전체를 의미하기도 하며, 예수님 당시에는 북이스라엘의 남쪽 지역을 사마리아 지역이라고 하였음.

선지자 호세아와 아모스가 이스라엘에서 활동하던 여로보암 2세 때, 하나님께서는 선지자 요나를 이스라엘의 적국인 앗수르의 도성 니느웨로 보내셔서 회개를 외치게 하신다. 요나는 입으로는 회개하라고 외치면서도 니느웨가 절대로 회개하지 않으리라 생각했다. 그러나 포악하기로 유명했던 니느웨 사람들이 요나의 외침을 듣고 왕으로부터 짐승에 이르기까지 금식하며 회개하는 일이 일어난다.

결국 끝까지 회개하지 않은 북이스라엘은 회개하고 하나님의 용서를 받았던 앗수르에 의해 B.C.722년에 멸망하고 만다. 앗수르는 많은 북이스라엘 사람들을 포로로 끌고 가 메소포타미아의 여러 성읍에 흩어 버리고, 동시에 메소포타미아의 여러 성읍에서 이방인들을 사마리아 땅으로 데려와 북이스라엘 백성들과 혼혈이 되게 한다. 북이스라엘의 10지파 사람들이 어디로 어떻게 흩어졌는지에 대해서는 지금도 자세히 알려진 바가 없다.

북이스라엘의 죄와 그 결과

열왕기서의 저자는 열왕기하 17장에서 북이스라엘을 멸망으로 인도한 북이스라엘의 죄에 대해 다음과 같이 기록한다. 내용이 좀 길기는 하지만 참고를 위해 전문을 인용한다.

> 이 일은 이스라엘 자손이 자기를 애굽 땅에서 인도하여 내사 애굽의 왕 바로의 손에서 벗어나게 하신 그 하나님 여호와께 죄를 범하고 또 다른 신들을 경외하며 여호와께서 이스라엘 자손 앞에서 쫓아내신 이방 사람의 규례와 이스라엘 여러 왕이 세운 율례를 행하였음이라 이스라엘의 자손이 점차로 불의를 행하여 그 하나님 여호와를 배역하여 모든 성읍에 망

대로부터 견고한 성에 이르도록 산당을 세우고 모든 산 위에와 모든 푸른 나무 아래에 목상과 아세라 상을 세우고 또 여호와께서 그들 앞에서 물리치신 이방 사람 같이 그 곳 모든 산당에서 분향하며 또 악을 행하여 여호와를 격노하게 하였으며 또 우상을 섬겼으니 이는 여호와께서 그들에게 행하지 말라고 말씀하신 일이라 여호와께서 각 선지자와 각 선견자를 통하여 이스라엘과 유다에게 지정하여 이르시기를 너희는 돌이켜 너희 악한 길에서 떠나 나의 명령과 율례를 지키되 내가 너희 조상들에게 명령하고 또 내 종 선지자들을 통하여 너희에게 전한 모든 율법대로 행하라 하셨으나 그들이 듣지 아니하고 그들의 목을 곧게 하기를 그들의 하나님 여호와를 믿지 아니하던 그들 조상들의 목 같이 하여 여호와의 율례와 여호와께서 그들의 조상들과 더불어 세우신 언약과 경계하신 말씀을 버리고 허무한 것을 뒤따라 허망하며 또 여호와께서 명령하사 따르지 말라 하신 사방 이방 사람을 따라 그들의 하나님 여호와의 모든 명령을 버리고 자기들을 위하여 두 송아지 형상을 부어 만들고 또 아세라 목상을 만들고 하늘의 일월 성신을 경배하며 또 바알을 섬기고 또 자기 자녀를 불 가운데로 지나가게 하며 복술과 사술을 행하고 스스로 팔려 여호와 보시기에 악을 행하여 그를 격노하게 하였으므로 여호와께서 이스라엘에게 심히 노하사 그들을 그의 앞에서 제거하시니 오직 유다 지파 외에는 남은 자가 없으니라 유다도 그들의 하나님 여호와의 명령을 지키지 아니하고 이스라엘 사람들이 만든 관습을 행하였으므로 여호와께서 이스라엘의 온 족속을 버리사 괴롭게 하시며 노략꾼의 손에 넘기시고 마침내 그의 앞에서 쫓아내시니라 이스라엘을 다윗의 집에서 찢어 나누시매 그들이 느밧의 아들 여로보암을 왕으로 삼았더니 여로보암이 이스라엘을 몰아 여호와를 떠나고 큰 죄를 범하게 하매 이스라엘 자손이 여로보암이 행한 모든 죄를 따라 행하여 거기서 떠나지 아니하므로 여호와께서 그의 종 모든 선지자를 통하여 하신 말씀대로 드디어 이스라엘을 그 앞에서 내쫓으신지라 이스라엘이 고향에서 앗수르에 사로잡혀 가서 오늘까지 이르렀더라 (왕하 17:7~23)

4) 남유다의 멸망과 바벨론 포로

북이스라엘의 왕조는 반역으로 여러 번 바뀌기도 했지만, 남유다의 경우는 북이스라엘의 아합왕과 이세벨의 딸 아달랴가 왕권을 탈취했던 7년을 제외하고는 유다 지파인 다윗의 후손으로 왕권이 이어진다. 다윗의 후손 19명이 왕위를 잇는 동안 히스기야나 요시야처럼 종교 개혁을 해가면서 하나님을 잘 섬기고자 했던 왕들도 있긴 했지만, 상당수는 하나님을 잘 섬기지 못했다. 유다의 왕들 가운데 가장 하나님께 죄를 범했던 왕이 히스기야의 아들 므낫세였다.

므낫세는 선왕 히스기야의 뒤를 이어 남유다의 왕이 되고 난 후, 아버지가 해 놓았던 종교 개혁을 완전히 뒤엎는 일들을 단행했다. 그는 이스라엘 최악의 왕인 아합의 행위를 따라 바알과 아세라 목상들을 세웠고, 여호와의 성전에 하늘의 일월성신의 제단을 쌓기도 했으며, 자기 아들을 우상의 제물로 바치기도 했다.

므낫세가 여호와 보시기에 악을 행하여 여호와께서 이스라엘 자손 앞에서 쫓아내신 이방 사람의 가증한 일을 따라서 그의 아버지 히스기야가 헐어 버린 산당들을 다시 세우며 이스라엘의 왕 아합의 행위를 따라 바알을 위하여 제단을 쌓으며 아세라 목상을 만들며 하늘의 일월 성신을 경배하여 섬기며 여호와께서 전에 이르시기를 내가 내 이름을 예루살렘에 두리라 하신 여호와의 성전에 제단들을 쌓고 또 여호와의 성전 두 마당에 하늘의 일월 성신을 위하여 제단들을 쌓고 또 자기의 아들을 불 가운데로 지나게 하며 점치며 사술을 행하며 신접한 자와 박수를 신임하여 여호와께서 보시기에 악을 많이 행하여 그 진노를 일으켰으며 (왕하 21:2~6)

므낫세는 55년 동안 남유다를 다스리면서 나라를 엄청난 우상 숭배에 빠뜨렸다. 심지어 자기 선친인 히스기야 왕 때의 선지자 이사야를 톱으로 썰어 죽였다고도 한다. 므낫세의 일로 말미암아 하나님께서는 남유다 역시 쓸어버리시려고 작정하신다. 므낫세의 아들 아몬도 자기 아버지와 똑같이 우상 숭배에서 떠나지 않았고 그의 신하들에 의해 왕궁에서 죽게 된다.

므낫세의 손자이며 아몬의 아들인 요시야는 8세 때 왕이 되어 하나님 보시기에 좋게 행했지만 B.C.609년에 므깃도에서 애굽의 바로인 느고의 길을 막다가 활에 맞아 죽게 된다. 하나님께서 요시야로 하여금 남유다의 멸망을 보지 않게 하시려고 그를 일찍 데려가신 것이다. 이 일이 있기 3년 전인 B.C.612년에는 선지자 나훔의 예언대로 북이스라엘을 멸망시켰던 포악한 앗수르의 니느웨가 바벨론과 메대의 연합군에 의해 함락되었고, 앗수르를 대신해 바벨론이 중근동의 새로운 군사 강국으로 부상해 B.C.605년에 이집트를 패퇴시킨다. 이때부터 남유다는 바벨론의 지배를 받기 시작한다.

예레미야서와 에스겔서에 기록된 남유다의 죄

요시야의 세 명의 아들과 한 명의 손자가 남유다를 통치할 때, 남유다는 깊은 우상 숭배의 죄에 빠지게 된다. 요시야 때부터 남유다가 멸망할 때까지 남유다에게 하나님께 돌아오라고 외친 선지자가 예레미야다. 또한 하나님께서는 이미 바벨론에 포로로 끌려가 있던 에스겔을 부르셔서 남유다의 죄악에 관해 설명하시며 하소연하신다. 결국 이들은 시내산에서 하나님과 맺은 '피의 언약'을 어겼으며, 에발산과 그리심산에서 선포한 맹세를 철저히 저버렸다. 예레미야서와 에스겔서에 기록된 남유다의 죄를 정리하면 다음과 같다. (성경 내용 중 일부만 발췌했다.)

첫째, 왕과 고관들을 비롯한 백성들의 우상 숭배가 만연해 예루살렘 남쪽에 있는 힌놈의 아들 골짜기에 도벳 사당을 짓고 그곳에서 자기들의 자녀들을 불살라 우상에게 제물로 바치기까지 했다. 심지어 성전에서까지 우상들과 태양신을 섬기는 일도 서슴지 않았다. 우상 숭배로 거룩한 하나님의 성전을 더럽힌 것이다.

> 여호와께서 말씀하시되 유다 자손이 나의 눈 앞에 악을 행하여 내 이름
> 으로 일컬음을 받는 집에 그들의 가증한 것을 두어 집을 더럽혔으며 힌
> 놈의 아들 골짜기에 도벳 사당을 건축하고 그들의 자녀들을 불에 살랐
> 나니 내가 명령하지 아니하였고 내 마음에 생각하지도 아니한 일이니라
>
> (렘 7:30~31)

> 내가 들어가 보니 각양 곤충과 가증한 짐승과 이스라엘 족속의 모든 우
> 상을 그 사방 벽에 그렸고 (중략) 그가 또 나를 데리고 여호와의 전으로
> 들어가는 북문에 이르시기로 보니 거기에 여인들이 앉아 담무스를 위하
> 여 애곡하더라 그가 또 내게 이르시되 인자야 네가 그것을 보았느냐 너는
> 또 이보다 더 큰 가증한 일을 보리라 하시더라 (중략) 그가 또 나를 데리
> 고 여호와의 성전 안뜰에 들어가시니라 보라 여호와의 성전 문 곧 현관과

제단 사이에서 약 스물다섯 명이 여호와의 성전을 등지고 낯을 동쪽으로 향하여 동쪽 태양에게 예배하더라 (겔 8:10~16)

또 그들이 바알을 위하여 산당을 건축하고 자기 아들들을 바알에게 번제로 불살라 드렸나니 이는 내가 명령하거나 말하거나 뜻한 바가 아니니라 (렘 19:5)

둘째, 제사장이나 선지자들이 하나님께서 맡기신 사명을 제대로 감당하지 않았다. 제사장들조차 하나님과 하나님의 말씀을 제대로 알지 못했으니 백성들을 제대로 가르칠 수가 없었다. 하나님의 말씀이 완전히 실종되어 버린 것이다. 선지자라고 자처하는 자들이 바알의 이름으로, 때론 거짓으로 예언하기도 했다. 예루살렘은 여호와의 성전으로 말미암아 평안할 거라 하면서 하나님께 돌아서지 않으면 재앙이 닥칠 것이라 선포하는 예레미야를 핍박하기도 했다. 지도자들이 무지하고 타락했기에 백성들은 목자 없는 양처럼 이리저리 흩어져 들짐승의 밥이 되기에 이르렀다.

제사장들은 여호와께서 어디 계시냐 말하지 아니하였으며 율법을 다루는 자들은 나를 알지 못하며 관리들도 나에게 반역하며 선지자들은 바알의 이름으로 예언하고 무익한 것들을 따랐느니라 (렘 2:8)

이는 그들이 가장 작은 자로부터 큰 자까지 다 탐욕을 부리며 선지자로부터 제사장까지 다 거짓을 행함이라 그들이 내 백성의 상처를 가볍게 여기면서 말하기를 평강하다 평강하다 하나 평강이 없도다 그들이 가증한 일

을 행할 때에 부끄러워하였느냐 아니라 조금도 부끄러워 하지 않을 뿐 아
니라 얼굴도 붉어지지 않았느니라 그러므로 그들이 엎드러지는 자와 함
께 엎드러질 것이라 내가 그들을 벌하리니 그 때에 그들이 거꾸러지리라
여호와의 말씀이니라 (렘 6:13~15)

인자야 너는 이스라엘 목자들에게 예언하라 그들 곧 목자들에게 예언하
여 이르기를 주 여호와께서 이같이 말씀하시되 자기만 먹는 이스라엘 목
자들은 화 있을진저 목자들이 양 떼를 먹이는 것이 마땅하지 아니하냐 너
희가 살진 양을 잡아 그 기름을 먹으며 그 털을 입되 양 떼는 먹이지 아니
하는도다 너희가 그 연약한 자를 강하게 아니하며 병든 자를 고치지 아니
하며 상한 자를 싸매 주지 아니하며 쫓기는 자를 돌아오게 하지 아니하며
잃어버린 자를 찾지 아니하고 다만 포악으로 그것들을 다스렸도다 목자
가 없으므로 그것들이 흩어지고 흩어져서 모든 들짐승의 밥이 되었도다
내 양 떼가 모든 산과 높은 멧부리에마다 유리되었고 내 양 떼가 온 지면
에 흩어졌으되 찾고 찾는 자가 없었도다 (겔 34:2~6)

솔로몬왕 때부터 시작된 우상 숭배는 쉽게 없어지지 않고 므낫세왕 때 최고조
에 이르게 되는데, 요시야의 종교 개혁을 통해서도 좀처럼 사라지지 않는다. 므
낫세의 죄악에 대해 격노하신 하나님께서는 결국 바벨론을 통해 남유다를 멸절
시키고 그 백성들을 흩으시기로 하신다.

유다 왕 히스기야의 아들 므낫세가 예루살렘에 행한 것으로 말미암아 내
가 그들을 세계 여러 민족 가운데에 흩으리라 (렘 15:4)

너희 중에서 살아남은 자가 사로잡혀 이방인들 중에 있어서 나를 기억하
되 그들이 음란한 마음으로 나를 떠나고 음란한 눈으로 우상을 섬겨 나를
근심하게 한 것을 기억하고 스스로 한탄하리니 이는 그 모든 가증한 일로
악을 행하였음이라 (겔 6:9)

보라 내가 북쪽 모든 종족과 내 종 바벨론의 왕 느부갓네살을 불러다가
이 땅과 그 주민과 사방 모든 나라를 쳐서 진멸하여 그들을 놀램과 비웃
음 거리가 되게 하며 땅으로 영원한 폐허가 되게 할 것이라 여호와의 말
씀이니라 (렘 25:9)

바벨론의 등장과 1차, 2차 바벨론 포로

B.C.626년에 나보폴라살이 새로운 바벨론 왕국[4]을 세우고 B.C.612년에는 메
대 왕국과 연합해 앗수르의 니느웨를 점령해 폐허로 만든다. 3년 후인 B.C.609
년에는 앗수르 잔존 세력과 애굽의 바로인 느고가 손을 잡고 바벨론과 갈그미스
에서 전투를 벌이게 된다. 이때 유다의 요시야 왕이 갈그미스를 향해 북진하던
바로 느고를 므깃도에서 막아서다 활에 맞아 죽게 된다. 갈그미스 전투에서는
바벨론이 이기고 애굽은 진영을 유다 북쪽 지역으로 옮긴다.

남유다는 요시야 왕이 죽자 그의 셋째 아들 여호아하스를 왕으로 옹립한다. 하
지만 애굽의 바로 느고는 왕이 된 지 3개월밖에 되지 않았던 여호아하스 대신 요
시야왕의 둘째 아들 여호야김을 왕으로 세우고 여호아하스를 애굽으로 끌고 간
다. 여호아하스는 애굽에서 죽는다.

4.　일반 역사에서는 '신바빌로니아 왕국'이라고 함.

B.C.605년, 바벨론에서는 나보폴라살 왕을 이어 그의 아들 느브갓네살이 왕위에 오른다. 신흥 강국으로 부상하기 시작한 바벨론과 애굽이 갈그미스에서 다시 한번 격돌하게 되고, 이 전투에서 애굽은 크게 패해 자기 나라로 물러난다. 애굽 군대를 추격해 내려온 바벨론의 군대가 이스라엘 일대를 점령하면서 이때부터 유다는 바벨론의 영향 아래 놓이게 된다. 느브갓네살은 바벨론으로 돌아가면서 유다의 귀족들을 포로로 끌고 가는데, 다니엘과 세 친구도 이때 포로들 틈에 끼어 바벨론으로 가게 된다. 이때의 일을 통상 '1차 바벨론 포로'라고 한다.

이후에 바벨론을 섬기던 여호야김 왕이 바벨론을 배반하고 애굽을 의지하는 바람에 B.C.597년 느브갓네살이 다시 군대를 이끌고 유다를 침공한다. 그러던 중 여호야김 왕이 죽고 그의 아들 여호야긴이 유다의 왕이 되는데, 마침내 예루살렘을 함락시킨 느부갓네살은 요시야 왕의 넷째 아들인 시드기야를 왕으로 세워놓고, 왕이 된 지 100일밖에 되지 않았던 시드기야의 조카 여호야긴과 귀족들을 바벨론으로 끌고 간다. 이때 바벨론으로 끌려간 사람 중에 에스겔이 있다. 이때의 일을 통상 '2차 바벨론 포로'라고 한다.

남유다 멸망, 성전 파괴와 3차 바벨론 포로

남유다의 마지막 왕인 시드기야 역시 바벨론을 등지고 애굽을 의지하게 되고, 결국 그가 왕이 된 지 9년 만에 바벨론의 느부갓네살 왕이 다시 군대를 이끌고 유다를 침공한다. 바벨론의 군대는 예루살렘 주변의 모든 성읍을 초토화하고 마지막으로 예루살렘 성을 포위한다. 예루살렘은 포위 1년 6개월 만에 함락당하고 시드기야왕 11년(B.C.586년) 5월 10일에 성전과 왕궁, 예루살렘의 모든 집이 불타고 예루살렘 성벽이 파괴됨으로써 남유다는 멸망하게 된다.

시드기야는 도망가다가 바벨론 군사들에게 잡혀 느부갓네살왕 앞으로 끌려가게 되고, 느부갓네살 왕의 명령으로 자기 아들들과 신하들이 칼로 죽임당하는 것을 눈앞에서 보게 된다. 시드기야 왕은 예레미야의 예언대로 눈이 뽑힌 채 바벨론 왕에게 항복한 자 및 사로잡힌 자와 함께 바벨론으로 끌려가서 거기서 죽게 된다. 유다 땅은 황무지가 되고, 그 땅에는 가난한 백성들만 남아 포도원 관리자와 농부가 된다. 이 일을 통상 '3차 바벨론 포로'라고 한다.

바벨론에서의 70년

바벨론으로 끌려간 사람들은 다니엘과 같이 특별한 경우를 제외하고는 남유다에서의 지위 고하를 막론하고 노예의 삶을 살게 된다. 출애굽을 통해 애굽에서의 노예 생활에서 벗어났던 택함 받은 백성들은 다시금 바벨론의 노예가 되고 말았다.

> 칼에서 살아 남은 자를 그가 바벨론으로 사로잡아가매 무리가 거기서 갈
>
> 대아 왕과 그의 자손의 노예가 되어 바사국이 통치할 때까지 이르니라
>
> (대하 36:20)

그들은 바벨론에서 운하 공사 같은 토목 공사나 건축 공사에 동원되었다. 성전도 없는 이방 땅에서 하나님께 제사를 드리고 싶어도 드릴 수 없었다. 율법을 지키고 싶어도 그렇게 할 수가 없었다. 이들의 고통을 단적으로 표현하는 내용이 시편 137편에 기록되어 있다. 바벨론에 대한 저주로 끝을 맺는 걸 보면, 바벨론에서의 고통이 얼마나 뼈에 사무쳤는가를 가늠할 수 있을 것이다.

> 우리가 바벨론의 여러 강변 거기에 앉아서 시온을 기억하며 울었도다 그

중의 버드나무에 우리가 우리의 수금을 걸었나니 이는 우리를 사로잡은 자가 거기서 우리에게 노래를 청하며 우리를 황폐하게 한 자가 기쁨을 청하고 자기들을 위하여 시온의 노래 중 하나를 노래하라 함이로다 우리가 이방 땅에서 어찌 여호와의 노래를 부를까 (중략) 멸망할 딸 바벨론아 네가 우리에게 행한 대로 네게 갚는 자가 복이 있으리로다 네 어린 것들을 바위에 메어치는 자는 복이 있으리로다 (시 137:1~9)

하나님께서는 죄에 대한 징계로 유다 백성들을 바벨론의 노예가 되게 하셨지만 그래도 하나님께서는 자기 백성을 불쌍히 여기셔서 선지자들의 입을 통해 약속의 땅으로의 귀환과 회복에 대한 소망의 메시지를 전하게 하셨다.

5) 바벨론 멸망과 포로 귀환의 약속

남유다의 죄악에 대한 책망과 더불어 바벨론에 의한 멸망을 예언하게 하신 하나님께서는 예레미야를 통해 회복에 대한 말씀도 선포하게 하셨다. 남유다 백성이 바벨론을 섬기되 70년이 지나면 바벨론은 멸망하고 남유다 백성들은 바벨론의 속박에서 벗어나 다시 약속의 땅으로 돌아가게 될 것이라는 희망의 예언이었다.

이 모든 땅이 폐허가 되어 놀랄 일이 될 것이며 이 민족들은 칠십 년 동안 바벨론의 왕을 섬기리라 여호와의 말씀이니라 칠십 년이 끝나면 내가 바벨론의 왕과 그의 나라와 갈대아인의 땅을 그 죄악으로 말미암아 벌하여 영원히 폐허가 되게 하되 (렘 25:11~12)

여호와께서 이와 같이 말씀하시니라 바벨론에서 칠십 년이 차면 내가 너

희를 돌보고 나의 선한 말을 너희에게 성취하여 너희를 이 곳으로 돌아

오게 하리라 (렘 29:10)

바벨론의 멸망

다니엘서 5장에는 바벨론의 마지막 왕이 되는 벨사살 왕이 귀족 천 명과 함께 잔치를 벌이는 내용이 기록되어 있다. 술에 취한 벨사살은 이전에 느부갓네살 왕이 예루살렘에서 가져왔던 금잔과 은잔을 창고에서 꺼내 거기에 술을 부어 마시며 각종 우상을 찬양했다. 그런데 갑자기 흰 벽에 손가락이 나타나 글을 쓰는 모습을 벨사살이 보게 되고 그는 기겁한다. 다니엘이 들어와 벨사살을 꾸짖고 벽에 쓰인 글을 해석해 주는데, '메네 메네 데겔 우바르신' 이라고 읽고 그 뜻은 '년수를 세어 보니 바벨론의 년 수가 다 되었고 무게를 달아보니 벨사살은 왕으로서 모자라며 이 나라는 둘로 나누일 것'이라는 내용이었다.

그날 밤 벨사살은 죽임을 당하고 바벨론은 메대와 바사(페르시아)의 차지가 되었다. 이렇게 바벨론은 선지자들의 예언에 따라 하루아침에 멸망한다. B.C.539년의 일이다.

혹독한 묵시가 내게 보였도다 속이는 자는 속이고 약탈하는 자는 약탈하

도다 엘람[5]이여 올라가고 메대[6]여 에워싸라 그의 모든 탄식을 내가 그치

게 하였노라 하시도다 (사 21:2)

---

5. 노아의 아들 셈의 장자 이름이며(창 10:22), 엘람의 후손들이 지금 이란의 남부 지역에 세운 나라가 페르시아(바사)임.
6. 노아의 아들 야벳의 셋째 아들인 마대(창 10:2)의 후손들이 지금 이란의 중북부에 세운 나라임.

6) 이스라엘의 세 번째 귀환 – 바벨론 포로 귀환

고레스[7]의 조서

난공불락의 바벨론 성이 메대와 바사(페르시아) 연합군에게 점령당하고 바벨론의 왕위는 메대 사람 다리오가 잇는다. 이때 다리오의 나이가 62세였으며 고레스 왕의 장인으로 알려져 있다.

> 그 날 밤에 갈대아 왕 벨사살이 죽임을 당하였고 메대 사람 다리오가 나라를 얻었는데 그 때에 다리오는 육십이 세였더라 (단 5:30~31)

이 다리오가 다니엘을 사자 굴에 넣었던 바로 그 사람이다. 다리오 왕은 바벨론의 왕이 된 지 얼마 지나지 않아 죽게 되고, 이어서 고레스가 B.C.538년에 바벨론의 왕위에 오르게 된다. 바사의 왕, 메대의 왕, 리디아의 왕 그리고 바벨론의 왕이 된 것이다.

이때 고레스는 유다 백성들에게 예루살렘으로 올라가 여호와의 성전을 다시 지으라는 조서를 내린다. 고레스의 조서 내용은 에스라서 1장과 6장 그리고 역대하 36장에 기록되어 있다. 이 중에서 에스라서 1장에 기록된 내용을 인용하면 다음과 같다.

> 바사 왕 고레스는 말하노니 하늘의 하나님 여호와께서 세상 모든 나라를 내게 주셨고 나에게 명령하사 유다 예루살렘에 성전을 건축하라 하셨나

---

7. 일반 역사에서는 키루스(Kyrus) 또는 싸이러스(Cyrus)라고 함. 부친은 페르시아(바사) 왕 캄비세스 1세이며, 모친은 메대의 공주 만다네로 페르시아를 제국의 반열에 올려놓았음.

니 이스라엘의 하나님은 참 신이시라 너희 중에 그의 백성 된 자는 다 유다 예루살렘으로 올라가서 이스라엘의 하나님 여호와의 성전을 건축하라 그는 예루살렘에 계신 하나님이시라 그 남아 있는 백성이 어느 곳에 머물러 살든지 그 곳 사람들이 마땅히 은과 금과 그 밖의 물건과 짐승으로 도와주고 그 외에도 예루살렘에 세울 하나님의 성전을 위하여 예물을 기쁘게 드릴지니라 하였더라 (스 1:2~4)

고레스는 이 조서에서 세상의 모든 나라를 자기에게 주신 분이 여호와이심을 고백한다. 아울러 여호와 하나님께서 자신에게 예루살렘 성전을 새롭게 건축하라는 명령을 주셨다고 고백한다. 이 조서에 따라 바벨론에 포로로 끌려왔던 유다 백성들은 예루살렘으로의 귀환 길에 오른다. 제사장 겸 율법에 정통한 학사인 에스라는 이 일이 바로 하나님께서 예레미야의 예언을 성취하신 것이라고 기록하고 있다.

바사 왕 고레스 원년에 여호와께서 예레미야의 입을 통하여 하신 말씀을 이루게 하시려고 바사 왕 고레스의 마음을 감동시키시매 그가 온 나라에 공포도 하고 조서도 내려 이르되 (스 1:1)

스룹바벨과 바벨론 포로 1차 귀환

고레스의 조서가 공포되자 유다 지파와 베냐민 지파의 족장들, 제사장과 레위 지파 사람들 그리고 마음에 감동을 입은 사람들이 일어나 예루살렘으로 올라갈 준비를 했다. 고레스는 이전에 느부갓네살 왕이 예루살렘 성전에서 가져와 창고에 보관하고 있던 금·은그릇과 각종 그릇을 가져가도록 내준다.

에스라서 2장에는 지도자 스룹바벨[8]과 대제사장 여호수아를 비롯해 바벨론에서 예루살렘으로 올라온 사람들의 수가 각 집안 단위로 기록되어 있다. 이들의 합계는 42,360명이었고 여기에 남종과 여종의 합계 7,337명 그리고 노래하는 남녀 200명이 추가되었다. 모두를 합하면 49,897명이 된다.

바벨론에서 출발한 유다 백성들이 예루살렘에 도착한 것은 B.C.587년 6월 이전이었을 것으로 생각된다. 그들은 우선 각자가 살던 성읍으로 돌아갔다가 7월 절기를 지키기 위해 예루살렘에 모였다. 히브리력 7월 1일 나팔절에 여호와께 번제를 드렸고, 7월 15일부터 시작되는 초막절 기간에 매일 번제를 드렸다. 성전에 사용될 목재는 고레스의 명령에 따라 레바논에서 벌목되어 해상으로 욥바까지 운송되었고, 욥바항에서 예루살렘 산지까지 육로로 운반되었다.

스룹바벨 성전 건축

이스라엘 땅으로 귀환한 유다 백성들은 귀환 이듬해인 B.C.536년 2월부터 성전의 기초공사를 시작한다. 바벨론 군대에 의해 불에 타고 파괴된 성전을 50년 만에 새로 짓게 된 것이다. 건축하는 사람들이 성전의 기초를 놓을 때 제사장들은 예복을 입고 아삽 자손들은 다윗의 규례대로 하나님을 찬송했다. 젊은 사람들은 여호와 성전의 기초가 놓이는 모습을 보면서 감동하여 환성을 질렀다. 하지만 파괴되기 이전의 솔로몬 성전을 보았던 나이 든 사람들은 솔로몬 성전에 비해 규모도 작고 초라한 새로운 성전의 기초를 보고 대성통곡을 한다.

이렇게 성전의 기초는 놓였지만 주변의 방해도 만만치 않았다. 사마리아 사람들이 스룹바벨에게 나아와서 자기들도 성전 건축에 참여하겠다고 했으나 스룹

---

8. 바벨론 포로로 끌려갔던 여호야김(여고냐) 왕의 손자이며, 마태복음 1장에는 예수님의 계보에 그 이름이 기록됨. 제 2성전(스룹바벨 성전)을 건축함.

바벨과 족장들은 이를 거절했다. 그 후부터 사마리아 사람들을 비롯한 이방 사람들은 페르시아 관리들에게 뇌물을 주는 등 다양한 방법들을 총동원해서 성전 건축과 예루살렘 성벽 재건을 끈질기게 방해한다. 성전의 기초는 놓였지만 더 이상의 진전을 이루지 못한 채 16년 동안 공사가 중단된다.

페르시아의 고레스 왕은 B.C.530년에 동쪽의 유목민인 마사게타이족 토미리스 여왕의 군대와의 전투에서 죽고, 이어서 왕이 된 장남 캄비세스 2세는 8년 동안의 통치 후에 불의의 사고로 죽는다. 이어서 왕이 된 사람이 다리오(다리우스) 1세이다. 다리오 1세가 왕이 된 지 2년째 되는 해 즉, B.C.512년에 하나님께서는 두 명의 선지자를 일으키셔서 성전 재건을 촉구하신다. 그들이 바로 학개와 스가랴이다.

두 선지자의 촉구로 중단된 성전을 새롭게 건축하려고 할 때 주변의 총독들이 누구 맘대로 성전을 건축하느냐고 따져 묻는 일이 발생한다. 그래서 과거 고레스 왕 때의 조서를 확인해 달라고 새로 페르시아의 왕이 된 다리오 1세에게 편지를 보내게 되고, 다리오 1세가 이를 확인한 후 성전 건축에 들어가는 비용을 왕궁에서 대겠다는 조서까지 내려 주면서 성전 재건 공사는 급물살을 탄다. 마침내 새로 공사가 시작된 지 4년 만인 B.C.516년에 성전이 완공되고 봉헌식이 거행된다. 솔로몬 성전이 파괴된 지 70년 만의 일이며, 이 새로운 성전을 통상 '스룹바벨 성전' 또는 '제2 성전'이라고 한다.

성전의 규모는 솔로몬 성전에 비해 너무 보잘것없었고, 봉헌식도 솔로몬 때와 비교하면 초라하기 이를 데 없었다. 솔로몬 성전의 봉헌식 때는 희생제물로 바쳐진 소가 2만 2천 마리, 양이 12만 마리였다.

솔로몬이 화목제의 희생제물을 드렸으니 곧 여호와께 드린 소가 이만 이

천 마리요 양이 십이만 마리라 이와 같이 왕과 모든 이스라엘 자손이 여

호와의 성전의 봉헌식을 행하였는데 (왕상 8:63)

스룹바벨 성전의 봉헌식 때 드려진 희생제물은 수소가 100마리에 숫양이 200
마리, 어린 양이 400마리였고, 12지파를 위해 드린 숫염소 12마리가 전부였다.

하나님의 성전 봉헌식을 행할 때에 수소 백 마리와 숫양 이백 마리와 어

린 양 사백 마리를 드리고 또 이스라엘 지파의 수를 따라 숫염소 열두 마

리로 이스라엘 전체를 위하여 속죄제를 드리고 (스 6:17)

비록 솔로몬 성전에 비해 규모도 작고 초라했지만 새로운 성전이 건축되면서
유다 백성들은 이듬해 기쁜 마음으로 성전에 모여 유월절과 무교절을 지킨다.
이스라엘의 세 번째 귀환인 바벨론 포로 귀환의 1차 귀환은 이렇게 마무리된다.

에스라와 바벨론 포로 2차 귀환

바벨론 포로 2차 귀환은 1차 귀환이 있고 나서 약 70년이 지난 후에 진행이 된
다. 성전 공사를 계속 진행하라는 조서를 내렸던 다리오 1세가 죽고, 그의 아들
아하수에로(크세르크세스)가 왕위를 물려받았으며, 아하수에로가 죽은 후에는
그의 아들 아닥사스다(아르타크세르크세스)가 왕위를 물려받았다. 아닥사스다
가 페르시아의 왕으로 즉위한 지 7년째 되는 해인 B.C.457년에 에스라가 유대 백
성들과 함께 예루살렘으로 올라온다.

에스라는 아론의 16대손으로 제사장이었으며 율법에 대한 학식이 대단히 뛰
어났다. 그래서 통상 에스라를 '학사 겸 제사장'이라 칭한다. 그의 학식이 얼마

나 뛰어났던지 페르시아 왕궁에서는 그가 필요로 하는 모든 것을 주었다고 성경은 기록하고 있다. 그가 구약 성경의 에스라서와 역대기를 기록한 것으로 알려져 있다.

에스라는 유다 땅으로 귀환한 백성들에게 하나님의 율례와 규례를 가르치기 위해 예루살렘으로 올라갈 수 있도록 아닥사스다 왕에게 허락을 구한다. 에스라의 요청을 쾌히 승낙한 아닥사스다 왕은 에스라를 위한 조서를 내리는데, 에스라서 7장에 기록된 이 내용이 대단히 파격적이다.

에스라와 함께 예루살렘으로 올라가고자 하는 이스라엘 백성은 누구든 함께 올라가도 좋으며, 왕궁에서는 성전에 드릴 예물을 위해 많은 금과 은을 내줄 것이고, 유프라테스강 건너편의 창고지기들은 에스라가 필요하다고 하는 것을 모두 내주라고 한다. 또 성전을 섬기는 모든 자에게 조공과 관세를 면제해주었다. 무엇보다도 놀라운 일은 에스라에게 유프라테스강 건너편에서 하나님의 율법을 아는 자를 법관과 재판관으로 세울 권한 즉, 통치권을 부여한 것이다. 에스라의 명을 거역하는 자를 엄중하게 다스리라는 내용을 추가하기도 한다.

> 에스라여 너는 네 손에 있는 네 하나님의 지혜를 따라 네 하나님의 율법을 아는 자를 법관과 재판관을 삼아 강 건너편 모든 백성을 재판하게 하고 그 중 알지 못하는 자는 너희가 가르치라 무릇 네 하나님의 명령과 왕의 명령을 준행하지 아니하는 자는 속히 그 죄를 정하여 혹 죽이거나 귀양 보내거나 가산을 몰수하거나 옥에 가둘지니라 하였더라 (스 7:25~26)

에스라와 함께 예루살렘에 올라온 사람들의 수는 모두 1,754명이었다. 그는 왕에게 자기들을 지키는 군사를 요청할 수 있었는데도 하나님께서 지켜 주실 것이라는 믿음으로 군사를 요청하지 않았다. 에스라는 사람들과 함께 B.C.457년 1월 1일에 바벨론을 떠나 그해 5월 1일에 예루살렘에 도착한다. 이 일이 바로 바벨론 포로 2차 귀환이다.

B.C.516년에 스룹바벨 성전이 완공되었지만 고향으로 돌아왔던 귀환자들은 하나님의 말씀에 순종하는 삶을 살지 못했다. 사람들은 이방 사람들의 관습을 따라 가증한 일을 행했고 심지어는 이방 여인들과 결혼하는 일도 흔했다. 이 일은 일반 백성들보다 지도자들 가운데 더욱 성행했고 이 일로 인해 에스라는 성전 앞에서 애통해하며 하나님께 회개 기도를 한다. 그리고 9월 20일(한국 음력 10월 20일) 바벨론에서 귀환했던 모든 백성을 성전 앞에 불러 모은다. 추운 날씨에 비까지 내리는 가운데 에스라는 백성들을 책망하고 모든 이방 여인들을 내보내기로 결의하게 된다. 이방 여인들과 결혼한 자들의 명단이 에스라서 끝부분에 기록되어 있다.

느헤미야와 바벨론 포로 3차 귀환

에스라가 예루살렘으로 귀환한 지 13년이 지난 B.C.444년에 느헤미야의 귀환이 이루어진다. 이것이 바벨론 포로 3차 귀환이다. 페르시아는 여전히 에스라를 예루살렘으로 보냈던 아닥사스다 왕이 통치하고 있었다. 당시 페르시아의 도성인 수산 궁에서 술 맡은 관원으로 있던 느헤미야는 유다 땅에서 내려온 형제에게서 예루살렘 성이 허물어지고 성문은 불에 탔다는 이야기를 듣게 된다. 이 말을 들은 느헤미야는 애통한 마음으로 하나님께 기도를 올린다.

아닥사스다가 페르시아의 왕이 된 지 20년째 되는 해 1월에 왕에게 포도주를 드리는 느헤미야의 얼굴에는 수심이 가득했다. 이를 눈치챈 아닥사스다 왕은 그 이유를 물었고, 느헤미야는 (예루살렘) 성읍이 이제까지 황폐하고 불에 탔기 때

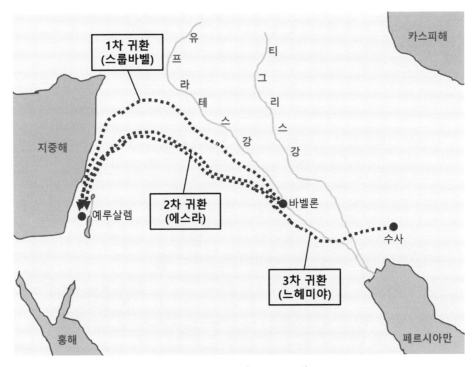

바벨론 포로 귀환(1차, 2차, 3차)

문이라고 대답한다. 왕은 선한 마음으로 느헤미야에게 예루살렘에 다녀올 것을 허락했고, 성벽을 쌓고 성문을 다는데 필요한 모든 것을 느헤미야가 요구하는 대로 제공하라는 조서를 내린다. 느헤미야는 이 조서를 들고 예루살렘으로 올라 간다. 이때 느헤미야와 함께 예루살렘으로 귀환한 사람들의 수는 기록되지 않았 으나 이 일을 통상 '바벨론 포로 3차 귀환'이라고 한다.

예루살렘으로 올라 온 느헤미야는 성벽과 성문의 구간을 세분화해 가족 단위 로 일을 맡겼으며 사람들의 절반은 공사를 진행하고 나머지 절반은 무기를 들고 주변 민족들의 공격에 대비했다. 주변 민족들의 극심한 방해에도 불구하고 무너 지고 불에 탄 예루살렘의 성벽 공사는 하나님의 도우심으로 52일 만에 마무리가 된다. 이 소식을 들은 이방 사람들은 이 성벽 공사가 하나님의 역사하심인 것을 알고 두려워 낙담한다.

> 성벽 역사가 오십이 일 만인 엘룰월 이십오 일에 끝나매 우리의 모든 대
> 적과 주위에 있는 이방 족속들이 이를 듣고 다 두려워하여 크게 낙담
> 하였으니 그들이 우리 하나님께서 이 역사를 이루신 것을 앎이니라 (느
> 6:15~16)

예루살렘 성벽의 중건을 마무리한 백성들은 그해 7월 1일 나팔절에 수문 앞 광장에 모여 새벽부터 정오까지 에스라가 낭독하는 율법을 듣고 새롭게 율법을 깨닫게 된다. 율법에 기록된 대로 7월 15일부터 초막절을 지키고, 7월 24일에는 백성들이 굵은 베옷을 입고 티끌을 뒤집어쓰고 금식하며 자기의 죄와 조상들의 허물을 고백하고 회개하기에 이른다. 율법을 통해 이스라엘이 멸망한 이유를 명확히 깨닫게 된 이들은 앞으로는 오직 하나님의 율법에 따라서 살아갈 것을 맹세한다. 느헤미야를 비롯한 지도자들은 별도로 하나님의 율법을 준수하겠다는 언약서를 기록하고 인봉한다. 이렇게 바벨론 포로 3차 귀환이 끝나고, 이스라엘의 세 번째 귀환이 마무리된다.

참고로 바벨론 포로 3차 귀환 이후에도 고국으로 돌아오지 않고 바벨론 땅에 살았던 유다 백성들이 있었다. 바벨론 땅은 지금의 이라크에 속해 있는데, 바벨론 포로 3차 귀한 이후 약 2400년 동안 이라크에 살던 유다 백성들의 후손들 12만 명~13만 명이 지난 1951년 이스라엘 정부가 주도한 '에스라와 느헤미야 작전'을 통해 이스라엘로 귀환했다. 이 항공 수송 작전은 약 10개월간 진행되었다.

성경에는 기록되지 않은 이 '에스라와 느헤미야 작전'을 '바벨론 포로 4차 귀환'이라고 불러도 되지 않을까 하는 생각이 든다. (10장의 내용 중 '에스라와 느헤미야 작전' 참고)

2부

유대인 디아스포라와

1900년 동안의 수난

5
A.D.70년 예루살렘 멸망과
디아스포라

1) 신명기에 기록된 디아스포라 예언

'디아스포라(Diaspora)'라는 말은 '흩어짐' 또는 '이산'이라는 의미의 헬라어로 원래는 흑해, 에게해 및 지중해의 해변 도시들에 흩어져 살던 그리스인을 나타내는 말로 사용되었다. 그러나 지금은 통상 세계의 어떤 민족이 살던 곳을 떠나 다른 지역으로 흩어진 것을 '디아스포라'라고 한다. 이 책에서는 약속의 땅을 떠나 전 세계로 흩어진 유대인들을 일컫는 말로 한정해 사용한다.

앞 장에서 다루었듯이 이스라엘의 분열 왕국 시대에는 두 번의 디아스포라가 있었다. 하나는 북이스라엘을 멸망시킨 앗수르에 의한 디아스포라이고, 다른 하나는 바벨론에 의한 디아스포라였다.

앗수르에 의해 메소포타미아 지역으로 흩어진 북이스라엘 10지파의 사람들이 어디로 흩어졌는지는 아직도 명확히 알 수가 없다. 반면에 바벨론으로 끌려 갔던 남유다의 백성들은 페르시아 고레스 왕의 조서와 두 차례의 아닥사스다 왕의 조서에 의해 3차에 걸쳐 예루살렘으로 귀환했다. 이 세 번째 귀환(바벨론 포로 귀환)이 성경에 기록된 이스라엘 백성의 마지막 귀환이다.

앞의 2장에서 4장까지는 성경 속에서 예언되고 성경 속에서 성취된 세 번에 걸친 이스라엘의 귀환 내용을 요약정리했다. 이번 장에서는 이 책의 핵심 주제인 이스라엘의 네 번째 귀환이 성취되기 위해 그 전제가 되는 이스라엘 백성들의 흩어짐 즉, 디아스포라의 역사에 대해 다루어 보고자 한다. 성경에는 디아스포라에 대한 많은 예언이 기록되어 있는데 가장 기본적인 예언은 신명기에 기록되어 있다.

앞의 3장에서도 언급했듯이 신명기는 이스라엘의 지도자 모세가 출애굽 40년이 끝나는 해의 11월에 요단강 동편의 모압 평지에서 출애굽에 대한 회상과 이스라엘 백성들에게 간곡히 당부하는 내용을 기록한 책이다. 모세는 신명기를 통해서 목이 곧은 이스라엘 백성들을 향해 하나님의 말씀에 순종할 것을 거듭 당부한다. 하나님의 말씀에 순종하면 받게 될 다양한 복의 내용과 불순종하면 내려질 다양한 저주의 내용이 신명기에 기록되어 있는데, 불순종했을 경우 이스라엘 백성들을 이방 땅으로 흩으신다는 내용이 포함되어 있다.

여호와께서 너를 땅 이 끝에서 저 끝까지 만민 중에 흩으시리니 네가 그곳에서 너와 네 조상들이 알지 못하던 목석 우상을 섬길 것이라 그 여러 민족 중에서 네가 평안함을 얻지 못하며 네 발바닥이 쉴 곳도 얻지 못하고 여호와께서 거기에서 네 마음을 떨게 하고 눈을 쇠하게 하고 정신을

산란하게 하시리니 네 생명이 위험에 처하고 주야로 두려워하며 네 생명

을 확신할 수 없을 것이라 (신 28:64~66)

하나님의 말씀에 불순종하면 이방 땅으로 흩으시겠다는 내용은 이미 앗수르
에 의한 북이스라엘 멸망 때와 바벨론에 의한 남유다 멸망 때 1차적으로 성취된
바 있다. 하지만 이 내용은 한 번 성취되었다고 해서 더 이상 효력이 없는 것이
아니다. 이것은 예언의 내용이면서 동시에 하나님과 이스라엘 간의 언약의 내용
이기 때문이다.

이스라엘 백성들은 시내산에서 하나님과 피의 언약을 맺은 바 있으며 여호수
아의 인도로 가나안 땅에 들어왔을 때, 세겜의 북쪽과 남쪽에 각각 위치한 에발
산과 그리심 산 기슭에서 모든 백성이 하나님 앞에 맹세한 내용에도 포함된다.

2) 신구약 중간기의 디아스포라

페르시아에 의해 바벨론이 B.C.539년에 멸망하고 3차에 걸쳐 바벨론 포로의
예루살렘 귀환이 이루어졌지만 유다 백성들 모두가 예루살렘으로 돌아온 것은
아니었다. 스룹바벨에 의한 1차 포로 귀환과 에스라에 의한 2차 포로 귀환 사이
에 있었던 에스더서의 내용을 보면, 페르시아의 도성이었던 수산 성과 페르시아
의 여러 지역에 디아스포라 유대인들이 살고 있었음을 쉽게 알 수 있다. 느헤미
야의 바벨론 포로 3차 귀환 시기에 얼마나 많은 사람이 느헤미야와 함께 귀환했
는지는 알 수 없지만 여전히 페르시아 제국의 여러 지역에는 예루살렘으로 귀환
하지 않은 디아스포라 유대인들이 살고 있었을 것이다.

페르시아 제국 시대가 지나고 헬라 제국 시대가 되었을 때도 유대인 디아스포

라는 지속해서 일어난다. 페르시아를 정복한 알렉산더가 B.C.323년 바벨론에서 숨을 거둔 이후 헬라 제국은 다니엘서의 예언대로 네 장군에 의해 카산더, 리시마커스, 셀류커스 그리고 프톨레미라는 네 개의 나라로 나누어진다. 이 네 나라 중 이스라엘의 북쪽에 자리를 잡은 나라가 셀류커스이고 남쪽 이집트에 자리를 잡은 나라가 프톨레미이다.

이 두 나라는 B.C.274년부터 B.C.168년까지 약 100년에 걸쳐 여섯 차례의 전쟁을 치렀는데 이 전쟁을 통상 '시리아 전쟁'이라고 하며, 이 시리아 전쟁 중에 두 나라의 중간에 끼인 유다 백성들은 이루 말할 수 없이 큰 고통을 겪는다. 이런 과정 중에 많은 사람이 유다를 떠나 남쪽 프톨레미(이집트) 지역이나 북쪽 셀류커스(시리아) 지역으로 이주하여 디아스포라가 된다.

유대인 디아스포라로 인해 프톨레미의 도성 알렉산드리아 지역이나 셀류커스의 도성 안디옥 지역에는 큰 규모의 유대인 공동체가 생기는데, 시간이 흐르면서 유대인 디아스포라는 더 넓은 지역으로 흩어진다. 알렉산드리아의 유대인 중에는 이집트의 다른 지역 및 북아프리카의 여러 지역으로 흩어지는 사람들이 늘어났고, 안디옥의 유대인 중에도 지금의 터키나 그리스, 지중해 지역, 심지어는 로마 지역까지 흩어지는 사람들이 생겼다. 이들이 어디까지 흩어졌는지는 사도행전의 내용에서 어느 정도 추정해 볼 수 있다.

A.D.30년경에 예수님께서 승천하시고 10일이 지난 오순절 날에 마가의 다락방에서 성령강림 사건이 일어난다. 이때가 유대의 3대 절기 중 하나인 오순절이었기에 많은 유대인이 예루살렘에 모였고 이들 중에는 해외에 사는 디아스포라 유대인들도 있었다. 그들의 출신지가 사도행전 2장에 기록되어 있다. 그 내용을 보면 당시 디아스포라 유대인들이 얼마나 광범위한 지역에 퍼져 살았는지를 알 수 있다.

우리는 바대인과 메대인과 엘람인과 또 메소보다미아, 유대와 갑바도기
아, 본도와 아시아, 브루기아와 밤빌리아, 애굽과 및 구레네에 가까운 리
비야 여러 지방에 사는 사람들과 로마로부터 온 나그네 곧 유대인과 유대
교에 들어온 사람들과 그레데인과 아라비아인들이라 우리가 다 우리의
각 언어로 하나님의 큰 일을 말함을 듣는도다 하고 (행 2:9~11)

바대와 메대 그리고 엘람 지방은 지금의 이란 지방을 의미하고 메소포타미아
는 지금의 이라크를, 그리고 갑바도기아와 본도, 아시아, 브루기아와 밤빌리아
는 지금의 터키(튀르키예) 지역을 가리킨다. 또한 북아프리카의 이집트와 리비
아, 지중해의 크레타섬, 아라비아와 로마에 사는 유대인들도 예루살렘을 방문했
다. 성령의 충만함을 입은 제자들이 성령의 말하게 하심을 따라 이들 지역의 언
어로 복음을 선포한 것을 보면 이미 많은 유대인이 현지화 되어 그들이 사는 곳
의 언어를 사용해야만 의사소통할 수 있던 것으로 여겨지기도 한다.

성령강림 사건 때 예루살렘에 올라 온 디아스포라 유대인 지역

이같이 예수님 시대 이전에도 유대인들의 디아스포라가 있었지만 1차 유대-로마 전쟁으로 성전이 파괴되고 예루살렘이 멸망한 이후부터 본격적인 디아스포라가 진행되었고, A.D.135년 2차 유대-로마 전쟁이 로마의 승리로 끝나면서 더욱 가속화되었다고 볼 수 있다.

Tip. 유대인(Jew)

유대인(또는 유태인)이라는 말은 원래 분열왕국 시대에 유다 지파와 베냐민 지파 사람들을 중심으로 구성된 남유다 사람들을 일컫는 말로 사용되었으나 지금은 이스라엘의 12지파 전체를 아우르는 말로 인식되고 있으며 이방인이라 하더라도 유대교에 개종한 사람들 역시 유대인으로 인정한다.

3) A.D.70년 성전 파괴, 예루살렘 멸망과 디아스포라

A.D.70년에 있었던 로마에 의한 성전 파괴와 예루살렘 멸망 사건은 이스라엘 역사에 있어서 대단히 중요한 사건이며 성경을 이해하는 데에도 매우 중요한 사건이다. 이 역사적 사건에 대한 기록을 성경에서는 찾아볼 수 없지만 복음서에는 이 사건을 예언하신 예수님의 말씀이 여러 군데 기록되어 있다. 이 책의 핵심 주제인 이스라엘의 디아스포라와 귀환의 역사를 좀 더 잘 이해하기 위해서는 A.D.70년에 있었던 성전 파괴와 예루살렘 멸망 사건에 대한 성경의 예언과 그 결과로 나타난 역사적인 사실들에 대해 잘 알아둘 필요가 있다.

헤롯의 등장과 예루살렘 성전 리모델링
예수님께서 베들레헴에서 탄생하실 때 유대 지역을 다스리던 사람은 헤롯 왕이었다. B.C.63년 로마의 폼페이우스 장군이 예루살렘을 정복할 당시 폼페이우스와 협력한 바 있는 헤롯의 아버지 안티파테르는 유대의 하스몬 왕조 내에서 나름 확고한 지위를 다지게 된다. 헤롯 가문은 하스몬 왕조 시절 유대에 합병된 바 있는 이두메(에돔) 출신이며, 원래 유대인이 아니었는데도 처세술을 발휘해 로마를 등에 업고 유대 지역에 대한 권력을 잡게 된다.

시간이 흘러 하스몬 왕가의 공주인 미리암 2세와 결혼한 헤롯은 당시 이집트를 포함한 지중해 동부 지역의 지배권을 가지고 있던 안토니우스에게 충성을 맹세하고 B.C.37년에 유대의 분봉 왕에 오른다. 하지만 얼마 지나지 않아 안토니우스가 B.C.31년 악티움 해전에서 정적 옥타비아누스[9]에게 패하고 자결로 생을 마감하면서 헤롯은 절체절명의 위기에 처하게 된다. 그러나 헤롯은 옥타비아누스의 마음을 사로잡는 처세술을 발휘해 결국 이전보다 영토가 확장된 유대의 왕이 되기에 이른다. 이 헤롯 왕이 바로 예수님께서 베들레헴에서 태어나실 당시 베들레헴의 유아들을 죽이라고 명령했던 장본인이다.

헤롯 왕은 유대의 왕으로 있는 동안 자기를 유대의 왕으로 임명한 옥타비아누스(아우구스티누스) 황제를 위해 지중해 변에 가이사랴 항구를 건설하는 등 많은 건축 사업을 진행했다. 그가 시행한 여러 건축 사업 중 하나가 예루살렘 성전의 리모델링이었다.

솔로몬이 지은 성전이 B.C.586년에 파괴된 후 스룹바벨의 인도하에 B.C.516년 완공된 스룹바벨 성전은 처음부터 규모도 작았지만 로마의 폼페이우스에 의해 대부분 훼손된 상태였다. 헤롯은 이방인으로서 유대인들을 다스리기 위한 처세의 한 방편으로 B.C.19년에 크고 화려한 성전 리모델링 건축 공사를 시작한

---

9. 카이사르의 양아들로 로마 제국의 초대 황제에 오른 인물이며 예수님 탄생 당시의 로마 황제. 누가복음 2장 1절의 '가이사 아구스도'.

다. 헤롯왕이 시작한 이 리모델링 건축 공사는 예수님 시대에도 계속되었으며, 그의 증손자인 헤롯 아그립바 2세 때인 A.D.63년에 공사가 완료된다. 이 성전을 통상 '헤롯 성전'이라고 한다.

4) 성전 파괴와 예루살렘 멸망의 이유

B.C.586년에 있었던 바벨론에 의한 성전 파괴와 예루살렘 멸망에 대한 이유는 주로 예레미야서와 에스겔서에 아주 상세히 기록되어 있다. 그 이유는 앞서 4장에서도 설명했듯이, 하나님과의 언약과 맹세를 어기고 우상 숭배를 하는 등 하나님의 말씀에 따라 살지 않았기 때문이며, 하나님께서 보내신 선지자의 "회개하라!"라는 말에 귀를 기울이기보다 "평안하다"라는 거짓 선지자의 말을 듣고 결국은 회개하고 하나님께 돌아올 모든 기회를 놓쳤기 때문이다.

그렇다면 A.D.70년에 로마에 의해 예루살렘이 멸망하고 성전이 파괴된 이유는 무엇인가? 왜 거룩한 하나님의 성전이 불에 타서 파괴되어야 했고 하나님의 눈동자라고 하셨던 거룩한 성 예루살렘이 멸망해야만 했는가? 바벨론에 의한 멸망 때와는 좀 다른 요소들이 있는 것 같다. 이를 살펴보면 아래와 같다.

잘못된 선민의식과 메시아(그리스도)에 대한 오해

유대인들은 하나님을 선택받은 히브리 민족만의 하나님으로 생각했고 할례를 받지 못한 이방인을 짐승과 같다고 여겼다. 따라서 메시아는 이스라엘만을 위한 메시아로서 로마 제국을 물리치고 통일된 이스라엘 왕국을 세울 왕으로 오시리라 생각했다.

하지만 성경 말씀을 잘 살펴보면 하나님은 이스라엘만의 하나님이 아니시고 천하 만민의 하나님이심을 알 수 있다. 메시아 역시 이스라엘만을 위한 메시아가 아니라 모든 민족을 위한 메시아다. 예수님은 이스라엘의 왕이시면서 동시에 어린양으로 오셔서 세상 모든 사람의 죄를 대속하신 분이시다.

창세기 22장에는 아브라함이 이삭을 모리아 산에서 번제로 드리는 내용이 기록되어 있다. 모리아 산에서 아브라함이 나무를 벌여 놓고 이삭을 결박하고 잡으려고 할 때, 하나님의 사자가 이를 멈추게 한다. 아브라함은 이삭 대신에 수풀에 걸린 숫양을 가져다가 번제를 드린다. 이때 아브라함의 순종을 보신 하나님께서 아브라함에게 하신 말씀이 있다. 아브라함의 씨가 대적의 성문을 차지할 것이고, 그 씨로 말미암아 천하 만민이 복을 받을 것이라는 내용이다.

> 내가 네게 큰 복을 주고 네 씨가 크게 번성하여 하늘의 별과 같고 바닷가의 모래와 같게 하리니 네 씨가 그 대적의 성문을 차지하리라 또 네 씨로 말미암아 천하 만민이 복을 받으리니 이는 네가 나의 말을 준행하였음이니라 하셨다 하니라 (창 22:16~17)

위의 말씀에서 '네 씨'는 메시아를 의미하는 것임을 쉽게 알 수 있다. 바로 예수 그리스도를 통해서 이스라엘뿐만이 아니라 '천하 만민'이 복을 받게 된다는 말씀이다. 그런데 유대인들은 메시아는 단지 이스라엘만을 위해서 오시는 분으로 오해하고 있었다.

또한 하나님께서는 형 에서를 피해 하란으로 가는 도중 벧엘에서 잠을 자던 야곱에게 나타나셔서 같은 언약의 말씀을 하신다. 땅의 모든 족속이 너(이스라엘)와 네 자손(메시아)으로 말미암아 복을 받게 되리라는 말씀이다.

네 자손이 땅의 티끌 같이 되어 네가 서쪽과 동쪽과 북쪽과 남쪽으로 퍼
져나갈지며 땅의 모든 족속이 너와 네 자손으로 말미암아 복을 받으리
라 (창 28:14)

결국 이스라엘의 사명은 이 땅의 모든 족속이 복을 받게 하는 것이며 메시아의
사명 역시 이 땅의 모든 족속이 복을 받게 하는 것임을 알 수 있다. 하지만 유대인
들은 하나님을 자기들만의 하나님으로 생각했고 메시아 역시 자기들만의 메시
아로만 여겼다. 그들의 하나님에 대한 인식은 지극히 자기중심적이었고 그로 인
해 성경에 대한 해석도 왜곡될 수밖에 없었다.

이런 배경에서 하나님의 말씀을 제대로 깨닫지 못한 제사장들은 하나님의 성
전에서 이루어지는 일들을 하나님의 뜻에 따라 행하지 않았고 자기들의 욕심을
채우기 위해 성전을 시장터로 만들어 버렸다. 이를 보신 예수님께서는 두 번씩
이나 "내 집은 만민이 기도하는 집이다"라고 외치시면서 성전에서 장사하는 사
람들과 돈 바꾸는 사람들의 상을 엎으셨다. 급기야 이 제사장 그룹들은 예수님
을 십자가에 못 박는 데 앞장서고 A.D.70년 성전이 파괴되고 예루살렘이 멸망한
후에는 흔적도 없이 사라져 버린다.

또한 하나님의 말씀을 가장 잘 안다는 바리새파 사람들은 하나님의 말씀을 더
욱 충실하게 지킨다는 명분을 가지고 율법에도 없는 소위 장로의 유전이라는 복
잡한 규정을 만들어 이것을 지키지 못하는 백성들을 정죄하기도 했다. 백성들을
온전한 하나님의 말씀으로 양육해야 했지만 오히려 백성들 위에 오만하게 군림
하며 백성들에게 삶의 무거운 멍에를 지웠다. 그래서 예수님께서 이 땅에 오셨
을 때 백성들은 목자 없는 양과 같이 기진한 삶을 살아가고 있었다.

예수님께서는 이들을 깨우치시기 위해 복잡하게 규정된 장로의 유전을 일부

러 어기면서 안식일에 병자를 치료해 주신다. "사람이 안식일을 위해 있는 것이
아니라 안식일이 사람을 위해 있는 것이다"라고 하시면서 율법의 진정한 의미가
무엇인지를 설명해 주셨다. 하지만 눈이 가려져 하나님의 말씀을 제대로 깨닫지
못한 이들은 안식일을 범했다는 이유로 예수님을 잡아 죽이고자 한다. 예수님께
서는 "회개하라 천국이 가까이 왔느니라"라고 외치시면서 이들을 돌이키시려고
많은 말씀을 하셨지만 종교 지도자들은 끝내 예수님의 말씀을 깨닫지 못한다.

결국 예수님께서는 공생애 기간의 마감 시간이 다가올 때 서기관과 바리새파
사람들의 잘못된 가르침, 탐욕, 방탕, 외식, 선자자들에 대한 핍박 등에 대해 지
독한 저주의 말씀을 퍼부으신다. 이 저주의 말씀이 마태복음 23장에 기록되어
있다.

마태복음 23장에 기록된 예수님의 저주의 말씀

마태복음 23장에는 예수님께서 서기관들과 바리새인들을 심하게 꾸짖으시는
내용이 기록되어 있다. 꾸짖으실 뿐만 아니라 심한 욕과 저주를 퍼부으신다. 예
수님께서 지적하시는 그들의 잘못을 몇 가지 발췌해 보면 다음과 같다.

> 화 있을진저 외식하는 서기관들과 바리새인들이여 너희는 천국 문을 사
> 람들 앞에서 닫고 너희도 들어가지 않고 들어가려 하는 자도 들어가지 못
> 하게 하는도다 (마 23:13)

> 화 있을진저 외식하는 서기관들과 바리새인들이여 너희가 박하와 회향
> 과 근채의 십일조는 드리되 율법의 더 중한 바 정의와 긍휼과 믿음은 버
> 렸도다 그러나 이것도 행하고 저것도 버리지 말아야 할지니라 (마 23:23)

화 있을진저 외식하는 서기관들과 바리새인들이여 잔과 대접의 겉은 깨

끗이 하되 그 안에는 탐욕과 방탕으로 가득하게 하는도다 (마 23:25)

화 있을진저 외식하는 서기관들과 바리새인들이여 회칠한 무덤 같으니

겉으로는 아름답게 보이나 그 안에는 죽은 사람의 뼈와 모든 더러운 것

이 가득하도다 (마 23:27)

화 있을진저 외식하는 서기관들과 바리새인들이여 너희는 선지자들의

무덤을 만들고 의인들의 비석을 꾸미며 이르되 만일 우리가 조상 때에 있

었더라면 우리는 그들이 선지자의 피를 흘리는 데 참여하지 아니하였으

리라 하니 그러면 너희가 선지자를 죽인 자의 자손임을 스스로 증명함이

로다 너희가 너희 조상의 분량을 채우라 (마 23:29~32)

계속해서 서기관들과 바리새인들에게 저주의 말씀을 하시던 예수님께서는
결국. 이들에게 "뱀들아, 독사의 새끼들아!"라는 듣기 민망할 정도의 욕을 서슴
지 않고 퍼부으신다.

뱀들아 독사의 새끼들아 너희가 어떻게 지옥의 판결을 피하겠느냐

(마 23:33)

마지막으로 선지자들과 지혜 있는 자들을 핍박하고 죽였으므로 선지자들의
흘린 피가 이 세대에게 돌아갈 것이라고 선포하시면서, 너희 집(성전과 예루살
렘으로 해석됨)이 황폐하여 버려질 것이라는 저주 섞인 예언의 말씀을 하신다.

그러므로 내가 너희에게 선지자들과 지혜 있는 자들과 서기관들을 보내매 너희가 그 중에서 더러는 죽이거나 십자가에 못 박고 그 중에서 더러는 너희 회당에서 채찍질하고 이 동네에서 저 동네로 따라다니며 박해하리라 (중략) 내가 진실로 너희에게 이르노니 이것이 다 이 세대에 돌아가리라 예루살렘아 예루살렘아 선지자들을 죽이고 네게 파송된 자들을 돌로 치는 자여 암탉이 그 새끼를 날개 아래에 모음 같이 내가 네 자녀를 모으려 한 일이 몇 번이더냐 그러나 너희가 원하지 아니하였도다 보라 너희 집이 황폐하여 버려진 바 되리라 (마 23:34~36)

메시아를 십자가에 못 박음

세례 요한이 요단강에 나타나 회개를 선포하고 세례를 베풀 때 이스라엘 땅의 모든 사람이 그를 메시아로 여겼다. 그 이유는 구약 곳곳에 메시아에 대한 예언이 기록되어 있고 아울러 흩어진 백성의 귀환과 이스라엘의 회복에 대한 예언이 기록되어 있기 때문이다. 그래서 그들은 메시아가 오시면 자기들을 억압하던 로마 제국의 세력을 몰아내고 흩어진 백성들을 고국 땅으로 불러 모아 이스라엘을 회복시켜 줄 것이라고 믿고 있었다.

사람들은 세례 요한에게 당신이 오실 메시아인가를 물었고 세례 요한은 자기는 메시아가 아니라고 대답한다. 자기 뒤에 오시는 분이 계시는데 자기는 그의 신발 끈을 푸는 것도 감당하지 못한다고 하면서, 자기 뒤에 오실 예수님을 성령과 불로 세례를 베푸실 분으로 쭉정이는 꺼지지 않는 불에 태우실 분이라고 소개한다.

백성들이 바라고 기다리므로 모든 사람들이 요한을 혹 그리스도신가 심

중에 생각하니 요한이 모든 사람에게 대답하여 이르되 나는 물로 너희에
게 세례를 베풀거니와 나보다 능력이 많으신 이가 오시나니 나는 그의 신
발끈을 풀기도 감당하지 못하겠노라 그는 성령과 불로 너희에게 세례를
베푸실 것이요 손에 키를 들고 자기의 타작 마당을 정하게 하사 알곡은
모아 곳간에 들이고 쭉정이는 꺼지지 않는 불에 태우시리라 (눅 3:15~17)

사람들은 메시아를 다윗의 후손이며 이스라엘을 위한 정치적인 왕으로 오시
리라 기대하고 있었다. 하지만 세례 요한은 예수님을 이스라엘만을 위한 정치적
인 왕이 아니라 세상 죄를 지고 가는 하나님의 어린양으로 소개한다. 이스라엘
만의 어린양이 아니라 세상 사람 모두를 위한 어린양이라는 말이다.

이튿날 요한이 예수께서 자기에게 나아오심을 보고 이르되 보라 세상 죄
를 지고 가는 하나님의 어린 양이로다 (요 1:29)

예수님께서 행하시는 숱한 이적을 보고 많은 사람이 예수님을 메시아로 믿었
지만 종교 지도자들은 계속해서 의심의 눈길을 보낸다. 그들은 반복해서 예수님
이 오시기로 한 그 메시아인지를 확인하고자 했으나 그들이 생각하고 있던 메시
아가 아니라는 결론을 내렸다. 그리고는 예수님께 신성모독의 죄목을 씌워 당시
로마의 총독이었던 빌라도에게 십자가 처형을 하라고 압박하기에 이른다.

성경에 정통하다고 자부했던 그들은 메시아를 알아보지 못했고 결국 자기들
의 메시아를 십자가에 못 박고 말았다. 그러면서 예수님의 피에 대해서 자기는
무죄하다고 말하는 빌라도를 향해 외쳐댔다. 그 피를 자기들과 자기들의 후손들
에게 돌리라고.

빌라도가 아무 성과도 없이 도리어 민란이 나려는 것을 보고 물을 가져다
가 무리 앞에서 손을 씻으며 이르되 이 사람의 피에 대하여 나는 무죄하
니 너희가 당하라 백성이 다 대답하여 이르되 그 피를 우리와 우리 자손
에게 돌릴지어다 하거늘 이에 바라바는 그들에게 놓아 주고 예수는 채찍
질하고 십자가에 못 박히게 넘겨 주니라 (마 27:24~26)

세계 민족의 복음화를 위하여

앞에서도 언급했듯이 하나님과 아브라함, 이삭, 야곱과의 언약을 살펴보면 이
언약은 단지 이스라엘만을 위한 것이 아니라 모든 민족을 위한 것임을 알 수 있
다. 하나님께서는 하란에 거류하고 있던 아브라함을 가나안 땅으로 불러내시면
서 땅의 모든 족속이 아브라함을 통해서 복을 얻을 것이라 하신다. 그리고 이 언
약의 내용은 이삭과 야곱에게로 반복적으로 이어진다.

너를 축복하는 자에게는 내가 복을 내리고 너를 저주하는 자에게는 내
가 저주하리니 땅의 모든 족속이 너로 말미암아 복을 얻을 것이라 하신
지라 (창 12:3)

다니엘서 7장에는 궁극적으로 이루어질 하나님의 나라에 대한 예언이 기록되
어 있다. 다니엘이 B.C.553년경 바벨론의 벨사살 왕 원년에 보았던 환상이 그것
이다. 이는 인자(메시아)의 나라에 대한 환상이며 모든 백성과 나라들과 다른 언
어를 말하는 모든 자 즉, 세상 모든 사람이 그를 섬긴다는 내용이다.

예수님께서는 단순히 이스라엘의 회복만을 위해 이 땅에 오신 것이 아니라 세
상 모든 사람을 위해 만왕의 왕으로 이 땅에 오신 것이다.

내가 또 밤 환상 중에 보니 인자 같은 이가 하늘 구름을 타고 와서 옛적부
터 항상 계신 이에게 나아가 그 앞으로 인도되매 그에게 권세와 영광과
나라를 주고 모든 백성과 나라들과 다른 언어를 말하는 모든 자들이 그를
섬기게 하였으니 그의 권세는 소멸되지 아니 하는 영원한 권세요 그의 나
라는 멸망하지 아니할 것이니라 (단 7:13~14)

예수님의 탄생 후 40일이 지나 정결 예식을 위해 예루살렘으로 올라갔을 때
성전에서 시므온이라는 사람을 만난다. 그는 성령의 충만함을 받아 찬송하면서
아기 예수의 탄생은 '만민 앞에 예비하신 것', '이방을 비추는 빛'이며 동시에 '이
스라엘의 영광'임을 노래한다. 예수 그리스도는 이스라엘의 영광일 뿐만 아니라
이방을 비추는 빛으로 이 땅에 오신 것이다. 아브라함과 이삭과 야곱에게 언약
하셨듯이 천하 만민에게 복이 되시기 위해 이 땅에 오신 것이다.

시므온이 아기를 안고 하나님을 찬송하여 이르되 주재여 이제는 말씀하
신 대로 종을 평안히 놓아 주시는도다 내 눈이 주의 구원을 보았사오니
이는 만민 앞에 예비하신 것이요 이방을 비추는 빛이요 주의 백성 이스라
엘의 영광이니이다 하니 (눅 2:28~32)

따라서 예수님을 통한 복음이 이스라엘 땅에만 국한되는 것이 아니라 땅끝까
지 선포되어야 하는 것이고, 세상 모든 사람에게 전달되어야 하는 것이다. 예루
살렘 성전에서 드려지는 제사만을 통해서는 이 일이 이루어질 수가 없다. 세상
모든 사람이 시간과 공간을 초월해 하나님께 예배드리고 하나님을 직접 만날 수
있어야만 했다.

예수님께서 직접 어린 양이 되셔서 모든 제사 율법을 완성하실 것이기 때문에 더 이상 성전에서의 제사도 필요 없게 되고 성전 역시 필요하지 않게 되었다. 이 일에 대해서는 예수님께서 세겜(수가)에 있는 야곱의 우물가에서 사마리아 여인에게 미리 예언의 말씀을 해 주셨다.

> 예수께서 이르시되 여자여 내 말을 믿으라 이 산에서도 말고 예루살렘에서도 말고 너희가 아버지께 예배할 때가 이르리라 (중략) 아버지께 참되게 예배하는 자들은 영과 진리로 예배할 때가 오나니 곧 이 때라 아버지께서는 자기에게 이렇게 예배하는 자들을 찾으시느니라 하나님은 영이시니 예배하는 자가 영과 진리로 예배할지니라 (요 4:21~24)

또한 사도 바울은 로마서에서 이방인의 충만한 수가 차기까지 이스라엘의 더러는 우둔하여진 것이라고 기록했다. 사도 바울이 이야기 한 이 '이방인의 충만한 수가 차기까지'가 바로 세계 복음화가 완성되는 시기가 아니겠는가?

> 형제들아 너희가 스스로 지혜 있다 하면서 이 신비를 너희가 모르기를 내가 원하지 아니하노니 이 신비는 이방인의 충만한 수가 들어오기까지 이스라엘의 더러는 우둔하게 된 것이라 (롬 11:25)

성전 파괴와 예루살렘 멸망에 대한 예수님의 직접적인 예언

성전 파괴와 예루살렘 멸망에 대한 예수님의 예언은 마태복음 12장에 기록된 요나의 표적에서도 찾아볼 수 있다. 서기관과 바리새인들은 예수님에게 표적을 보여 달라고 졸랐다. 예수님이 메시아라는 명확한 표적을 보여 달라는 의미였다. 예수님께서는 너희와 같이 악한 세대에게는 요나의 표적 밖에는 보여 줄 것이 없다고 하시면서 네 가지 표적을 제시해 주셨다. 그중 두 번째로 말씀하신 표적이 바로 '니느웨 사람들의 정죄'이다. 요나의 전도를 듣고 니느웨 사람들은 왕에서부터 모든 사람과 짐승까지 회개했고 하나님께서는 니느웨를 멸망시킬 계획을 돌이키셨다. 그런데 오히려 북이스라엘 사람들은 호세아와 아모스 선지자가 그토록 회개를 촉구하는데도 끝까지 회개하지 않았고, 요나의 니느웨 전도 이후 40년 만에 앗수르(니느웨)에 의해 멸망했다. 이같이 너희들도 회개하지 않으면 40년 후에 멸망하게 될 것인데, 이 일이 이루어지면 내가 바로 그 '오기로 한 메시아'임을 명확히 입증하는 표적이 될 것이라는 내용이다. 예수님의 말씀대로 예루살렘은 예수님 승천 후 40년이 지난 A.D.70년에 로마군에 의해 멸망한다.

또한 예수님께서 공생애의 마지막 주간을 보내시기 위해 감람산 동남쪽에 있는 벳바게에서 나귀를 타시고 감람산을 넘어 예루살렘을 향해 서쪽으로 내리막 길을 내려오실 때 바로 앞에 있는 예루살렘 성을 향해 우시면서 예루살렘 성의 멸망에 대한 예언의 말씀을 하셨다.

> 가까이 오사 성을 보시고 우시며 이르시되 너도 오늘 평화에 관한 일을
> 알았더라면 좋을 뻔하였거니와 지금 네 눈에 숨겨졌도다 날이 이를지라
> 네 원수들이 토둔을 쌓고 너를 둘러 사면으로 가두고 또 너와 및 그 가운
> 데 있는 네 자식들을 땅에 메어치며 돌 하나도 돌 위에 남기지 아니하리
> 니 이는 네가 보살핌 받는 날을 알지 못함을 인함이니라 하시니라
>
> (눅 19:41~44)

아울러 누가복음 21장에도 예루살렘의 멸망에 대한 예언이 기록되어 있다. 예

루살렘 성이 군대에 포위되는 것을 보거든 성안에 남아 있지 말고 산으로 피신하라는 당부의 말씀이다. 이 말씀을 믿었던 기독교인들은 예루살렘이 포위될 때 예루살렘에서 나와 요단강 동편의 산지로 피신했다고 전해진다.

> 너희가 예루살렘이 군대들에게 에워싸이는 것을 보거든 그 멸망이 가까운 줄을 알라 그 때에 유대에 있는 자들은 산으로 도망갈 것이며 성내에 있는 자들은 나갈 것이며 촌에 있는 자들은 그리로 들어가지 말지어다 이 날들은 기록된 모든 것을 이루는 징벌의 날이니라 그 날에는 아이 밴 자들과 젖먹이는 자들에게 화가 있으리니 이는 땅에 큰 환난과 이 백성에게 진노가 있겠음이로다 그들이 칼날에 죽임을 당하며 모든 이방에 사로잡혀 가겠고 예루살렘은 이방인의 때가 차기까지 이방인들에게 밟히리라 (눅 21:20~24)

예수님께서 십자가에 달리시기 며칠 전, 성전에서 서기관들과 바리새인들에게 마태복음 23장에 기록된 심한 저주의 말씀을 하신다. 그리고 성전에서 나와 웅장하고 화려한 성전을 보고 놀라는 제자들을 향해 예수님께서는 이 성전은 돌 위에 돌 하나 남지 않고 무너질 것이라고 예언의 말씀을 하신다. 헤롯 왕이 리모델링 공사를 시작했고 그 헤롯 왕의 증손자인 헤롯 안티파스 2세가 A.D.63년에 완공한 성전은 7년 후인 A.D.70년 1차 유대-로마 전쟁 때 불에 타고 완전히 파괴된다.

> 예수께서 성전에서 나와서 가실 때에 제자들이 성전 건물들을 가리켜 보이려고 나아오니 대답하여 이르시되 너희가 이 모든 것을 보지 못하느냐

내가 진실로 너희에게 이르노니 돌 하나도 돌 위에 남지 않고 다 무너뜨려지리라 (마 24:1~2)

요나의 표적을 비롯한 예수님의 여러 예언의 말씀은 A.D.70년 성전 파괴와 더불어 예루살렘의 멸망으로 성취된다.

5) 1차 유대-로마 전쟁[10]

예수님 승천 이후 40년 동안의 역사적 상황

A.D.4년 헤롯 왕 사후에 유대 땅은 그의 아들 중 하나인 헤롯 아켈라오가 분봉 왕이 되어 다스렸지만, 유대인들과의 마찰과 폭정으로 인해 그는 곧 로마에 의해 갈리아(지금의 프랑스 지역)로 유배된다. A.D.6년부터 유대 땅은 로마의 속주가 되어 총독이 파견되는데 예수님 공생애 당시 유대의 총독이 바로 본디오 빌라도였다. 예수님께서 A.D.30년경에 승천하셨고, 본디오 빌라도의 뒤를 이어 A.D.37년에 마르셀루스가 총독이 되었으며, 또 그의 뒤를 이어 A.D.38년에 헤레니우스 카피토가 유대의 총독으로 부임한다.

이때 갈릴리 지방은 헤롯 왕의 아들이며 세례 요한을 죽인 헤롯 안디바(안티파스)가 분봉 왕으로 통치하고 있었고, 갈릴리 동쪽의 땅은 헤롯 안디바의 이복동생이며 가이사랴 빌립보를 지었던 헤롯 빌립이 다스리고 있었다.

또한 로마에서는 A.D.37년에 티베리우스 황제가 죽고 칼리쿨라가 새로운 황제가 되는데, 칼리쿨라는 하스몬 왕조의 혈통을 가지고 있던 헤롯 왕의 손자 헤

---

10. 본 '1차 유대-로마 전쟁'에 관한 내용은 요세푸스의 저서 『유대 전쟁사』에서 내용을 발췌, 요약 정리한 것임.

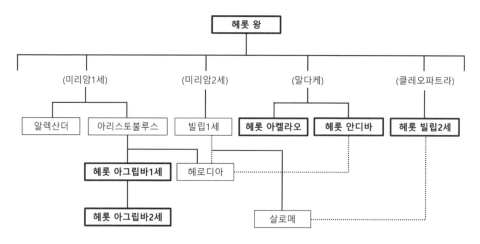

	헤롯 왕		

(미리암1세)　　　　　　(미리암2세)　　　　　(말다케)　　　　　(클레오파트라)

| 알렉산더 | 아리스토불루스 | 빌립1세 | 헤롯 아켈라오 | 헤롯 안디바 | 헤롯 빌립2세 |

헤롯 아그립바1세　　헤로디아

헤롯 아그립바2세

살로메

헤롯 왕　　　　　　　　: 성전 리모델링 건축 시작함. 예수님 탄생 당시 베들레헴의 영아를 살해함.
헤롯 아켈라오　　　　 : 폭군임. 요셉과 마리아가 애굽에서 돌아올 당시 아켈라오가 두려워 갈릴리 나사렛으로 감.
헤롯 안디바　　　　　 : 세례 요한을 죽게 함. 예수님 재판에 관여.
헤롯 아그립바 1세　 : 사도 야고보를 살해함. 두로에서 벌레에 먹혀 죽음.
헤롯 아그립바 2세　 : 사도 바울과 면담함. 로마 - 유대 전쟁 시 로마 편으로 참전함.

헤롯 왕의 가계도

롯 아그립바 1세[11]를 헤롯 빌립 2세가 통치하던 갈릴리 동편 땅의 분봉 왕으로 임명한다. 또한 A.D.39년에는 헤롯 아그립바 1세를 모함했던 갈릴리 분봉 왕 헤롯 안디바를 갈리아 지방(지금의 프랑스 지역)으로 보내버리고 그가 다스리던 갈릴리 지역까지 헤롯 아그립바 1세에게 통치하도록 한다. 이 일로 인해 세례 요한을 죽인 헤롯 안디바와 헤로디아는 갈리아 지방으로 유배되어 거기서 죽는다.

A.D.41년 폭정을 일삼던 칼리쿨라 황제가 재위 4년 만에 암살당하고 이어서

11.　헤롯 아그립바 1세 : 헤롯 왕의 손자. 헤롯 왕은 하스몬 왕조의 정통성을 인정받기 위해 정략적으로 하스몬 왕조의 공주 미리암 1세와 결혼했고, 미리암 1세의 손자인 아그립바 1세는 하스몬 왕조의 혈통으로 인해 유대인들에게 인기를 얻었음. 칼리쿨라 황제의 친구였으며, 칼리쿨라 후임 클라우디우스가 황제가 되는 데에도 중요한 역할을 감당함.

클라우디우스가 로마의 황제 자리에 오르는데, 이때 마침 로마에 가 있던 헤롯 아그립바 1세는 클라우디우스가 황제 자리에 오르는 데에도 공을 세운다. 이에 클라우디우스는 로마 총독이 통치하던 유대 땅까지 헤롯 아그립바 1세에게 넘겨준다. 이 일로 인해 헤롯 아그립바 1세의 통치 영역은 갈릴지 지역, 베레아 지역, 갈릴리 동편 지역 및 유대 지역까지 확대되기에 이른다. 하스몬 왕조의 혈통이 있었던 헤롯 아그립바 1세는 유대인들에게 인기가 있었는데, 유대인들의 환심을 사기 위해 예수님의 제자인 야고보를 죽이고 베드로를 옥에 가둔다.

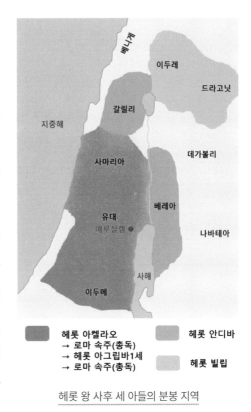

헤롯 아켈라오	헤롯 안디바
→ 로마 속주(총독)	
→ 헤롯 아그립바1세	헤롯 빌립
→ 로마 속주(총독)	

헤롯 왕 사후 세 아들의 분봉 지역

그 때에 헤롯 왕이 손을 들어 교회 중에서 몇 사람을 해하려 하여 요한의 형제 야고보를 칼로 죽이니 유대인들이 이 일을 기뻐하는 것을 보고 베드로도 잡으려 할새 때는 무교절 기간이라 잡으매 옥에 가두어 군인 넷씩인 네 패에게 맡겨 지키고 유월절 후에 백성 앞에 끌어 내고자 하더라

(행 12:1~4)

이 일 후에 헤롯 아그립바 1세는 베니게(페니키아, 지금의 레바논) 지역에 속

한 두로와 시돈 지방에서 연설하다가 갑자기 죽게 되는데 이 일이 사도행전에 기록되어 있다.

> 헤롯이 두로와 시돈 사람들을 대단히 노여워하니 그들의 지방이 왕국에서 나는 양식을 먹는 까닭에 한마음으로 그에게 나아와 왕의 침소 맡은 신하 블라스도를 설득하여 화목하기를 청한지라 헤롯이 날을 택하여 왕복을 입고 단상에 앉아 백성에게 연설하니 백성들이 크게 부르되 이것은 신의 소리요 사람의 소리가 아니라 하거늘 헤롯이 영광을 하나님께로 돌리지 아니하므로 주의 사자가 곧 치니 벌레에게 먹혀 죽으니라
>
> (행 12:20~23)

A.D.44년에 헤롯 아그립바 1세가 죽고 유대 땅은 다시금 로마의 속주가 되어 총독이 다스리게 된다. 이때부터 A.D.70년 예루살렘이 멸망할 때까지 모두 7명의 총독이 유대 땅으로 파견된다. A.D.44년에 파견된 첫 번째 총독 파두스와 A.D.46년에 파견된 두 번째 총독 알렉산더는 유대인들의 전통을 존중해 주었기 때문에 별 무리 없이 총독 임무를 수행했다. 그러나 A.D.48년에 파견된 세 번째 총독 쿠마누스 때부터는 유대 땅에 폭동과 유혈 사태가 끊이지 않아 2만 명 이상이 사망하는 등 예수님께서 '요나의 표적'에서 말씀하신 대로 일곱 귀신이 들어온 집과 같이 걷잡을 수 없는 혼란 상태로 들어가게 된다.

> 더러운 귀신이 사람에게서 나갔을 때에 물 없는 곳으로 다니며 쉬기를 구하되 쉴 곳을 얻지 못하고 이에 이르되 내가 나온 내 집으로 돌아가리라 하고 와 보니 그 집이 비고 청소되고 수리되었거늘 이에 가서 저보다 더

악한 귀신 일곱을 데리고 들어가서 거하니 그 사람의 나중 형편이 전보

다 더욱 심하게 되느니라 이 악한 세대가 또한 이렇게 되리라 (마 12:43~45)

A.D.52년에 파견된 네 번째 총독 벨릭스는 유대 지역의 강도들을 로마로 압송해 십자가 처형을 했는데, 이때부터 유대와 갈릴리 땅에는 로마에 대항하기 위해 칼로 무장한 시카리파[12]가 득세해 로마군에게 무력으로 테러를 자행하기도 한다. A.D.60년에 파견된 다섯 번째 총독 베스도 때에도 유대 땅에 많은 강도가 난립해 베스도는 이들을 체포하고 처형하는 일을 반복한다. 총독 벨릭스와 베스도는 사도 바울이 로마로 압송될 때 가이사랴에서 사도 바울을 면담한 인물들이다.(사도행전 23장~26장)

시간이 흐르면서 유대인들은 로마에 대해 더욱더 적대적으로 변해 간다. 로마에서 파견한 총독들 역시 서슴지 않고 악질적인 행동을 하게 되는데 A.D.62년에 파견된 여섯 번째 총독 알비누스는 백성들에게 무거운 세금을 매기고 재산을 강탈하기도 했으며, 심지어는 강도들과 결탁해 돈을 받고 죄수들을 풀어주는 일까지 자행해 유대인의 민심은 로마로부터 완전히 등을 돌리게 된다.

최악의 총독은 A.D.64년에 파견된 일곱 번째 총독 플로루스다. 그는 군사들을 시켜 도시들을 약탈했을 뿐만 아니라 강도들과도 결탁해 그들이 도시를 약탈하도록 허락하는 식으로 도시를 황폐화시켜 나갔다. 밀린 속주세를 해결한다는 명목으로 예루살렘 성전에서 금 17달란트(약 600kg)를 탈취했고, 이에 항의하며 반란을 일으킨 사람들 3,600명을 예루살렘에서 십자가에 매달아 처형하기까지 한다. 결국 곳곳에서 로마에 대항해 반란군들이 일어나고 A.D.66년 9월에는 로

---

12. 시카리(Siccari)파 : 로마 세력에 무력으로 대항하고자 하는 열심당의 일파로 가슴에 칼을 품고 다니면서 로마인들이나 친로마 관료들에게 테러나 암살을 감행했다.

마군이 지키던 예루살렘 성을 반란군이 점령하기에 이른다.

그해 11월, 로마는 빼앗긴 예루살렘 성을 탈환하기 위해 시리아 총독 케스티우스를 예루살렘으로 보낸다. 그는 병력을 이끌고 예루살렘을 향해 진군하는 도중에 욥바를 먼저 함락시키고 여기에서 8,400명을 살해한다. 예루살렘에 도착한 케스티우스의 군대는 예루살렘 성을 탈환하기 위해 맹렬한 공격을 가했지만 예루살렘 성의 탈환은 그리 만만한 일이 아니었다. 성을 함락시키는 것이 어렵겠다고 판단한 케스티우스는 예루살렘 탈환을 포기하고 시리아로 돌아가기 위해 병력을 철수시킨다. 그런데 시리아로 철군하는 도중 예루살렘 북쪽의 벧호른을 지날 때, 매복하고 있던 반란군의 공격을 받아 그의 병력은 거의 전멸한다. 이 매복 공격으로 케스티우스의 로마군은 5,300명의 보병과 480명의 기병을 잃게 되고 이 사건으로 인해 로마와 유대는 돌이킬 수 없는 전쟁 상태로 돌입하게 된다. 이때가 A.D.66년의 일인데 로마에서는 2년 전인 A.D.64년부터 로마 시내의 대화재로 인한 네로의 기독교 박해가 진행되고 있었다. 이 박해의 결과로 베드로가 십자가에 거꾸로 매달려 순교했고 사도 바울 역시 참수당해 순교한다.

1차 유대-로마 전쟁의 전개와 결말

로마 군대 약 5,800명이 로마의 속주인 유대 땅에서 몰살당하는 엄청난 사건이 발생하자 당시 로마의 다섯 번째 황제였던 네로는 유대의 반란을 진압하기 위해 베스파시아누스 장군을 시리아 군대의 총지휘권자로 임명한다. 베스파시아누스는 이집트 알렉산드리아에 주둔하고 있던 맏아들 티투스에게 15군단을 인솔해 시리아로 오라는 전갈을 보내고, 5군단과 10군단을 이끌고 그리스 남부의 아가야 지방을 출발한다. 그는 과거 알렉산더가 페르시아 정복을 위해 건넜던 헬레스폰투스 해협(현재의 다르다넬스 해협)을 건너 육로로 시리아에 도착, 주변의 군사들을 집결시킨다. 이때 갈릴리 동편을 통치하고 있던 헤롯 아그립바 2세의 군대도 여기에 합류한다.

헤롯 아그립바 2세는 사도 요한의 형 야고보를 죽이고 베드로를 감옥에 가두었던 헤롯 아그립바 1세의 아들이며, 사도 바울이 로마로 압송될 때 베스도 총독과 함께 사도 바울을 면담한 바 있던 인물이다.

> 바울은 황제의 판결을 받도록 자기를 지켜 주기를 호소하므로 내가 그를 가이사에게 보내기까지 지켜 두라 명하였노라 하니 아그립바가 베스도에게 이르되 나도 이 사람의 말을 듣고자 하노라 베스도가 이르되 내일 들으시리이다 하더라 (행 25:21~22)

비슷한 시기에 유대 반란군은 후에 '유대 전쟁사'를 기록한 요세푸스(유대 이름 '요셉 벤 마티탸후')를 갈릴리 지역의 지휘관으로 파견한다. 예루살렘에서 출발해 갈릴리 호수 서쪽 해안에 있는 티베리아에 도착한 요세푸스는 로마와의 항전을 위해 A.D.67년 6월 갈릴리 호수와 지중해의 중간, 가나의 서북쪽에 있는 난공불락의 요타파타 요새를 거점으로 삼는다.

시리아에서 출발해 갈릴리 지역 일대를 지나면서 주변 성읍과 마을들을 초토화한 베스파시아누스의 군대는 요세푸스가 이끄는 유대 반란군의 요타파타 요새를 포위하고 요새를 함락시키기 위해 맹공을 퍼붓는다. 양측의 치열한 공방전은 47일 동안이나 계속되었다. 결국 요타파타 성은 로마의 대군에 의해 함락되어 철저히 파괴되었고 성안에 있던 유대인 1만5천 명이 살해되고 2,130명은 포로로 잡힌다. A.D.67년 7월의 일이다.

요새가 함락되고 로마군이 요새로 들어올 때 요세푸스와 함께한 40명은 지

하 물 저장고에 숨어 있었는데,
이 일이 로마군에게 발각되어 40
명은 자결하기로 결의하고 제비
를 뽑는다. 맨 마지막 순서였던
요세푸스는 자결하지 않고 로마
군에 투항했다. 베스파시아누스
앞에서 심문 받을 때 요세푸스
는 베스파시아누스가 앞으로 로
마의 황제가 될 것이라 예언해 목
숨을 건진다. 그는 이후 전쟁 기
간에 로마군과 함께 다니며 직접

요타파타 요새 위치

경험한 내용을 바탕으로 후에 유대-로마 전쟁에 대한 유일한 기록 '유대 전쟁사'
를 저술한다. 요세푸스는 자결하지 않고 로마군에 투항했다는 이유로 지금도 이
스라엘 사람들에게 '반역자'라고 배척받고 있다.

　　요타파타 성 함락 이후 로마군은 가이사랴, 욥바, 겐네사렛, 가말라 등 갈릴리
와 사마리아 일대의 성들을 공략해 함락시키고 수만 명 이상의 유대인들을 학살
하거나 포로로 잡아간다. 요타파타 요새 공방전이 시작되고 나서 약 1년 동안 갈
릴리를 비롯해 사마리아와 유대 전 지역 그리고 유대 남쪽의 이두메 지역까지
로마군에 의해 초토화된다. 모든 유대 반란군은 최후 보루인 예루살렘 성에 모
여들었고 로마군 역시 예루살렘을 함락시키기 위해 예루살렘 성 주변에 진지를
구축한다.

　　그러던 A.D.68년 6월 로마의 다섯 번째 황제인 네로가 자결로 생을 마감한다.
후임 황제가 결정되지 않은 상황에서 네로가 죽자 로마의 정세는 한 치 앞을 내

다볼 수 없는 혼란에 빠지게 된다. 베스파시아누스는 예루살렘을 포위하고 있던 군사들을 물려 아들 티투스와 아그립바 2세는 로마로 보내고 본인은 이집트의 알렉산드리아로 물러난다. 전쟁도 소강상태가 된다. 네로의 죽음 이후 갈바, 오토, 비텔리우스가 황제를 칭하다가 죽고 최종적으로는 요세푸스의 예언대로 베스파시아누스가 황제가 되어 A.D.69년 12월에 로마의 황제로 즉위한다.

황제가 된 베스파시아누스는 당시 알렉산드리아에 있던 아들 티투스에게 다시 예루살렘을 공격하라고 명령한다. 한편, 전쟁이 소강상태였던 A.D.70년 무교절을 기해 많은 사람이 절기를 지키기 위해 예루살렘으로 모여들었고, 반란군도 성문을 열어 많은 사람이 예루살렘 성으로 들어오는 것을 허용한다.

그리고 곧, 예루살렘 성은 티투스가 이끄는 로마군에게 포위되어 많은 유대인이 자연히 성안에 갇힌 신세가 되고 말았다. 이때부터 본격적인 예루살렘 공방전이 전개된다. 성안에서는 열심당과 이두메 과격파 간의 세력 다툼이 벌어지고 또 강경파와 온건파 간의 갈등으로 인해 서로 죽고 죽이는 일이 다반사였다. 온건파보다는 목소리가 큰 강경파의 득세로 많은 사람이 죽임을 당하고, 목숨 걸고 항전한다는 의미로 성안의 식량을 불태워 버리는 바람에 수많은 사람이 굶어 죽는 일까지 발생한다. 심지어는 자기 자식을 잡아먹는 참상도 발생한다.

A.D.70년 5월에 티투스의 로마군은 제1 성벽을 확보하고 계속해서 반란군을 압박해 들어간다. 그러던 A.D.70년 8월 30일(히브리력 5월 9일)에 성전에 화재가 발생해 이틀 만에 성전이 전소되고 만다. 이어서 티투스의 로마군에 의해 예루살렘 성은 함락되고 A.D.70년 9월 말에는 완전히 폐허가 되어 더 이상 사람이 살 수 없는 곳으로 변한다. 로마 군인들은 성소의 금이 녹아 흘러 들어간 돌 틈에서 금을 찾아내기 위해 성전의 모든 돌을 뒤집었고, 성전은 예수님의 예언대로 '돌 위에 돌 하나도 남지 않고' 완전히 파괴되었다. 성전에 불이 났던 날짜는 히

브리력으로 5월 9일부터 5월 10일까지 이틀이었는데, 이날은 B.C.586년 바벨론 군대에 의해 솔로몬 성전에 화재가 발생했던 날과 같은 날이었다.

> 바벨론의 느부갓네살 왕의 열아홉째 해 다섯째 달 열째 날에 바벨론 왕
> 의 어전 사령관 느부사라단이 예루살렘에 이르러 여호와의 성전과 왕궁
> 을 불사르고 예루살렘의 모든 집과 고관들의 집까지 불살랐으며 사령관
> 을 따르는 갈대아 사람의 모든 군대가 예루살렘 사면 성벽을 헐었더라
>
> (렘 52:12~14)

예루살렘 공방전 중에 죽은 사람이 약 110만 명에 이른다고 한다. 실제 로마군에 의해 죽은 사람보다도 포위 기간에 유대인 강온파 간의 갈등 때문에 죽은 사람들이 훨씬 많았다고 한다. 또한 9만 7천 명의 사람이 포로로 잡혀 이집트 및 시리아 등지로 보내지기도 했고 로마의 콜로세움 건설에 동원되기도 했다.

Tip. 티샤 베아브 (Tisha B'Av)

'티샤'는 히브리어로 9일을 의미하고 '아브'는 다섯 번째 달 즉, 5월을 의미한다. 따라서 티샤 베아브는 5월 9일이라는 의미이다. 이날 바벨론 군대에 의해 솔로몬 성전에 화재가 시작되어 5월 10일에는 성전이 완전히 파괴되었는데, A.D.70년 같은 날 로마 군대에 의해 제2 성전이 파괴된 것이다. 전승에 따르면 출애굽을 한 이스라엘 백성들이 가데스 바네아에서 12명의 정탐꾼 중 10명의 부정적 정탐 보고를 듣고 크게 낙담해 40년 광야 생활이 시작된 날이라고도 한다. 이 외에도 이날에는 영국에서의 유대인 추방, 프랑스에서의 유대인 추방, 독일의 홀로코스트 결정 등 디아스포라 유대인들에게 좋지 않은 일들이 일어났다고 한다. 이스라엘에서는 이날에 금식하며 성경조차 읽지 않고 맨발도 다니기도 하는 등 슬픈 날로 기념하고 있다.

마사다 항전

예루살렘이 멸망하기 전, 열심당원이었던 엘리아자르 벤 야이르가 추종자들과 그들의 가족 960명을 이끌고 예루살렘에서 나와 마사다 요새로 들어가서 로마에 대한 항전을 이어 나갔다. 마사다 요새는 사해의 서쪽에 있는데 헤롯 왕이 자신의 안위를 위해 B.C.31년에 구축해 놓은 곳으로 두 개의 궁전과 식량을 저장하는 곡식 창고, 물 저장고 등이 있어 저항군의 요새로서는 안성맞춤이었다. 적군이 공격하기는 대단히 어렵고 수비는 아주 쉬운 최적의 저항 장소였다.

마사다의 저항군들은 요새에서 나와 수시로 로마군을 괴롭혔는데, 당시 유대의 총독으로 있던 플라비우스가 10군단을 이끌고 마사다 요새를 공격한다. 요새에 대한 공격이 계속 실패하자 로마군은 요새의 서쪽에 유대인 노예 6천 명을 동원해 흙으로 요새 위까지 쉽게 접근할 수 있도록 누벽을 쌓기 시작한다. 저항군들은 누벽이 완성되면 요새가 함락될 것을 알면서도 누벽을 쌓아 올리는 동족을 공격할 수는 없었다. 결국 누벽은 완성되었고, 이어서 3개월간의 공방전이 계속된다.

요새가 함락될 위기가 점점 다가오자 저항군의 지도자 엘리아자르는 사람들에게 적의 포로가 되기보다는 자결을 택하자고 호소했다. 남자들이 먼저 가족들을 죽이고, 제비를 뽑아 열 명 중 한 명이 아홉 명을 죽이고, 또 열 명 중 한 명이 아홉 명을 죽이는 방식으로 최후까지 남는 한 사람만 자결하기로 정한다. 이렇게 저항군들이 모두 죽고 나서 로마군들은 아무런 저항도 받지 않은 채 요새로 들어가는데, 요새 안에서 936구의 시신을 보고 놀라지 않을 수 없었다. 현장에서 살아남은 사람은 지하 동굴에 숨어 있던 다섯 명의 아이들과 두 명의 여자뿐이었다. A.D.73년 4월의 일이며 이로써 약 7년에 걸쳐 벌어진 1차 유대-로마 전쟁은 완전히 종결된다.

마사다 요새 위치와 현재 모습

(출처 : winsortour.co.kr)

이 전쟁으로 인해 백만 명이 훨씬 넘는 사람들이 목숨을 잃었으며, 유대 땅 전체가 사람이 살기 어려운 황폐한 땅으로 변했고 수많은 유대인이 흩어져 디아스포라가 되었다.

6) 2차 유대-로마 전쟁

2차 유대-로마 전쟁을 통상 '바르 코크바의 반란'이라고도 하는데 이는 유대인 전쟁 지도자인 '시몬 바르 코크바'의 이름에서 유래한다. 바르 코크바 반란이 일어나기 이전인 A.D.117년부터 이집트, 리비아, 유대 및 키프로스 지역 등 광범

위한 지역에서 유대인들의 반란이 일어났다. 많은 그리스인과 로마인이 유대인에게 학살당하는 일이 발생했고 이를 진압하는 과정에서 수많은 유대인도 죽임을 당하게 된다.

이렇게 로마와 유대인 간의 긴장 상태가 지속되고 있는 가운데 A.D.130년 로마의 하드리아누스 황제가 유대를 방문해 1차 유대-로마 전쟁에서 황폐해진 예루살렘 북쪽에 '아일리나 카피톨리나'라는 로마 도시를 세운다. 그리고 여기에 10군단을 상주시킬 것과 성전이 있던 자리에 유피테르 신전을 세울 것, 할례를 금할 것 등을 공표한다. 이러한 황제의 지시에 반발한 유대인들은 A.D.132년 시몬 바르 코크바를 중심으로 대규모 반란을 일으킨다. 시몬 바르 코크바가 이끄는 유대 반란군이 로마군과의 전투에서 여러 차례 승리하자 유대인들은 그를 로마로부터 유대를 해방할 메시아라고 생각하게 되고, 당시 저명한 랍비였던 아키바 벤 요셉도 시몬 바르 코크바가 바로 메시아라고 확정해 주어 그의 영향력은 막강해진다.

하드리아누스 황제는 반란의 진압을 위해 브리타니아(지금의 영국)에 있던 세베루스 장군을 지휘관으로 임명하고 다뉴브강 근처에 있던 군단을 유대 땅으로 파견한다. 세베루스는 유대의 북부 지역부터 공격하기 시작해 많은 지역을 초토화했고 A.D.134년에는 대대적인 공격을 퍼부어 예루살렘을 점령한다. 시몬 바르 코크바는 완강히 저항했으나 결국 자결로 생을 마감하게 되고 A.D.136년 반란군 잔당은 모두 소탕된다. 바르 코크바를 메시아로 확정해 주었던 랍비 아키바 벤 요셉은 로마군에게 포로로 잡혀 모진 고문 끝에 목숨을 잃는다. 이 전쟁을 통해 수많은 유대인이 죽임을 당하고 유대 땅은 또다시 황폐해진다.

이 전쟁으로 인해 유대인들은 더 이상 예루살렘에 들어갈 수 없게 되었고 예루살렘은 '아일리나 카피톨리나'라는 로마식의 도시로 재건된다. 이와 더불어 1

차 유대-로마 전쟁으로 인해 진행된 디아스포라가 더욱더 가속화 되어 이후 약 1900년 동안 유대인들은 세계 곳곳을 떠돌아다니면서 갖은 고초를 겪게 된다. 2차 유대-로마 전쟁 이후 유대 땅의 이름은 '팔레스타인'으로 바뀌어 오늘날까지 사용되고 있다.

6
1900년 동안의
디아스포라 유대인의 수난[13]

1) 디아스포라 유대인의 분류

A.D.70년의 성전 파괴와 예루살렘 멸망으로 야기된 유대인의 디아스포라는 우선 유대 지역을 중심으로 남과 북 두 방향으로 진행된다. 시간이 흐르면서 디아스포라 유대인들은 다양한 지역으로 흩어지게 되는데 이들의 거주 지역이나 언어 등에 따라 통상 세파라딤 유대인, 아슈케나짐 유대인 그리고 미즈라힘 유대인 등으로 분류한다.

---

13. 본 장의 내용은 폴 존슨 저, 김한성 역『유대인의 역사』의 내용 중 일부를 발췌해 정리했으며, 부분적으로는 위키피디아 내용 등을 참고하였음. 폴 존슨(Paul Johnson) : 1928년 영국의 맨체스터에서 태어난 영국의 저명한 석학이며 역사학의 거장으로 알려져 있음. 30권 이상의 책을 저술하였으며,『유대인의 역사』는 그의 대표작 중 한 권으로 꼽힘.

세파라딤 또는 스파라딤(Sephardim, 단수형은 Sephardi) 유대인

유대 땅을 떠나서 남쪽 이집트 방향으로 흩어진 유대인들은 점점 북아프리카 지역으로 이주 범위를 넓혀 갔으며, 이슬람 세력이 지금의 스페인 지역을 정복해 지배할 때 이들을 따라 이베리아반도까지 거주 영역을 넓힌다. 이렇게 하여 이들은 수백 년 동안 스페인 지역을 근거로 살아가게 되는데 이들을 통상 '세파라딤(Sephradim, 또는 스파라딤)' 유대인이라고 하며, 그 단수형을 '세파라디(Sepharadi)'라고 한다. 히브리어로는 스페인을 '스파랏'이라고 하는데 개역개정 성경의 오바댜서에는 '스바랏'으로 기록되어 있다.

> 사로잡혔던 이스라엘의 많은 자손은 가나안 사람에게 속한 이 땅을 사르밧까지 얻을 것이며 예루살렘에서 사로잡혔던 자들 곧 스바랏에 있는 자들은 네겝의 성읍들을 얻을 것이니라 (옵 1:20)

스페인 지역을 이슬람이 지배할 당시에 세파라딤 유대인들은 이슬람 국가 내에서 중요한 요직을 차지하고 재정적으로도 안정적인 삶을 살았었는데, 전쟁에서 패한 이슬람 세력이 스페인에서 물러나고 기독교(카톨릭) 국가가 들어서면서부터 유대인에 대한 강제 개종의 박해가 시작되었다. 급기야 1492년에는 유대인 추방령이 선포되면서 세파라딤 유대인들은 기독교로 개종하고 그 지역에서 살아가거나 아니면 스페인을 떠나 다른 지역으로 이주해야만 했다.

스페인을 떠난 유대인들이 흩어진 지역은 다양하다. 프랑스나 네덜란드와 같이 유럽의 북쪽으로 이주한 유대인들도 있고, 이탈리아반도나 그리스 등 지중해 북부 지역으로 이동한 유대인들도 있다. 또 많은 세파라딤 유대인들이 무슬림들을 따라 모로코나 알제리와 같은 북아프리카 지역이나 지중해 동쪽의 오스만 제국으로 이주했다.

스페인의 박해를 피해 옆 나라인 포르투갈로 이동한 유대인들도 있었는데 얼마 지나지 않아 포르투갈 역시 스페인의 압력을 받아 스페인과 같은 유대인 박해 정책을 펴면서 이들 또한 기독교로 개종해 그 지역에서의 삶을 이어가거나 네덜란드 등 유럽 지역이나 중남미 지역 등으로 이주했다. 결국 수십만 명에 달하는 세파라딤 유대인들이 해외로 이주했다.

그러나 스페인이나 포르투갈을 떠나지 않고 기독교로 개종했다고 해서 박해가 끝난 것은 아니었다. 많은 유대인이 겉으로는 기독교로 개종했지만 집 안에서는 유대교의 율법에 따라 생활하는 거짓 개종자들 역시 많았다. 국가는 이들을 색출해 처형하기 위해 '종교재판소'를 설치했고 수도사들이 주도적으로 종교재판소를 운영하면서 수많은 세파라딤 유대인들이 각종 악랄한 고문과 판결로 희생된다. 개종한 세파라딤 유대인들을 주로 '콘베르소(Converso)' 또는 '아누심(Annusim)'이라고 하며, 이들을 비하하는 용어로 돼지라는 뜻의 '마라노(Marrano)'라고도 한다. 세파라딤 유대인들은 주로 히브리어와 스페인어가 혼합된 형태의 언어인 '라디노(Ladino)어'를 사용한다.

아슈케나짐(Ashkenazim, 단수형은 Ashkenazi) 유대인

유대 땅으로부터 북쪽으로 흩어진 유대인들은 시리아 지역을 지나 또다시 동과 서로 갈라져 흩어진다. 서쪽으로 터키 지역을 지나 중동부 유럽으로 흘러 들어간 유대인들을 '아슈케나짐(Ashkenazim)' 유대인이라고 한다. 그 단수형은 아슈케나지(Ashkenazi)이다. 아슈케나지는 '독일'의 히브리어이며 창세기 10장에 그 기원이 기록되어 있다. 노아의 아들 중 야벳의 장남이 고멜인데 그는 통상 게르만족의 조상으로 여겨지고 있으며 그의 아들 중 아스그나스(Ashkenaz)

가 있다.

> 고멜의 아들은 아스그나스와 리밧과 도갈마요 (창 10:3)

아슈케나짐은 독일에 거주하는 유대인뿐만 아니라 중부 유럽이나 동부 유럽 그리고 러시아 지역에 분포한 유대인 전체를 포괄적으로 의미한다. 중세 시대를 거치면서 폴란드가 유대인에게 가장 우호적인 정책을 취했기에 많은 아슈케나짐 유대인들이 폴란드를 중심으로 활동했고, 폴란드의 영토가 확장될 당시 폴란드의 점령지였던 벨라루스나 우크라이나 및 러시아 서쪽 지역 등지로 이주하기도 했다. 이들 역시 여러 지역에서 박해받고 추방당하기도 했는데, 많은 아슈케나짐 유대인들이 새롭게 건설되는 미국으로 이주해 미국을 세우는 데 중요한 역할을 감당하기도 했다. 이들은 주로 히브리어와 독일어가 혼합된 형태의 언어인 '이디시(Yiddish)어'를 사용한다.

미즈라힘(Mizrahim, 단수형은 Mizrach) 유대인

과거에는 세파라딤으로 분류했던 유대인들 가운데 중동 지역 및 아랍 국가 출신의 유대인 중에서 아랍어가 가능한 유대인과 조상 때부터 아랍권에서 살아오던 유대인을 '미즈라힘(Mizrahim)' 유대인으로 분류한다. 단수형인 미즈라흐(Mizrach)는 '동쪽'을 의미한다. 이들은 주로 이스라엘 건국을 반대하며 발발한 1차 중동전쟁을 계기로 아랍 국가들이 이스라엘의 적국이 되는 바람에 아랍 국가에서 박해받다가 이스라엘로 귀환하게 되었다. 현재 이스라엘에는 320만 명의 미즈라힘이 거주하고 있어 이스라엘의 인구 분포상 가장 많은 수를 차지한다.

위에 언급한 유대인 그룹 외에도 에티오피아 유대인을 '베타 이스라엘'이라고 하고, 특별히 명칭을 부여하지 않은 인도 유대인이나 카이펑(중국) 유대인 등이 있다.

2) 반유대주의(Anti-Semitism)의 역사

유대 땅을 떠나 전 세계로 흩어진 유대인들은 어디를 가든지 자기들만의 공동체를 이뤄 살았다. 회당을 세우고 안식일을 지키며 자녀들에게는 할례를 행하고 율법을 가르쳤다. 남의 땅에 들어와 살면서 자기들만의 독특한 생활방식을 유지하는 유대인에 대해 이방 땅의 주민들이 증오나 혐오와 같은 악감정을 갖는 것이 이상한 일은 아니었다.

통상 유대인에 대한 감정적인 증오나 혐오를 '반유대주의'라고 하는데, 이런 반유대주의적 감정이 정치적 또는 사회적인 상황과 결부되면서 대규모의 역사적인 유대인 박해나 추방 그리고 학살로 이어지기도 했다. 반유대주의를 영어로 'Anti-Semitism'이라고 하는데, Anti-Semitism은 '반(反)셈족주의'를 의미하므로 이를 '반유대주의'라는 용어로 사용하는 것은 부적합하다고 볼 수 있다. 그런데도 일반적으로 반유대주의를 'Anti- Semitism'이라고 표현한다.

아마도 유대인들이 널리 퍼져 있는 유럽 지역의 민족들은 야벳의 후손들인데 그들 가운데 들어와 사는 유대인들은 셈의 후손이므로 야벳의 후손과 구별한다는 의미를 포함해 유대인들을 증오하고 혐오하는 사상이나 행동을 '반셈족주의(Anti-Semitism)'로 표현한 것 같다.

초대교회 내에서의 반유대주의
교회의 역사는 예수님 승천 후 10일째 또는 부활 후 50일째 되던 오순절 날,

마가의 다락방에 임했던 성령강림 사건으로부터 시작된다. 마가의 다락방에서 성령을 받은 사람들 모두 유대인들이었으니 교회는 유대인들에 의해 세워진 것이다.

베드로가 가이사랴에서 로마인 백부장 고넬료의 집안사람들에게 복음을 전하기 이전까지 교회의 교인은 모두 유대인이었다. 이후 다메섹 도상에서 사도 바울의 회심이 있었고, 바울과 바나바가 이방인들에게도 복음을 전하면서 이방인들이 교회 안으로 들어오게 된다.

그런데 교회 안으로 들어오는 이방인들이 많아지면서 심각한 문제가 발생한다. 이방인들은 율법에 대해서 잘 알지도 못했고 사도 바울과 바나바 역시 그들에게 할례를 행하거나 율법을 지키라고 가르치지도 않았다. 그러던 중 안디옥 교회에서 문제가 생겼다. 당시 예루살렘 교회의 성도들은 모두 유대인이었기 때문에 할례를 행하고 율법에 따라 생활하는 것이 당연한 일이었다. 그래서 이들은 하나님을 믿는다고 하면서 율법을 지키지 않는 이방인 교인들을 도무지 이해할 수가 없었다.

어느 날 이들 중 몇 사람이 안디옥 교회에 와서 예수를 믿는 믿음에 더해 이방인들도 할례를 받고 율법을 지켜야만 구원을 받을 수 있다고 주장하며 바울, 바나바와 논쟁을 하게 된다. 이 논쟁이 '구원론'에 대한 최초의 논쟁이다. 이들의 논쟁이 결론이 나지 않자 사도행전 15장에 기록된 예루살렘 회의가 열리게 된 것이다. 이 회의에서도 바리새파 출신 교인들은 이방인이라 하더라도 예수를 믿는 것에 더하여 할례를 받고 율법을 지키는 것이 마땅하다고 주장한다.

바리새파 중에 어떤 믿는 사람들이 일어나 말하되 이방인에게 할례를 행하고 모세의 율법을 지키라 명하는 것이 마땅하다 하니라 (행 15:5)

그러나 바울과 바나바는 1차 전도 여행을 통해 많은 이방인이 할례와 율법 없이도 믿음으로 성령을 받는 모습을 보아왔기에 구원은 믿음과 은혜로 받는 것이지 할례와 율법이 구원의 조건이 될 수 없음을 강변한다. 또한 로마 백부장 고넬료 집안에서 율법과 상관없는 이방인들이 성령 받는 모습을 보았던 베드로 역시 바울과 바나바의 의견에 동조하는 발언을 한다. 장시간의 회의 끝에 당시 예루살렘 교회의 지도자였던 야고보(예수님의 동생이며 야고보서의 저자)가 일어나 이방인 교인들에게는 율법의 짐을 지우지 말자고 결론을 내리고 이방인 형제들에게 편지를 써 보낸다.

> 성령과 우리는 이 요긴한 것들 외에는 아무 짐도 너희에게 지우지 아니
> 하는 것이 옳은 줄 알았노니 우상의 제물과 피와 목매어 죽인 것과 음행
> 을 멀리 할지니라 이에 스스로 삼가면 잘되리라 평안함을 원하노라 하였
> 더라 (행 15:28~29)

예루살렘 회의 이후 많은 이방인에게 복음이 전파되었고 로마 각 지역에 교회들이 세워지게 된다. 시간이 흐르면서 교회 안에는 주로 헬라 문화나 로마 문화에 젖어 있던 이방인들의 숫자가 점점 많아지고 교회의 중심이 유대인으로부터 이방인에게로 옮겨진다. 그렇게 되니 이번에는 이방인 교인들의 눈에 예수를 믿는다고 하면서도 할례를 행하고 율법을 지키는 유대인들의 모습이 못마땅하게 여겨졌다. 심지어 교회의 이방인 지도자 중에는 유대인이라 할지라도 예수 믿고 구원받았으니 더 이상 율법을 지키지 말아야 한다고 주장하는 사람들도 나타난다.

초기 교회에서는 예루살렘 회의의 주제가 되었던 이방인의 율법 준수가 큰 문

제 거리였는데, 시간이 흘러 이방인의 수가 많아지고 이방인이 교회의 중심이 되면서부터는 유대인의 율법 준수가 교회 안의 문제가 된 것이다.

율법을 지키는 유대인들에 의해 교회가 세워졌음에도 불구하고 점점 율법을 지키는 유대인들이 교회 안에서 이방인들의 눈총을 받는 상황이 되어갔다. 그러다 결국에는 믿는 유대인들이 교회에서 떠나는 일들이 생기고, 예수를 믿는다고 하면서도 율법을 지키는 유대인을 이단으로 간주해 율법을 지키는 유대인들을 교회에서 추방하는 상황까지 이르게 된다. 시간이 흐르면서 교회는 유대인이 없는 이방인만의 교회가 된다.

동방교회(정교회) 국가의 반유대주의

A.D.313년 로마의 콘스탄티누스 황제에 의해 기독교가 공인되면서 교회는 세속적인 정치적 힘을 갖게 되고, 더 나아가 유대인에 대해 '예수를 십자가에 못 박은 저주받은 민족'이라는 부정적인 견해를 나타내면서 반유대주의적 자세를 취하게 된다. 그 결과 기독교를 국교로 정한 동로마(비잔틴) 제국은 A.D.425년부터 유대인을 정부 관직에서 쫓아냈고 회당 건축도 금지했으며 히브리어 성경도 가질 수 없게 했다.

이러한 반유대주의는 동로마 제국의 수도이며 동방교회(정교회)의 중심지였던 콘스탄티노플(지금의 이스탄불)이 오스만 트루크에 멸망하는 A.D.1453년까지 천 년 동안 지속된다.

중세를 지나오면서 동방교회(정교회)가 국교였던 동로마 제국 지역을 비롯해 정교회를 국교로 받아들인 동유럽 국가에도 반유대주의가 퍼지면서 다른 요인들과 결합해 유대인에 대한 극심한 박해 및 학살이 이어진다. 교회 안에 자리 잡은 '유대인은 예수를 십자가에 못 박은 저주받은 민족'이라는 개념이 사람들의 뇌리에 박히면서 유대인들을 차별하는 정책이 시행되기도 했다.

유대인들은 정교회를 국교로 정한 국가 안에서는 땅을 소유할 수 없었고 땅이 없으니 농사도 지을 수 없었다. 공직과 같은 그럴듯한 직업을 가질 수도 없었기에 천한 직업에 종사할 수밖에 없었다.

다만 사람들 대부분이 문맹이었던 시대에 어릴 때부터 성경을 배워 글을 읽고 쓸 줄 알았던 유대인들은 기독교인들이 천하게 여기는 상업이나 고리대금업과 같은 직업을 가질 수 있었다. 또한 지중해 남부, 북부 및 동부 지역 등 다양한 지역에 디아스포라 유대인 공동체들이 산재해 있었기에 누구보다도 무역에 유리한 조건을 갖게 되었다. 소위 그들만의 인적 네트워크가 형성되어 있었다. 그래서 유대인 중에서는 무역이나 상업, 고리대금업 등으로 큰돈을 버는 사람들이 생겨났다. 그러나 그 지역의 지배 계층이나 주민들은 부유해진 유대인을 시기했고, 이들의 재물에 대한 탐욕이 반유대주의에 더해져 유대인을 박해하고 추방하는 원동력으로 변하게 된다.

동로마 제국을 승계했다고 주장하는 제정 러시아는 동로마 제국과 마찬가지로 강력한 반유대주의 정책을 취하고 제정 러시아 영토 내 유대인의 거주를 금지하기까지 한다. 하지만 제정 러시아의 영토가 폴란드, 벨라루스 및 우크라이나 등으로 확대되면서 러시아 영토로 합병되기 이전부터 그 지역에 거주하던 유대인들을 어쩔 수 없이 끌어안게 되는데, 이런 유대인들에 대해서는 거주지를 제한하는 법령을 만들어 박해를 가한다. 일반적으로 제정 러시아 영토 내에서 발생한 박해나 학살 등을 '대(大)박해'라는 의미의 러시아어 '포그롬(Pogrom)'이라고 한다. 제정 러시아의 점령지에서는 여러 차례 대규모 포그롬이 발생해 수많은 유대인이 학살이나 약탈당했는데 이런 일들이 유대인들을 약속의 땅으로 귀환하게 하는 계기가 되었다.

서방교회(카톨릭) 국가의 반유대주의

중세를 거치면서 서방교회(로마가톨릭교회)를 국교로 정한 국가들 안에서도 유대인은 지위를 인정받지 못했다. 그래서 유대인들은 제한된 천한 직업에만 종사할 수 있었다. 동방교회 지역에서와 마찬가지로 유대인들은 글을 쓰고 읽을 수 있었기에 상업이나 고리대금업과 같은 직업은 가질 수 있었다. 기독교인들이 천하게 여기는 일이기는 했지만 상업이나 고리대금업은 반드시 사회 구성상 필요한 일이었다. 유대인 중 일부는 이런 직업을 통해 부를 축적할 수 있었지만 정교회 지역에서와 마찬가지로 부유해진 유대인은 현지 지배 계층이나 주민들의 증오와 시기의 대상이 되기도 했다. 또한 가톨릭이 국교인 국가들은 유대인을 기독교인으로 개종시키려고 했지만 그들은 여간해서는 그들의 종교를 바꾸지 않았다. 이런 일련의 이유로 가톨릭 국가 내의 반유대주의도 계속 확대된다.

가톨릭교회는 1216년에 로마의 라테란 성당에서 열린 라테란 공의회에서 반유대주의 칙령을 제정하고 1236년 교황 그레고리오 9세는 수도사들의 설득으로 탈무드를 폐기 처분할 것을 지시한다. 1288년에는 프랑스의 투루아에서 프란체스코회와 도미니크회의 수도사들에 의해 유대인 대학살이 자행된다. 1290년에는 영국에서 유대인을 추방하고 1306년에는 프랑스에서 유대인을 추방하는 등 가톨릭 지역에서 여러 차례 유대인 추방 사건이 일어난다.

특히 스페인에서는 좀 더 특별한 일이 벌어지는데, 스페인 영토의 상당 부분이 이슬람 세력에 의해 점령됐던 A.D.800년경부터는 많은 유대인이 무슬림을 따라 이베리아반도로 이주했다. 그 후 수백 년 동안 많은 도시에 유대인 공동체가 형성됐고 유대인들은 이슬람교도들을 도와 중요한 요직을 차지하기도 한다. 하지만 레콩키스타(재정복 전쟁)가 진전되어 이슬람 점령 지역이 점차 기독교 세력권으로 편입되면서 유대인들에게도 박해의 위험이 다가온다. 유대인들은 스페인의 기독교인들에게 미움을 사게 되고 결과적으로 스페인 내의 반유대주의는 극에 달한다. 여기에 그들의 재산을 노린 스페인 기독교 국가에 의해 개종 요구와 추방, 종교재판이라는 희대의 비극이 일어나게 된다.

개신교 국가의 반유대주의

A.D.1517년에 종교개혁을 일으킨 마틴 루터는 A.D.1523년 '예수는 유대인으로 나셨다(Das Jesus Christus ein geborener Judesei)'라는 글을 쓰는 등 유대인들에게 상당히 호의적이었다. 하지만 점점 유대인들과의 관계가 틀어지면서 루터는 거의 극단적인 반유대주의로 돌아서게 된다. 그는 A.D.1543년에 '유대인과 그들의 거짓말에 관하여(Von den Juden und ihren Luegen)'라는 소책자를 통해 유대인을 신랄하게 비판하며 유대인 탄압을 정당화한다. 마틴 루터의 반유대주의 사상은 결국 제2차 세계 대전 중 독일의 나치당에 의해 독일의 점령지에서 발생한 인류 역사상 가장 비극적인 사건인 유대인 대량 학살(홀로코스트)로 이어지기도 한다.

현재의 반유대주의

지금도 전 세계 각지에서 반유대주의적 활동이 전개되고 있다. 현재의 반유대주의는 이전의 반유대주의와는 다소 성격이 다르다. 현재의 반유대주의는 1948년 이스라엘의 건국과 함께 시작된 1차 중동전쟁으로부터 시작되어 주로 이슬람권 국가 및 서방 세계에 거주하는 무슬림과 이스라엘의 팔레스타인 탄압을 규탄하는 인권 주의자들이 주도한다. 이런 반유대주의로 인해 프랑스나 독일 등의 유럽 지역에서 끊임없이 유대인을 대상으로 한 테러가 발생하기도 한다. 또한 세계 경제를 좌지우지하는 유대인 자본가들에 대한 반감과 같은 이유로 반유대주의는 계속되고 있다.

　역사적으로는 여러 정치적, 사회적 요인들이 반유대주의와 결합해 유대인 박해가 유럽 각지에서 일어났는데, 이 중에서도 중요한 유대인 박해 및 학살은 십자군 전쟁 중 벌어진 유대인 학살, 페스트에 대한 누명을 씌우고 자행된 유대인 학살, 스페인 종교재판과 개종 강요 사건, 제정 러시아 지역에서 발생한 포그롬, 독일 점령지에서 발생한 홀로코스트 등과 같은 큰 사건들이 있었으며, 반복되는 각 지역에서의 유대인 추방 등이 있었다. 지금부터는 각 사건에 대해서 간략히 알아보고자 한다.

3) 십자군 전쟁과 유대인 학살

　A.D.313년 로마의 콘스탄티누스 황제가 기독교를 공인한 이후 기독교인들이 '팔레스타인'으로 이름이 바뀐 이스라엘 땅으로 들어오기 시작한다. 콘스탄티누스의 어머니 헬레나는 갈릴리와 예루살렘 지역의 성지에 많은 교회를 세웠는데 예루살렘 교회는 로마, 콘스탄티노플, 안디옥 및 알렉산드리아와 함께 다섯 총대교구 중 하나가 된다. 통상 로마 총대교구를 '서방교회'라고 하고 나머지 네 총대교구를 '동방교회'라고 한다.

　이후 A.D.638년에 신생 이슬람의 칼리파 우마르가 예루살렘을 점령하면서 예루살렘은 기독교 지역에서 이슬람 지역으로 바뀌게 된다. 이때부터 예루살렘은 1차 십자군에 의해 점령되었던 약 100년 동안을 제외하고는 1차 세계대전 중에 영국의 에드먼드 알렌비 장군이 A.D.1917년 12월 11일 예루살렘에 입성할 때까지 1300년 가까이 여러 이슬람 국가들의 지배하에 놓인다.

　이슬람이 급속히 영토를 확대할 초기에 이슬람은 유대교와 기독교에 대해 비교적 우호적이었기 때문에 이슬람이 예루살렘을 정복한 이후에도 유럽의 기독교인들은 성지순례를 하는 데 아무런 문제가 없었다. 하지만 세력을 확장하던 셀주크 투르크가 A.D.1071년 지금의 터키 지역인 만지케르트의 전투에서 비잔틴 제국(동로마 제국)의 군대를 물리침으로써 그 지역의 패권을 차지하고 나서부터는 성지순례에 문제가 생긴다. 셀주크 투르크는 이전의 이슬람 국가들과는 다르게 기독교인을 박해하는 정책을 취했고 이에 따라 기독교인들의 성지순례도 불가능하게 되었다. 이러한 일련의 일들로 인해 유럽의 기독교 세계는 크게 동요한다.

강력해진 셀주크 투르크를 상대하기가 버거웠던 비잔틴 제국의 황제 알렉시오스 1세는 예루살렘을 탈환한다는 명분을 내세워 그동안 사이가 좋지 않았던 서방교회의 교황에게 도움을 요청하기에 이른다. A.D.1095년 말 당시 교황이었던 우르바노 2세는 성지탈환에 동참할 군대 소집을 선포하고 십자군에 동참하는 사람들에게 재산권 보호와 사면(면죄)을 약속한다. 이를 시작으로 약 200년 동안 9차에 걸친 소위 '십자군 전쟁'이 진행된다.

민중 십자군에 의한 유대인 학살

당시 기독교인들 사이에는 '유대인은 예수 그리스도를 죽인 저주받은 민족'이라는 반유대주의적 사고가 깊이 자리 잡고 있었다. 교황이 성지탈환을 선포하자 많은 기독교인 사이에서는 이교도인 이슬람에 대한 분노와 더불어 이교도인 유대인에 대한 분노까지 불같이 일어난다. 교황의 십자군 선포가 있은 지 얼마 지나지 않아 노르망디의 루앙에서 유대인 학살이 일어났고, 1차 십자군이 출발하기에 앞서 준비도 없이 먼저 출발한 소위 '민중 십자군'은 A.D.1096년 4월에 독일 지역인 쾰른을 비롯한 주변의 유대인 마을들을 습격해 수많은 유대인을 학살하고 그들의 재산을 강탈했다.

쾰른, 에미코, 보름스, 마인츠, 트리어, 메츠, 프라하, 레겐스부르크 등지에 사는 수많은 유대인이 민중 십자군에게 약탈과 학살당했고 결국 민중 십자군들도 그해 10월 셀주크 투르크 군대에 의해 궤멸당해 사라진다. 그들은 단순히 종교적 열심으로만 유대인들을 학살한 것이 아니라 재물에 대한 탐욕도 한몫한 것으로 여겨진다. 민중 십자군뿐만이 아니라 계속되는 십자군 전쟁 기간 유럽의 각지에 살던 유대인들은 엄청난 박해와 학살을 감내해야만 했다.

예루살렘에서의 유대인 학살

유럽 각지에서 출발한 1차 십자군이 지중해 동부 연안의 여러 성을 점령하고 나서 예루살렘에 도착해 성을 포위한 것은 A.D.1099년 6월 7일의 일이다. 예루살렘을 향해 맹공을 퍼부은 십자군은 그해 7월 15일에 성을 함락하고 이틀 동안 성안에 있던 유대인들과 이슬람교도들을 무참히 학살한다. 당시 십자군들은 많은 유대인을 회당에 몰아넣고 불을 질렀다고 한다. 학살당한 유대인과 무슬림의 수가 얼마였는지에 대해서는 정확한 기록을 찾기 어렵지만 당시에 예루살렘 성안에는 흐르는 피가 발목에 찰 정도였다고도 한다. 이때부터 십자군에 의한 예루살렘 왕국이 세워지고 이 예루살렘 왕국은 A.D.1187년 이슬람 아이유브 왕조의 살라딘에 의해 정복될 때까지 약 90년 동안 유지된다. 이후에도 약 100년간 십자군 전쟁이 지속되었지만 십자군의 승리는 1차 십자군 전쟁 때가 유일했다.

4) 유럽의 페스트 유행과 누명

14세기 유럽에서는 페스트(흑사병)로 인해 유럽 인구의 30~60%가 희생된 것으로 전해진다. 페스트의 기원은 명확히 알 수 없으나 일반적으로 중앙아시아에서 발원한 페스트가 몽골군을 따라 서방으로 전파된 것으로 알려져 있다. 유럽에서는 1347년 몽골이 포위 공격했던 크림반도의 페오도시야에서 처음으로 페스트가 창궐했다. 킵차크 칸국[14]의 병사들이 페스트에 걸려 죽은 병사의 시체를 투석기에 담아 성안으로 던져 넣어 성안에 페스트가 퍼지게 된 것이다. 당시 페오도시야에는 이탈리아 제노바 교역소가 있었는데, 교역소 사람들 일부를 통해 페스트가 시칠리아로 옮겨지고 거기서부터 이탈리아는 물론 전 유럽에 퍼진 것으로 추정하기도 한다.

당시 유럽은 페스트의 원인이나 전파 경로 등에 대해 무지했고 어디를 가나 위생 상태가 좋지 않았기 때문에 페스트는 급속도로 유럽 전역에 퍼져나갔다. 페스트 감염은 신분을 가리지 않고 일어났다. 고위직 성직자도 페스트로 인해 죽는 일이 다반사였고 집단생활을 하는 수도원에서 특히 많은 희생자가 발생했다. 페스트의 유행으로 인해 교회의 권위는 바닥으로 추락했다.

그런데 유대인 중에서는 페스트에 걸려 죽는 사람이 훨씬 적었다. 유대인들은 율법의 정결 예식을 지키고 있었기 때문에 외출하고 집에 들어올 때는 반드시 손과 발을 씻는 습관이 있었다. 그래서 일반 기독교인들보다 훨씬 위생적이었던 유대인들이 페스트 감염에서 비교적 안전했다.

그런데 전 유럽에서 원인 모를 페스트로 수많은 사람이 죽어가는 와중에 유대인들이 기독교도에게 복수하려고 우물에 독을 탄 것이라는 소문이 급속히 퍼지게 된다. 우물에 독을 탔다는 누명에 '예수 그리스도를 죽인 저주받은 민족'이라는 반유대주의적 종교적 신념이 더해지고 거기에 유대인의 재산을 갈취하기 위

---

14. 러시아 남부 지역에 징기스칸의 손자인 주치에 의해 세워진 몽골 왕조(1237~1502). '킵차크 한국'이라고도 함.

한 탐욕이 추가되어 유럽의 전 지역에서 상당 기간 유대인 학살이 자행된다. 얼마나 많은 사람이 페스트에 희생되었는지도 가늠하기 어렵지만, 얼마나 많은 유대인이 페스트 전파의 누명을 쓰고 기독교도들에 의해 살해되었는지도 가늠하기가 쉽지 않다.

5) 스페인의 개종 강요와 추방 그리고 종교재판

유럽의 서쪽 끝자락에 있는 이베리아반도는 서고트족 등 게르만족들의 이동이 있기 전에는 히스파니아라고 하는 로마의 영토였으나 4세기경 일어난 게르만족의 대이동으로 인해 이곳에는 서고트족, 수에비족, 반달족 등의 게르만족들이 들어와 자리를 잡게 된다. 서로마 제국이 A.D.476년에 게르만족에 의해 멸망한 후 프랑스 남부에 자리 잡았던 서고트족이 이베리아반도의 거의 전역을 장악하는데, 이들이 세운 왕국을 통상 '서고트 왕국'이라고 한다.

이후 711년, 이슬람교도들인 우마이야 왕조의 아랍인과 아프리카 북부에 사는 베르베르족들이 지브롤터 해협을 건너 이베리아 땅으로 들어왔다. 그리고 기독교 국가였던 서고트 왕국을 밀어내고 이베리아반도 일대를 장악해 이베리아반도의 상당 부분을 이슬람 땅으로 만들었다. 이후 1492년 그라나다에서 패전하여 아프리카로 물러날 때까지 이베리아반도의 상당 부분은 이슬람교도들에 의해 지배받는다. 이 수백 년 동안 이슬람 세력을 이베리아반도에서 몰아내기 위해 기독교 왕국들이 벌인 전쟁을 재정복이라는 의미로 통상 '레콩키스타(Reconquista)'라고 한다.

이베리아반도에는 로마 시대부터 디아스포라 유대인들이 살고 있었고, 이베리아반도가 이슬람화되고 나서는 북아프리카 지역에 살던 유대인들이 이슬람교도들을 따라 이 지역으로 들어온다. 동로마 제국(비잔틴 제국) 등 기독교 국가에서는 유대인을 '예수 그리스도를 죽인 저주받은 민족'으로 여겨 탄압했던데 반해, 당시 이슬람 국가들은 유대인들을 '책(성경)의 백성들'이라 하여 기독교 국가들처럼 탄압하지도 않았고 개종을 강요하지도 않았다. 이슬람 국가 내에서 유대인이나 기독교인들은 2등 국민이기는 했지만 종교의 자유나 신변의 안전을 보장받았고 자치권을 행사할 수도 있었다.

그래서 이베리아반도의 이슬람 지역에는 많은 유대인 공동체가 세워진다. 우마이야 왕조의 수도였던 코르도바에만 44개의 부유한 유대인 공동체가 있었다고 하며, 그라나다와 톨레도 그리고 세비야와 같은 대도시에도 많은 유대인 공동체가 존재했다. 그들은 우마이야 왕조와 그 이후의 이슬람 왕조들에서도 요직을 맡으면서 무슬림들과 긴밀한 관계를 형성한다. 당시 이 지역의 의사들은 대부분이 유대인이었으며, 상업이나 무역·전문 기술자 등 사회의 주요 부문에 종사하는 사람 중 유대인의 비율이 상당히 높았다. 유대인들은 어릴 때부터 성경을 공부했기 때문에 학문을 익히거나 선진 문물을 받아들이는 데 유리했고 디아스포라 유대인들이 지중해 주변의 여러 지역에 흩어져 형성된 인적 네트워크는 무역하는데 강력한 기반이 되었다. 또한 기독교 국가와 이슬람 국가 간에는 전쟁이 계속되었기 때문에 서로 거래 관계가 성립되기 어려웠는데 그들 간의 중개 역할을 유대인들이 독점하기도 했다.

이베리아반도의 북쪽 즉, 피레네산맥 남쪽까지 밀렸던 기독교 왕국들은 서서히 힘을 키워 이슬람교도들을 남쪽으로 밀어낸다. 레콩키스타가 거의 막바지를 향해 가던 1469년, 이베리아반도 중북부에 자리 잡고 있던 카스티야 왕국의 왕위 후계자인 이사벨과 이베리아반도 북동부에 자리 잡고 있던 아라곤 왕국의 왕위 후계자인 페르난도가 결혼하면서 두 나라는 한 나라처럼 결속된다. 그리고 1492년 이베리아반도의 최남단에 있는 그라나다를 점령함으로써 이슬람 세력을 완전히 아프리카로 몰아내고 이베리아반도 내에서의 레콩키스타를 마무리한다.

유대인 개종 강요, 종교 재판과 추방령

레콩키스타 과정 중에 새롭게 기독교 국가의 영토로 편입되는 지역에서는 유대인과 무슬림에 대한 박해가 행해졌는데, 특히 페스트가 발생한 이후인 1378년과 1391년에 세비야에서는 수백 명의 유대인이 희생되고 회당이 파괴되는 일이 발생하기도 한다. 이러한 학살과 박해가 진행되는 가운데 많은 유대인과 무슬림이 기독교로 개종하기도 했다. 기독교(가톨릭)로 개종한 유대인을 통상 '콘베르소(Converso)'라고 하며 이들을 비하하는 의미로 '마라노(Marrano, 돼지)'라는 용어가 사용되기도 했다. 참고로 1492년에 아메리카를 발견한 콜럼버스와 그와 함께 항해했던 선원들 상당수가 개종한 유대인이었다는 설이 있다.

이런 과정 중에 하나의 왕국이 된 스페인은 페르난도 왕과 이사벨 여왕의 청원에 따라 1480년에 특별 종교재판소를 설치한다. 이베리아반도에서 이슬람교도들을 몰아내고 있던 두 사람은 새로운 국가를 종교적으로 통일된 기독교(가톨릭) 국가로 만들기 위해 종교재판소를 통해 이슬람교도들과 유대인들에게 기독교로의 개종을 강요했다. 종교 재판을 시작한 지 8년 만에 강제 개종을 거부했던 이교도들 700명이 화형을 당했다고 한다.

1492년 1월 그라나다 점령으로 레콩키스타를 마무리한 페르난도 왕과 이사벨 여왕은 그해 3월, 개종하지 않은 모든 유대인을 향해 7월 말까지 스페인 땅에서 떠나라고 하는 유대인 추방령을 공포한다. 이를 통상 '알람브라 칙령'이라고 한다. '알람브라'는 무슬림에 의해 그라나다에 지어진 궁전의 이름으로 페르난도 왕과 이사벨 여왕이 이 궁전을 차지함으로써 레콩키스타가 완전히 마무리되었다. 유대인들은 떠날 때 금이나 화폐 등을 소지할 수 없었으며 너무 짧은 기간이라 부동산을 처분할 수도 없었기에 거의 빈털터리로 유랑 길에 올라야 했다. 페르난도 왕과 이사벨 여왕은 유대인들로부터 빼앗은 엄청난 재물을 레콩키스타 기간에 공을 세운 귀족들에게 나누어 주었다고 한다. 사실상 알람브라 칙령은 유대인들의 막대한 재산을 빼앗기 위한 수단으로 제정되었다고도 볼 수 있다.

얼마나 많은 세파라딤 유대인들이 스페인을 떠났는가에 대해서 여러 의견이 있다. 최소 20만 명에서 최대 80만 명까지 추정한다. 많은 사람이 1453년에 콘스탄티노플을 점령하여 비잔틴 제국을 무너뜨리고 패권을 차지한 오스만 튀르크 지역 및 북아프리카의 모로코, 알제리 등지로 이동했으며 지중해 북부의 이탈리아나 흑해 주변, 또는 프랑스, 네덜란드, 영국 등지로 이동한 사람들도 있었다. 또 오스트리아, 보헤미아(지금의 체코)나 폴란드 등 동유럽 지역으로 이동한 사람들도 있었는데 당시 폴란드가 유대인에게는 가장 관대한 국가였다. 스페인 바로 옆의 포르투갈로 이동한 사람들도 10만 명이나 되었다. 하지만 스페인의 압력으로 포르투갈 역시 포르투갈에 거주하는 유대인들을 스페인과 똑같이 박해하자 많은 세파라딤 유대인들이 기독교로 개종해 콘베르소가 되기도 하고 다시금 유럽의 다른 지역이나 중남미 쪽으로 이주하게 된다.

개종자들에 대한 종교 재판

추방령으로 인해 많은 세파라딤 유대인들이 다른 곳으로 떠났지만 또한 많은 세파라딤 아누심(개종자)들이 스페인과 포르투갈 땅에 남게 되었다. 이들 세파라딤 아누심들 중에는 탄압을 피해 겉으로는 기독교로 개종했지만 남들이 보지 않는 곳에서는 여전히 유대교의 율법을 지키는 사람들이 많았다.

많은 아누심들은 교회에서 베푸는 세례를 받고 주일에 교회에서 예배를 드리며 기독교인들과 어울리는 생활을 했지만 집에 들어오면 율법이 정하는 규례에 따라 손과 발을 씻는 정결 예식을 행했고 안식일 규례에 따라 안식일을 지키는 등 율법을 준수하는 이중생활을 했다. 종교재판소는 이들 아누심들의 행동을 주의 깊게 눈여겨보게 되는데, 미심쩍은 아누심들은 종교 재판에 넘겨져 혹독한 고문을 받기도 하고 심지어는 화형을 당하기도 했다. 스페인에 종교재판소가 개설된 이래 1481년부터 1790년까지 종교 재판을 통해 약 34만 1천 명의 유대인이 희생되었다. 참고로 지난 2019년 스페인 정부는 1492년에 제정된 알람브라 칙령으로 스페인을 떠났던 세파라딤 유대인의 후손이 스페인 국적 취득 신청을 하면 이를 심사해 국적을 취득할 수 있도록 하겠다는 발표를 했다. 이에 전 세계에서 약 13만 명의 세파라딤 유대인의 후손들이 혈통 증명서 등을 첨부해 스페인 국적 취득 신청을 했다.

6) 제정 러시아의 포그롬

로마의 콘스탄티누스 황제가 A.D.313년에 기독교를 공인하고 난 후 로마 제국 내에는 5개의 총대교구가 만들어진다. 서방 총대교구로는 로마 총대교구가 있고 동방 총대교구로는 콘스탄티노플, 안디옥, 예루살렘 및 알렉산드리아 총대교구가 있었다. 또한 통일된 신학 체계를 마련하기 위해 니케아 공의회를 포함해 일곱 번에 걸친 공의회를 개최하는데 이런 공의회들을 거치면서 율법을 준수하는 유대인들을 이단으로 규정하기에 이른다. 이와 더불어 '유대인은 예수 그리스도를 죽인 저주받은 민족'이라는 반유대주의적 사고가 교회 내에 보편적으로 퍼지게 된다.

키예프(또는 키이우) 공국에서 제정 러시아까지

슬라브족 사람들과 바이킹의 한 갈래인 루스 족이 지금의 우크라이나 지역에 세운 키예프 루스는 제정 러시아의 전신이라고 할 수 있는데, 이 키예프 루스의 대공인 블라디미르 1세는 988년 동로마제국의 바실리오스 2세 황제의 여동생인 안나와 결혼을 하고 이듬해인 989년 동방교회인 정교회를 국교로 선포한다. 이에 키예프 루스 지역에는 동로마 제국의 문화가 널리 퍼지게 된다.

이후 키예프 루스가 몽골의 침략으로 멸망하고 후에 이 지역에 여러 슬라브 공국들이 들어서는데, 이들도 한동안 몽골 제국에서 갈라져 나온 킵차크 칸국의 지배를 받게 된다. 킵차크 칸국의 지배를 벗어나고 모스크바 공국의 시대를 거쳐 1547년 이반 4세가 스스로 차르(카이사르의 러시아어, 황제)를 칭하고 즉위함으로써 '러시아 차르국'이 탄생한다. 이후 1721년 로마노프 왕조에 표도르 대제가 등장하면서 러시아 제국이 세워진다. 이 러시아 제국(또는 제정 러시아)은 1차 대전 중인 1917년 러시아 혁명으로 무너질 때까지 존속한다.

425년부터 동로마 제국 내에서 유대인은 정부의 관직에 대한 권리를 상실했고 회당 건축도 금지당했으며, 히브리어 성경의 보급도 불가능하게 되었다. 이런 유대인에 대한 적대적인 정책 기조는 후에 동로마 제국을 계승했다고 자부하고 정교회를 국교로 정한 제정 러시아에서도 계속 유지된다. 제정 러시아는 영토 내에 유대인 거주 자체를 허락하지 않을 정도로 강한 반유대주의적 정책을 취했다. 하지만 제정 러시아의 영토가 서쪽으로 확장되면서 지금의 폴란드나 벨라루스, 우크라이나 지역에 이전부터 정착해 살던 유대인들은 러시아가 점령한 영토에 거주하게 되는 상황이 되고 만다. 이에 제정 러시아는 1812년 유대인의 거주를 제한하기 위해 발트해에서부터 흑해에 이르는 25개 지역에 소위 '말뚝(The Pale of Settlement)'이라는 이름의 유대인 정착지를 세운다. 유대인들

제정 러시아 유대인 거주 제한 정책 지역('말뚝' 지역)

의 거주지는 말뚝 안으로 제한되며 말뚝을 벗어나기 위해서는 반드시 당국의 허가를 받아야만 했다.

이 말뚝 정책이 시행된 곳은 아래의 지도에서 보는 바와 같이 지금의 폴란드 동부, 라트비아 동부, 리투아니아, 벨라루스, 우크라이나 및 몰도바 지역을 망라한다. 이에 더해 니콜라스 1세는 1827년에 '징집에 관한 칙령'을 발동하여 12세부터 25세까지의 유대인 남자를 징집했고 이들에게 기독교(정교회) 세례를 강요했다. 또한 유대인 자녀들을 강제로 국립학교에 입학시켰고 유대인 출판소를 폐쇄하기까지 했다. 제정 러시아의 영토 확장에 따라 어쩔 수 없이 제정 러시아의 점령지에 거주하게 된 유대인들은 이동의 자유도 박탈당한 채 너무나 고달픈 삶을 살아야만 했다. 제정 러시아의 말뚝 정책은 1917년 러시아 혁명으로 인해 제정 러시아가 몰락할 때까지 존속된다.

차르 알렉산더 2세의 암살과 유대인 학살 그리고 귀환의 시작

유대인에 대한 차별과 박해는 1881년 차르(황제) 알렉산더 2세가 암살당한 후 더욱 극심해지는데 황제의 암살 배후에 유대인이 있다는 소문이 돌면서 러시아 지역 곳곳에서 유대인에 대한 학살과 폭행이 자행된다. 이에 더해 1886년에는 유대인에 대한 직업 제한 조치가 취해졌으며 1891년에는 1만 명 이상의 유대인이 모스크바에서 추방되기도 한다. 또한 1894년에는 유대인에 의한 독과점에 제한이 가해지면서 유대인 경제가 완전히 무너지게 된다.

러시아 점령 지역 안에서의 유대인에 대한 차별과 박해를 피해 1881년과 1882년에는 한 해 평균 5~6만 명의 유대인이 러시아를 떠났으며 1891년에는 약 13만 7천 명이 러시아를 떠난다. 이 기간에 많은 유대인이 서부 유럽과 중부 유럽으로 이주하게 되었고 이때 처음으로 팔레스타인 땅으로의 귀환도 이루어진다. 1881년부터 1903년까지 약 3만 5천 명의 유대인이 황무지나 다름없는 약속의 땅으로 귀환하는데 이를 통상 '1차 알리야 물결'[15]이라고 하며, 이때부터 본격적인 알리야 물결이 시작된다.

키시네프 포그롬, 오데사 포그롬 외

1903년부터는 러시아 점령지 안에서 유대인에 대한 약탈과 살인이 더욱더 기승을 부린다. 1903년 4월 6일부터 사흘 동안 현재 몰도바의 수도인 키시네프의 작은 마을에서 49명의 유대인이 살해되는 일이 발생한다. 이에 더해 수백 명이 부상하고 유대인 가옥 700여 채가 파괴된다. 이 사건을 통상 '키시네프 포그롬'이라고 하는데 두 달 전에 발생한 러시아 소년 살인 사건의 범인이 유대인일지도

---

15. 8장 '네 번째 귀환(1) - 오스만 튀르크 점령 시대' 내용 참조.

모른다는 낭설이 퍼지면서부터 시작되었다. 시내에는 '유대인을 죽여라'라는 함성이 울려 퍼졌고 유대인들은 길거리에서 무참하게 학살당했다.

키시네프 포그롬에 이어 1905년에는 현재 흑해 변 우크라이나의 항구 도시인 오데사에서 4일간 400명 이상이나 되는 유대인이 학살당하는 '오데사 포그롬'이 발생한다. 이어서 1906년에는 현재의 폴란드 북동부에 있는 비아위스토크에서도 유대인에 대한 학살이 자행되었는데 이때는 경찰이나 군대 같은 공권력까지 가담한 대규모 포그롬이 발생한다.

이 외에도 러시아 전역의 수백 개 지역에서 유대인을 향한 포그롬이 발생해 무려 4천 명 이상의 유대인이 목숨을 잃는다. 이렇게 포그롬이 걷잡을 수 없을 만큼 광적으로 번진 것을 보면 제정 러시아 지역 내에 반유대주의가 얼마나 광범위하고 깊게 퍼져 있는지를 알 수 있다.

1903년에서 1906까지 여러 지역에서 발생한 포그롬 기간에 20만 명 이상의 유대인들이 제정 러시아를 떠나 오스트리아 등 중부 유럽으로 이주하기도 하고 또 많은 사람이 미국으로 향하기도 한다. 이때 미국으로 이주한 유대인들이 중심이 되어 미국에 거대한 유대인 사회가 건설된다. 아울러 1904년부터 1914년까지 약 5만 명의 유대인이 약속의 땅으로 귀환을 하는데 이를 통상 '2차 알리야 물결'[16]이라고 한다.

Tip. 포그롬(Pogroms, 대 박해)

'아수라장에 분노를 퍼붓는다', '폭력적으로 파괴한다'라는 의미의 러시아어. 역사적으로 러시아 지역 내에서 비유대인이 유대인에게 가했던 학살과 이에 수반되는 폭행이나

---

16. 8장 '네 번째 귀환(1) - 오스만 튀르크 점령 시대' 내용 참조

약탈, 방화 등의 잔혹한 행위를 의미한다. 1881년 차르 알렉산더 2세의 암살 사건 이후 러시아 전역에서 발생한 포그롬으로부터 시작해 1903년의 키시네프 포그롬, 1905년의 오데사 포그롬 등 러시아 지역 내에서 수많은 포그롬 사건이 발생한다.

키시네프 포그롬을 비롯한 여러 포그롬은 러시아 정교회를 국교로 하는 제정 러시아의 각 지역에서 일어난 것이 특징이라 하겠다. 제정 러시아는 유대인에 대해 계속 반유대주의적 정책을 취해 왔는데, 이런 제정 러시아에 대한 반발이나 복수심 등으로 인해 많은 젊은 유대인들이 공산주의 운동에 가담하게 된다. 결국 제정 러시아는 공산주의를 내세운 러시아 혁명 세력에 의해 몰락하게 되지만 아이러니하게도 공산당이 정권을 잡은 소비에트 연방에서도 유대인에 대해서는 적대적인 정책을 취했으며, 스탈린의 정치적인 포그롬으로 인해 많은 유대인이 희생당한다. 러시아 혁명 이후 서방 세계에서는 '유대인은 공산주의자'라고 인식하게 되고, 독일의 정권을 잡은 히틀러가 유대인을 대규모로 학살한 홀로코스트의 빌미가 되기도 한다.

7) 독일의 홀로코스트

앞의 6장에서 언급했듯이 신성로마제국이었던 독일 지역에서는 이미 1096년부터 진행된 십자군 전쟁 당시 많은 유대인이 학살당하고 재산을 약탈당했다. 또 14세기 말 유럽 전역에 페스트가 유행했을 때는 유대인들이 우물물에 독을 탔다는 등의 소문이 퍼지면서 유럽 전체에 반유대주의가 만연하게 되었고 곳곳에서 유대인에 대한 핍박과 학살이 이어졌다.

독일 지역도 예외가 아니었다. 많은 사람이 유대인들을 '예수 그리스도를 죽

독일 비텐베르크의 한 교회의 반유대주의 조각상

인 저주받은 민족'으로 멸시했으며, 심지어 유대인들은 돼지의 젖을 먹기도 하고 돼지와 성관계도 갖는다는 생각을 보편적으로 갖고 있었기에 많은 성당에 그런 내용의 조각이나 그림을 설치하기도 했다. 이를 통상 '유대인의 암퇘지'라는 의미로 '유덴사우(Judensau)'라고 한다.

1517년 종교개혁을 일으킨 마틴 루터는 처음에는 유대인들에 대해 호의적인 태도였다. 그는 유대인들이 가톨릭교회에 대항하는 개신교로 개종하기를 바랐지만, 유대인이 여기에 대해 냉담한 반응을 보이자 시간이 흐르면서 점차 유대인에 대해서 적대적인 자세를 취한다. 그는 유대인들을 죽이고 회당에 불을 지를 것을 주장하기에 이르는데, 이런 루터의 반유대주의적 주장이 독일인들의 뇌리에 깊게 자리하게 된다. 루터의 이런 주장에 따라 종교개혁이 한창 진행되던

16세기에 많은 유대인이 독일 지역에서 추방당한다.

독일에서의 꿈 같은 시절

유럽 전역에 퍼진 반유대주의적 사고방식은 1789년 프랑스 대혁명 이후 다소 누그러진다. 프랑스 대혁명의 슬로건이 자유, 평등 그리고 박애였기 때문이다. 당시 유럽 지역에 널리 퍼졌던 계몽주의 사상도 반유대주의를 누그러뜨리는데 한몫한다. 1791년 프랑스 국회는 국가에 충성선서를 하는 유대인에게 시민권을 부여하기로 결정함으로써 유대인 해방운동의 선두에 선다. 이어서 1830년에 그리스가, 1858년에는 영국이, 1871년에는 독일이, 1891년에는 노르웨이가 개종하는 유대인에게 시민권을 주기로 결정한다.

이러한 흐름 속에서 독일에서도 유대인에 대한 차별이 줄어들고 누구든지 기독교로 개종하고 교회에서 세례를 받으면 독일 국민이 될 수 있게 되었다. 유물론을 제창한 카를 마르크스의 부친도 개종하여 독일 국민이 되었으며 마르크스 역시 어릴 때 교회에서 세례를 받는다. 많은 유대인이 세례를 받고 개종하여 독일 국민이 되고 독일을 자기 조국으로 여기게 되면서 유대인들은 경제를 비롯한 과학, 예술 등 다양한 분야에서 두드러진 활약을 한다. 심지어 독일의 많은 유대인이 노벨상을 받게 되어 낙후되었던 독일을 일류 국가로 만드는 데 이바지한다. 독일이 유대인들에게 있어서 새로운 '약속의 땅'이 된 것이다.

나치당의 등장과 반유대주의 정책

하지만 이런 꿈같은 시절은 1933년 히틀러의 '국가 사회주의 독일 노동자당'이 권력을 장악하면서부터 끝이 보이게 되었다. 1920년에 창당한 나치당(국가 사회주의 독일 노동자당)은 반유대주의, 반공주의, 반자유주의, 전체주의, 인종주의 및 군국주의를 중점 정책으로 채택했다. 히틀러의 나치당은 제2차 세계 대전 기간에 독일과 독일의 점령지에서 유대인을 비롯해 집시, 공산주의자, 장애인, 전쟁 포로, 폴란드인, 프리메이슨, 여호와 증인 등 약 1,100만 명을 학살한다. 이 중 유대인의 수는 약 600만 명에 이른다. 이를 통상 '짐승 희생 제사'라는 의미로 '홀로코스트(Holocaust)'라고 하며 히브리어로는 '멸절'이라는 의미로 '쇼아(Shoah)'라고 한다.

1933년 4월 첫 국가적 차원의 반유대주의 캠페인으로 유대인 기업에 대한 불매운동이 일어났다. 이어서 '전문 공무에 관한 법'이 통과되면서 유대인들은 의사나 법률가가 될 수 없게 되었으며, 농장을 소유하거나 농업에 종사하는 일을 할 수 없게 되었다. 유대인 변호사들은 자격을 박탈당했고 변호사와 판사들은 법정에서 끌려 나왔다. 유대인들은 학교나 대학에서 제외되었고 기자협회에서도 제외되었으며 신문사를 소유하거나 편집장이 될 수도 없었다.

1935년에는 '뉘른베르크 법'이 제정되어 독일인은 유대인과 성관계를 맺거나 결혼을 할 수 없게 되었으며 유대인들은 가지고 있던 독일 시민권을 박탈당한다. 이런 새로운 차별과 박해의 분위기 속에서 유대인 출신 독일 저명인사들이 그동안 그들이 사랑했고 빛나기를 바랐던 '조국' 독일을 떠날 수밖에 없게 된다. 아래 내용은 위키피디아의 #홀로코스트에서 발췌한 내용이다.

철학자 월터 벤자민은 1933년 3월 18일 파리로 떠났다.

소설가 레옹 페츠바그너는 스위스로 떠났다.

지휘자 브루노 월터는 그가 베를린 필하모닉 홀에서 콘서트를 하면 그곳을 불태워 버릴 것이라는 얘기를 듣고 떠났다.

프랭크 펄터는 '예술적 유대 청산인'에 의해 불거진 독일 대중의 분위기를 정부가 보호해 줄 수 없었으므로 떠나야 했다.

알베르트 아인슈타인은 1933년 1월 30일 미국에 방문 중이었다. 그는 벨기에의 오스텐더로 돌아왔고, 다시는 독일로 돌아갈 수 없었다. 그는 빌헬름 황제 협회 프로이센 학술회에서 쫓겨났으며 그의 시민권은 박탈되었다. 1938년 독일이 오스트리아를 합병했을 때 지그문트 프로이트와 그의 가족은 빈에서 영국으로 도망가야 했다.

예술 프로이센 학술회의 명예로운 회장직을 맡은 맥스 리버만은 회장직을 박탈당하고 그의 동료 중 그 누구에게도 위로의 말을 들을 수 없었으며 2년 후 죽을 때까지 그는 철저히 외면당했다.

1938년 11월에 유대인 소년이 파리에서 독일 대사관 직원을 살해하는 사건이 일어나고 이를 계기로 독일과 오스트리아 내에서 나치의 돌격대들과 독일인들이 유대인을 집단 학살하고 유대인 시설을 파괴하는 일들이 일어난다. 이를 통상 '수정의 밤(Kristallnacht)' 또는 '깨진 유리의 밤'이라고 한다. 이때 7천 개가 넘는 유대인 상점이 파괴되었고 1,200곳이 넘는 유대인 회당이 큰 피해를 보았다. 이 일로 독일에서의 유대인의 삶은 깨진 유리와 같이 산산조각이 나고 독일로부터의 유대인 이주가 가속화되기 시작한다.

유대인들은 미국 등 여러 지역으로 이주했는데, 이 시기에 팔레스타인 땅에서 활동하던 유대인 지도자들은 히틀러 정부와 협의하여 6만 명의 독일 유대인들을 약속의 땅으로 이주시켰다. 이들을 포함해 동유럽의 많은 유대인이 약속의 땅으로 귀환하는데 이를 통상 '5차 알리야 물결'[17]이라고 한다.

---

17. 9장 '네 번째 귀환(2) - 영국 점령 시대' 내용 참조.

게토, 절멸 수용소 그리고 대량 학살

1939년 9월 독일의 폴란드 침공으로 제2차 세계 대전이 발발한다. 이후 독일은 독일 및 유럽 내 점령지인 프랑스, 네덜란드, 벨기에, 리비아 등지에 약 2만 곳의 유대인 수용소를 설치해 유대인들을 잡아들였다. 또 가장 먼저 점령한 폴란드에는 곳곳에 유대인 집단 거주지인 '게토(Ghetto)'를 설치해 유대인을 대규모로 가두게 된다. 바르샤바 게토에만 38만 명이 수용되었고 우치 게토에는 16만 명이 수용되었다. 좁고 열악한 환경의 게토에서 수만 명의 사람이 기아와 질병으로 죽어갔다. 처음 게토에 수용된 유대인들은 나중에라도 유럽의 다른 지역으로 보내질 것으로 생각했지만 그런 일은 일어나지 않았다. 그들은 게토에서 기아나 질병으로 죽어갔고, 다른 곳으로 보낸다는 말을 듣고 열차를 탔던 사람들은 죽음의 수용소로 이관되었다. 수용소로 가는 도중에 많은 사람이 열차 안에서 죽었고 수용소에 도착한 사람들도 강제 노동에 시달리다 죽어갔으며, 생체 실험의 대상이 되기도 하고 가스실에서 죽어가기도 했다. 나치의 친위대는 1941년 말부터 본격적인 학살을 위해 독가스를 사용하기 시작했다.

나치의 지도부는 베를린 근교의 '반제(Wannsee)'에 모여 유대인 멸절을 위한 '최종 해결(Last Solution)'계획을 수립하고, 라인하르트 하이드리히와 아돌프 아히히만이 지휘를 맡기로 한다. 이 계획에 따라 1942년에 폴란드에 있는 아우슈비츠를 비롯한 총 6곳의 수용소를 대규모 '절멸 수용소(Extermination Camp)'로 지정하고 유대인 학살계획을 실행에 옮겼다. 폴란드 내의 유대인뿐만 아니라 프랑스나 네덜란드 등 독일 점령지 내의 유대인 수용소로부터 많은 유대인이 철도를 통해 이들 절멸 수용소로 이송되어왔다.

절멸 수용소 중에서 가장 규모가 컸던 아우슈비츠 수용소에서는 약 110만 명이 학살당했고 트레블링카 수용소에서는 80만 명, 베우체트 수용소에서는 60

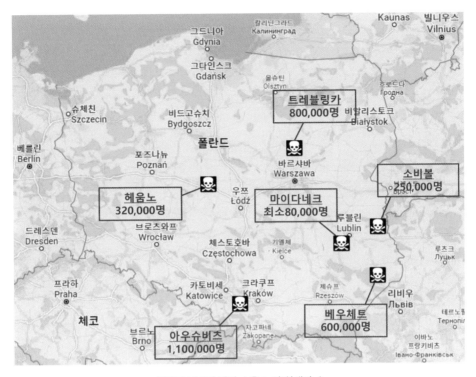

폴란드 내 6대 절멸 수용소 및 희생자 수

만 명, 헤움노 수용소에서는 32만 명, 소비볼 수용소에서는 25만 명 그리고 마이다네크 수용소에서는 최소 8만 명의 유대인들이 희생당했다.

인류 역사상 가장 끔찍하고 광적인 나치 독일의 대량 학살은 1945년 4월 30일 히틀러가 스스로 목숨을 끊고 5월 8일 독일이 무조건 항복을 하면서 막을 내린다. 히틀러를 중심으로 한 독일 나치에 의해 저질러진 홀로코스트로 인해 유럽 내의 유대인 인구는 900만 명에서 300만 명으로 줄어들게 된다.

3부

네 번째 귀환과

이스라엘 회복

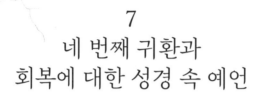

7
네 번째 귀환과
회복에 대한 성경 속 예언

1) 예수님 초림 때 성취되지 않은 이스라엘의 회복

예수님께서 공생애의 모든 사역을 마치시고 부활하신 지 40일째 되는 날, 예루살렘의 동편 감람산(올리브산)에서 하늘로 올라가시기 전에 제자들이 예수님께 다가와 이스라엘 나라를 회복할 때가 언제인가에 대해 질문했다.

> 그들이 모였을 때에 예수께 여쭈어 이르되 주께서 이스라엘 나라를 회복
> 하심이 이 때니이까 하니 (행 1:6)

이에 대해 예수님께서는 명확한 대답을 하시지 않고 때와 시기는 너희가 알 바

가 아니라고 잘라 말씀하신다. 그리고 성령이 임하시면 일어날 일에 대해 예언의 말씀을 하시고 하늘로 올라가셨다.

> 이르시되 때와 시기는 아버지께서 자기의 권한에 두셨으니 너희가 알
> 바 아니요 오직 성령이 너희에게 임하시면 너희가 권능을 받고 예루살
> 렘과 온 유대와 사마리아와 땅 끝까지 이르러 내 증인이 되리라 하시니
> 라 (행 1:7~8)

이스라엘 회복의 때에 관한 질문이 제자들이 예수님께 한 마지막 질문이었다. 그렇다면 제자들은 왜 이런 질문을 하게 된 것일까? 그것은 바로 이스라엘 나라의 회복이야말로 그들이 3년 동안 예수님을 따라다녔던 이유와 목적이었기 때문이다.

베드로는 가이사랴 빌립보에서 "주는 그리스도(메시아)시요 살아계신 하나님의 아들이십니다"라고 고백했고 제자들 역시 예수님께서 메시아이심을 확신하고 예수님을 따라다녔다. 또 예수님께서 베푸시는 많은 이적(또는 표적)을 보고 예수님을 메시아라고 생각하는 사람들도 많았다. 그들은 메시아가 오시면 이스라엘 나라가 회복될 것으로 굳게 믿고 있었는데 이는 당시 그 땅에 사는 유대인들이 갖는 아주 보편적인 믿음이자 간절한 소망이었다.

그렇다면 왜 예수님 당시 유대인들은 메시아가 오시면 이스라엘 나라가 회복될 것이라는 믿음과 소망을 가지게 되었을까? 이는 성경(구약)의 여러 선지서에 여러 나라로 흩어진 이스라엘 민족을 모으시고 이스라엘 나라를 회복시키시겠다는 하나님의 약속이 분명하게 적혀 있기 때문이다. 이사야를 비롯한 선지자들 대부분을 통해 하나님께서 흩어진 백성들을 약속의 땅으로 불러 모으시겠다는

약속과 이스라엘 나라를 회복시키시겠다는 약속을 하셨기 때문이다.

제자들은 메시아가 오시면 세계 가운데 흩어진 이스라엘 온 족속을 다시 그 땅으로 돌아오게 하시고 로마 세력을 몰아내며 아브라함과 이삭과 야곱에게 약속하셨던 약속의 땅에 다윗의 때와 같이 강성한 이스라엘 나라를 회복시키실 것이라 굳게 믿었다. 그들은 예수님께서 돌아가셨다가 부활하셨으므로 이제 바로 그때가 되었다고 생각했다. 그런데 예수님께서는 전혀 엉뚱하게 이스라엘 나라의 회복의 때는 너희들이 알 바가 아니라고 하시고, 성령이 임하시면 너희들이 땅끝까지 이르러 예수님의 증인이 될 것이라는 예언의 말씀을 남기시고는 구름에 가리어 하늘로 올라가셨다.

예수님께서 승천하시고 나서 40년이 지난 A.D.70년 로마의 군대에 의해 성전은 파괴되고 예루살렘은 멸망한다. 이스라엘이 회복될 것이라는 제자들의 기대와는 전혀 다른 상황이 전개된 것이다. 메시아 왕국이 세워져야 할 약속의 땅은 황폐해지고 유대인들은 세계 속으로 디아스포라가 되어 뿔뿔이 흩어진다. 왜 이런 일이 벌어진 것인가? 흩어진 이스라엘 백성들의 귀환과 이스라엘 나라의 회복에 대한 하나님의 약속은 어떻게 된 것일까? 하나님께서는 그냥 공수표를 남발하신 것인가? 약속은 취소된 것인가, 아니면 변경된 것인가?

이번 장에서는 먼저 이스라엘의 귀환과 회복에 대한 예언이 기록되어있는 선지서들의 내용을 살펴보려고 한다. 왜 예수님 당시에 제자들이 고대했던 이스라엘 나라의 회복이 이루어지지 않았는지도 살펴보고자 한다. 이 장에서는 예언의 내용 중 일부만을 발췌했으며 이스라엘 백성들의 귀환과 이스라엘 나라의 회복에 대한 선지서 내용의 본문에 대해서는 별도로 책의 뒷부분에 '부록 2'에 정리해 놓았다.

2) 호세아와 아모스를 통한 예언

호세아는 분열 왕국 시절 북이스라엘에서 활동한 선지자다. 그는 북이스라엘 왕 여로보암 2세 때 하나님의 말씀을 선포했는데 같은 시대에 활동한 선지자가 아모스와 요나이다. 하나님께서는 호세아에게 음탕한 여인 고멜과 결혼하라고 하시면서 하나님을 떠나 이방신들을 숭배하는 북이스라엘에게 심판이 있을 것을 경고하게 하신다. 북이스라엘은 하나님께 돌아오지 않았으며 경고의 말씀대로 북이스라엘은 앗수르에 의해 B.C.722년 멸망한다.

나라는 멸망했고 북이스라엘에 속했던 10지파 중 많은 사람이 메소포타미아 지역으로 포로가 되어 끌려가 흩어지게 된다. 바벨론으로 끌려갔다 돌아온 남유다 사람들과 달리 북이스라엘의 10지파 사람들이 다시금 약속의 땅으로 돌아왔다는 기록은 없다. 그런데 하나님께서는 호세아를 통해 북이스라엘을 회복시키시고 그 백성들을 약속의 땅으로 데리고 오시겠다는 약속을 하신다.

아래의 말씀은 분열되었던 남유다의 자손과 북이스라엘의 자손이 한 나라가 되어 한 왕이 다스릴 것이라는 예언의 말씀이다. 아래의 말씀에서 이스라엘은 바로 북이스라엘을 의미하는 것이다.

> 이에 유다 자손과 이스라엘 자손이 함께 모여 한 우두머리를 세우고 그
> 땅에서부터 올라오리니 이스르엘의 날이 클 것임이로다 (호 1:11)

또한 하나님께서는 다시는 북이스라엘을 멸하지 않으시겠다고 하시며 흩어졌던 북이스라엘의 자손들이 서쪽으로부터, 애굽으로부터, 앗수르로부터 떨며 올 것이고, 그들을 그들의 집에 머물게 하시겠다고 하신다. 아래의 말씀에서 '에

브라임'은 북이스라엘의 대표 지파인 에브라임 지파를 말하는 것으로 통상 북이스라엘을 대신해 '에브라임'이라고 표현한다.

> 내가 나의 맹렬한 진노를 나타내지 아니하며 내가 다시는 에브라임을 멸하지 아니하리니 이는 내가 하나님이요 사람이 아님이라 네 가운데 있는 거룩한 이니 진노함으로 네게 임하지 아니하리라 그들은 사자처럼 소리를 내시는 여호와를 따를 것이라 여호와께서 소리를 내시면 자손들이 서쪽에서부터 떨며 오되 그들은 애굽에서부터 새 같이, 앗수르에서부터 비둘기 같이 떨며 오리니 내가 그들을 그들의 집에 머물게 하리라 나 여호와의 말이니라 (호 11:9~11)

아모스는 원래 남유다 베들레헴 근처의 드고아에서 양을 치는 목자였으나 하나님께서 그를 선지자로 세우셔서 호세아와 마찬가지로 여로보암 2세 때에 북이스라엘에서 하나님의 말씀을 선포하게 하신다. 그 역시 북이스라엘에 우상 숭배와 불순종을 멈추고 하나님께 돌아오라고 경고하며 돌이키지 않으면 재앙과 심판이 임할 것이라 선포한다. 그러면서도 동시에 북이스라엘의 멸망과 함께 회복에 대한 메시지도 전한다. 사로잡힌 것을 돌이켜서 황폐한 성읍을 건축하게 하고 다시는 그들을 뽑지 않으시겠다는 하나님의 약속을 선포한다. 아래 말씀의 이스라엘 역시 북이스라엘을 의미한다.

> 내가 내 백성 이스라엘이 사로잡힌 것을 돌이키리니 그들이 황폐한 성읍을 건축하여 거주하며 포도원들을 가꾸고 그 포도주를 마시며 과원들을 만들고 그 열매를 먹으리라 내가 그들을 그들의 땅에 심으리니 그들

이 내가 준 땅에서 다시 뽑히지 아니하리라 네 하나님 여호와의 말씀이

니라 (암 9:14~15)

북이스라엘이 앗수르에 의해 B.C.722년에 멸망하기 이전에 하나님께서는 흩어진 10지파의 귀환과 북이스라엘(에브라임)의 회복을 약속하셨지만 아주 오랜 기간 그 약속은 성취되지 않았다.

3) 이사야를 통한 예언

이사야는 북이스라엘 멸망 전후에 남유다의 왕궁과 예루살렘에서 활동한 선지자다. 특별히 메시아에 대한 많은 예언이 이사야서에 기록되어 있다. 그도 다른 선지자들과 마찬가지로 하나님을 떠난 남유다와 열방에 대한 심판을 선포했지만 아울러 흩어진 이스라엘 백성들의 귀환과 통일된 이스라엘의 회복에 대한 하나님의 예언과 약속도 선포했다. 그는 이새의 뿌리에서 한 싹 즉, 메시아가 날 것이며 이방인들이 그에게 돌아올 것과 여호와께서 흩어진 이스라엘 백성들을 모으실 것을 선포한다. 아래 말씀에서 '이새'는 다윗의 아버지 이름이며 다윗의 혈통을 의미하고, '에브라임'과 '이스라엘'은 '북이스라엘'을 의미한다.

그 날에 이새의 뿌리에서 한 싹이 나서 만민의 기치로 설 것이요 열방이

그에게로 돌아오리니 그가 거한 곳이 영화로우리라 그 날에 주께서 다시

그의 손을 펴사 그의 남은 백성을 앗수르와 애굽과 바드로스와 구스와 엘

람과 시날과 하맛과 바다 섬들에서 돌아오게 하실 것이라 여호와께서 열

방을 향하여 기치를 세우시고 이스라엘의 쫓긴 자들을 모으시며 땅 사방

에서 유다의 흩어진 자들을 모으시리니 에브라임의 질투는 없어지고 유

다를 괴롭게 하던 자들은 끊어지며 에브라임은 유다를 질투하지 아니하

며 유다는 에브라임을 괴롭게 하지 아니 할 것이요 (사 11:10~13)

아래의 말씀은 세계 가운데 흩어진 이스라엘의 온 족속을 모으시겠다는 하나님의 약속이다. '야곱'과 '이스라엘'은 동의어로 남유다와 북이스라엘에 속했던 이스라엘의 12지파 전체를 의미한다.

야곱아 너를 창조하신 여호와께서 지금 말씀하시느니라 이스라엘아 너

를 지으신 이가 말씀하시느니라 너는 두려워하지 말라 내가 너를 구속하

였고 내가 너를 지명하여 불렀나니 너는 내 것이라 (중략) 두려워하지 말

라 내가 너와 함께 하여 네 자손을 동쪽에서부터 오게 하며 서쪽에서부

터 너를 모을 것이며 내가 북쪽에게 이르기를 내놓으라 남쪽에게 이르기

를 가두어 두지 말라 내 아들들을 먼 곳에서 이끌며 내 딸들을 땅 끝에서

오게 하며 내 이름으로 불려지는 모든 자 곧 내가 내 영광을 위하여 창조

한 자를 오게 하라 그를 내가 지었고 그를 내가 만들었느니라 (사 43:1~7)

이 외에도 이사야서에는 흩어진 이스라엘 백성들의 귀환과 이스라엘 나라의 회복에 대한 많은 약속의 말씀들이 기록되어 있다.

4) 예레미야를 통한 예언

예레미야는 남유다 말기, 남유다가 바벨론에 의해 멸망하기까지 약 40년 동

안 남유다에서 활동한 선지자다. 그는 우상 숭배와 불순종에 물든 왕과 고관들 그리고 백성들을 향해 하나님의 심판에 대한 말씀을 선포해 많은 고난을 겪어야만 했다. 그가 남유다의 멸망을 선포할 때 고관들과 거짓 선지자들은 예루살렘의 평안을 외치고 있었기 때문이다. 하나님께서는 예레미야를 통해 심판과 멸망을 선포하게 하심과 동시에 구원의 메시지도 전하게 하신다. 바벨론 포로 생활이 70년 만에 끝나고 포로가 돌아오리라는 예언과 동시에 이스라엘 전체가 회복될 것과 흩어진 이스라엘 온 족속이 돌아올 것에 대한 약속도 선포하게 하신다. 바벨론 포로의 귀환은 성경 속에서 역사적으로 성취된 바 있는데 이를 기록한 책이 에스라서와 느헤미야서이며, 앞의 4장에서 다룬 바 있다.

예레미야서에 기록된 회복에 대한 예언을 살펴보면 단순히 남유다의 회복만을 이야기하지 않는다. 회복에 대한 예언에는 메소포타미아 지역으로 흩어진 10지파의 귀환은 물론 예레미야가 활동을 시작하기 약 100년 전에 앗수르에 의해 멸망한 북이스라엘의 회복을 포함하고 있다. 남유다와 북이스라엘이 하나가 되어 약속의 땅에서 함께 살 것이라고 한다. 아래 내용의 '이스라엘'은 '북이스라엘'을 의미한다.

> 그 때에 유다 족속이 이스라엘 족속과 동행하여 북에서부터 나와서 내가 너희 조상들에게 기업으로 준 땅에 그들이 함께 이르리라 (렘 3:18)

> 그러나 보라 내가 이 성읍을 치료하며 고쳐 낫게 하고 평안과 진실이 풍성함을 그들에게 나타낼 것이며 내가 유다의 포로와 이스라엘의 포로를 돌아오게 하여 그들을 처음과 같이 세울 것이며 내가 그들을 내게 범한 그 모든 죄악에서 정하게 하며 그들이 내게 범하며 행한 모든 죄악을 사

할 것이라 (렘 33:6~8)

내 종 야곱아 두려워하지 말라 이스라엘아 놀라지 말라 보라 내가 너를
먼 곳에서 구원하며 네 자손을 포로된 땅에서 구원하리니 야곱이 돌아와
서 평안하며 걱정 없이 살게 될 것이라 그를 두렵게 할 자 없으리라
(렘 46:27)

또한 예레미야서에는 아주 특별한 예언의 말씀이 기록되어 있다. 이스라엘 백
성들에게 있어서 출애굽은 아주 특별한 사건이었기에 그들이 무엇인가 맹세할
때는 '애굽 땅에서 인도하여 내신 여호와의 사심'으로 맹세했다. 그러나 언젠가
는 맹세할 때 '출애굽을 행하신 하나님'이 아니라 '이스라엘 집 자손을 북쪽 땅,
그 모든 쫓겨났던 나라에서 인도하여 내신 여호와의 이름'으로 맹세하게 될 것
이라고 예언한다. 그것도 두 번씩이나 같은 예언의 말씀을 예레미야에게 선포하
게 하신다. 똑같은 약속을 두 번씩 하신 이유는 그 일을 반드시 이루시겠다는 것
을 의미한다.

여호와의 말씀이니라 그러나 보라 날이 이르리니 다시는 이스라엘 자손
을 애굽 땅에서 인도하여 내신 여호와께서 살아 계심을 두고 맹세하지 아
니하고 이스라엘 자손을 북방 땅과 그 쫓겨 났던 모든 나라에서 인도하여
내신 여호와께서 살아 계심을 두고 맹세하리라 내가 그들을 그들의 조상
들에게 준 그들의 땅으로 인도하여 들이리라 (렘 16:14~15)

그러므로 여호와의 말씀이니라 보라 날이 이르리니 그들이 다시는 이스

라엘 자손을 애굽 땅에서 인도하여 내신 여호와의 사심으로 맹세하지 아

니하고 이스라엘 집 자손을 북쪽 땅, 그 모든 쫓겨났던 나라에서 인도하

여 내신 여호와의 사심으로 맹세할 것이며 그들이 자기 땅에 살리라 하

시니라 (렘 23:7~8)

B.C.1446년부터 40년 동안 진행되었던 출애굽 사건은 애굽 한 나라로부터 백성들을 구원해 낸 사건이며 이때 모세를 따라 애굽을 나온 백성들의 수는 200만 명 이상이었다. 하지만 하나님께서 새롭게 하시려는 일은 전 세계로 흩어진 모든 이스라엘의 자손들을 모으셔서 아브라함과 이삭과 야곱에게 약속하신 땅으로 데리고 들어가시는 일이다. 이 일은 지리적으로도 광대한 영역에 이르고 그 인원도 1,500만 명 이상이 되므로 규모 면에서도 출애굽보다 훨씬 더 크며 그 기간도 이미 140년을 넘어서고 있다.

5) 에스겔을 통한 예언

에스겔은 남유다에 살다가 B.C.597년에 여호야긴 왕이 바벨론으로 끌려갈 때 포로가 되어 함께 바벨론으로 끌려갔다. 바벨론 2차 포로 때의 일이다. 그의 나이 30세가 되던 B.C.593년, 노예로 끌려온 지 5년째 되던 해에 하나님께서 그에게 나타나신다. 원래 에스겔은 제사장 가문 출신이므로 30세가 될 때부터 제사장의 임무를 수행해야 했는데 하나님은 그를 선지자로 세우신 것이다. 바벨론 군대가 성전을 파괴하고 예루살렘을 멸망시키기 약 7년 전부터 에스겔은 바벨론 땅에서 선지자의 사명을 감당한다.

예루살렘이 멸망하는 B.C.586년까지 하나님께서는 에스겔을 통해 유다 백

성들의 죄악을 책망하신다. 예루살렘에서는 예레미야가 활동했고 바벨론에서는 에스겔이 활동했다. 어떤 때에는 에스겔을 하나님의 영으로 예루살렘 성전에까지 데리고 가서서 유다의 고관들이 성전에서까지 얼마나 우상 숭배에 빠져 있는지도 보여주신다. 하나님께서는 예루살렘이 반드시 멸망할 것이라고 선포하게 하신다.

하나님께서는 예루살렘의 멸망을 선포하게 하시면서 동시에 전 세계에 흩어진 이스라엘의 모든 백성을 약속의 땅으로 모으시겠다는 회복의 말씀도 주신다. 이미 오래전에 앗수르에 의해 멸망한 북이스라엘과 바벨론에 의해 멸망한 남유다가 하나가 되는 회복의 약속도 주신다. 아래 말씀에 언급된 '이스라엘 족속'은 남유다와 북이스라엘이 하나로 합쳐진 이스라엘 12지파를 의미한다.

> 주 여호와께서 이같이 말씀하셨느니라 내가 여러 민족 가운데에 흩어져
> 있는 이스라엘 족속을 모으고 그들로 말미암아 여러 나라의 눈 앞에서
> 내 거룩함을 나타낼 때에 그들이 고국 땅 곧 내 종 야곱에게 준 땅에 거
> 주할지라 (겔 28:25)

> 내가 또 사람을 너희 위에 많게 하리니 이들은 이스라엘 온 족속이라 그
> 들을 성읍들에 거주하게 하며 빈 땅에 건축하게 하리라 (겔 36:10)

특별히 에스겔서 37장에는 유명한 '마른 뼈 환상'이 기록되어 있다. 하나님께서 에스겔을 마른 뼈가 가득한 골짜기로 데리고 가서서 뼈를 향해 하나님의 말씀을 대언하라고 하신다. 에스겔이 하나님의 말씀을 대언하자 마른 뼈가 뼈끼리 연결되고 그 위에 힘줄이 생기고 살이 붙고 가죽이 덮인다. 이어서 생기를 향

해 대언하니 사방에서 생기가 그들에게 들어가 큰 군대를 이루게 된다. 골짜기에 가득한 마른 뼈들이 서로 모여 살아있는 큰 군대로 변하는 모습을 본 에스겔에게 하나님께서는 이 환상에 관해 설명해 주시면서, 흩어진 이스라엘 백성들의 귀환과 통일된 이스라엘 나라의 회복에 대한 약속의 말씀을 주신다.

마른 뼈는 곧 이스라엘 온 족속이라 하신다. 전 세계의 무덤 속과 같은 곳에서 살아가던 이스라엘 백성들을 하나님께서 불러내어 그들의 고국 땅 즉, 아브라함과 이삭과 야곱에게 약속하셨던 이스라엘 땅으로 들어가게 하시고 그들 속에 하나님의 영을 두시겠다고 하신다.

> 또 내게 이르시되 인자야 이 뼈들은 이스라엘 온 족속이라 그들이 이르기를 우리의 뼈들이 말랐고 우리의 소망이 없어졌으니 우리는 다 멸절되었다 하느니라 그러므로 너는 대언하여 그들에게 이르기를 주 여호와께서 이같이 말씀하시기를 내 백성들아 내가 너희 무덤을 열고 너희로 거기에서 나오게 하고 이스라엘 땅으로 들어가게 하리라 내 백성들아 내가 너희 무덤을 열고 너희로 거기에서 나오게 한즉 너희는 내가 여호와인 줄을 알리라 내가 또 내 영을 너희 속에 두어 너희가 살아나게 하고 내가 또 너희를 너희 고국 땅에 두리니 나 여호와가 이 일을 말하고 이룬 줄을 너희가 알리라 여호와의 말씀이니라 (겔 37:11~14)

이어서 하나님께서는 에스겔에게 두 개의 막대기를 준비하고 그 하나에는 '유다와 그 짝 이스라엘 자손'이라고 쓰라고 하시고, 다른 하나인 에브라임 막대기에는 '요셉과 그 짝 이스라엘 온 족속'이라고 쓰고 둘을 하나로 합하라고 하신다. 이는 B.C.930년에 남과 북 두 나라로 나뉘었던 남유다와 북이스라엘을 다시금

한 나라로 합치시겠다는 예언의 말씀이다. 그리고 이 나라를 한 임금 즉, 다윗이 다스리게 하시겠다고 하신다. 이 다윗은 다윗의 후손으로 오는 메시아를 의미한다.

> 너는 곧 이르기를 주 여호와께서 이같이 말씀하시기를 내가 에브라임의 손에 있는 바 요셉과 그 짝 이스라엘 지파들의 막대기를 가져다가 유다의 막대기에 붙여서 한 막대기가 되게 한즉 내 손에서 하나가 되리라하셨다 하고 너는 그 글 쓴 막대기들을 무리의 눈 앞에서 손에 잡고 그들에게 이르기를 주 여호와께서 이같이 말씀하시기를 내가 이스라엘 자손을 잡혀 간 여러 나라에서 인도하며 그 사방에서 모아서 그 고국 땅으로 돌아가게 하고 그 땅 이스라엘 모든 산에서 그들이 한 나라를 이루어서 한 임금이 모두 다스리게 하리니 그들이 다시는 두 민족이 되지 아니하며 두 나라로 나누이지 아니할지라 (중략) 내 종 다윗이 그들의 왕이 되리니 그들 모두에게 한 목자가 있을 것이라 그들이 내 규례를 준수하고 내 율례를 지켜 행하며 (겔 37:19~24)

하나님께서는 반복하여 이스라엘 온 족속을 흩어진 모든 나라에서 이끌어 아브라함과 이삭과 야곱에게 약속하신 이스라엘 땅으로 데리고 오시겠다는 약속의 말씀을 하신다. 심지어는 이방 땅에는 이스라엘 백성을 한 명도 남기지 않으시겠다는 말씀도 하신다.

> 전에는 내가 그들이 사로잡혀 여러 나라에 이르게 하였거니와 후에는 내가 그들을 모아 고국 땅으로 돌아오게 하고 그 한 사람도 이방에 남기지

아니하리니 그들이 내가 여호와 자기들의 하나님인 줄을 알리라

(겔 39:28)

특별히 에스겔서에는 "이 일을 이룬 이가 여호와인 줄을 알리라"와 같은 표현이 60회 이상 기록되어 있다. 흩어진 백성을 모아 약속의 땅으로 데리고 오는 일과 이스라엘 나라가 회복되는 일이 성취되면 이 일들은 우연히 된 것이 아니라 바로 여호와 하나님께서 하신 일임을 깨달아 알라고 하신 말씀이다.

6) 스가랴 등의 선지자들을 통한 예언

스가랴는 바벨론이 메대와 바사(페르시아)에 의해 B.C.539년에 멸망한 이후 고레스의 조서에 따라 유다 백성들이 무너진 성전 건축을 시작하다가 이방인들의 방해로 성전 건축이 중단된 지 16년이 지난 B.C.520년경부터 활동한 선지자다. 그는 선지자 학개와 함께 중단된 성전 건축을 독려하는 메시지를 선포하고, 이에 더해 흩어진 이스라엘 백성의 귀환과 이스라엘 나라의 회복에 대한 여러 예언의 말씀을 선포했다.

스가랴서에 기록된 귀환과 회복에 관한 말씀은 이미 유다가 바벨론으로부터 해방된 이후에 선포되었기에 남유다의 귀환과 회복이 아니라 이스라엘 전체의 귀환과 회복의 말씀으로 이해된다. 아래 말씀에서 '이스라엘 족속'과 '요셉 족속'은 '에브라임' 또는 '북이스라엘'을 의미한다.

유다 족속아, 이스라엘 족속아, 너희가 이방인 가운데에서 저주가 되었으나 이제는 내가 너희를 구원하여 너희가 복이 되게 하리니 두려워하

지 말지니라 손을 견고히 할지니라 (슥 8:13)

내가 유다 족속을 견고하게 하며 요셉 족속을 구원할지라 내가 그들을
긍휼히 여김으로 그들이 돌아오게 하리니 그들은 내가 내버린 일이 없
었음 같이 되리라 나는 그들의 하나님 여호와라 내가 그들에게 들으리
라 (슥 10:6)

위에 언급한 여러 선지서의 말씀 외에도 요엘서, 미가서, 오바댜서에서도 흩
어진 이스라엘 백성의 귀환과 이스라엘 나라의 귀환에 대한 예언의 말씀을 쉽게
발견할 수 있다.

7) 신약 속의 이스라엘 회복 예언

위의 여러 선지서에 기록된 흩어진 이스라엘 백성의 귀환과 이스라엘 나라의
회복에 대한 예언의 말씀을 보면 단순히 로마의 압제하에 있는 유대인의 회복만
을 의미하는 것이 아니라 B.C.722년에 멸망한 북이스라엘의 회복까지를 포함하
고 있음을 쉽게 알 수 있다. 통일왕국이었던 이스라엘이 솔로몬 사후 B.C.930년
에 남과 북으로 갈라지고 북이스라엘이 먼저 멸망했는데, 북이스라엘 멸망 후
남유다에서 활동한 선지자들 역시 북이스라엘까지를 포함한 이스라엘 나라 전
체의 회복을 선포하는 모습을 볼 수 있다.

궁극적으로는 북이스라엘과 남유다의 멸망으로 세계 여러 나라로 디아스포
라 된 이스라엘 온 족속이 하나님께서 아브라함과 이삭과 야곱에게 약속하신 땅
으로 돌아오고, 갈라진 두 나라가 하나가 되어 새롭고 강력한 통일왕국을 이루

며, 그 나라를 다윗의 후손으로 오실 메시아가 다스리시는 것이 선지서에 기록된 흩어진 이스라엘 백성의 귀환과 이스라엘 나라의 회복에 대한 예언의 말씀이다.

그래서 예수님 당시 제자들을 비롯한 많은 사람이 이 귀환과 회복을 이루어 주실 메시아를 대망했다. 그런데 왜 예수님께서는 제자들이 "주께서 이스라엘 나라를 회복하심이 이때입니까?"라고 여쭈었을 때, 제자들의 기대와는 달리 "때와 시기는 너희가 알 바가 아니다."라고 하시고 하늘로 올라가셨던 것일까? 그 이유는 과연 무엇일까?

예수님께서는 제자들에게 때와 시기는 아버지께서 자기 권한에 두셨다고 말씀하신다. 다시 말해 아직 그때가 되지 않았다는 의미이다. 그렇다면 언제가 되어야 그때가 이르는 것일까? 예수님께서는 예루살렘의 멸망과 디아스포라가 있을 것을 예언으로 말씀하시면서, 예루살렘은 '이방인의 때'가 차기까지 이방인에게 밟힐 것이라는 예언의 말씀을 하신다.

> 그들이 칼날에 죽임을 당하며 모든 이방에 사로잡혀 가겠고 예루살렘은
> 이방인의 때가 차기까지 이방인들에게 밟히리라 (눅 21:24)

그렇다면 예루살렘이 이방인에게 밟히는 이 이방인의 때는 언제까지인가? 예수님 당시에도 예루살렘은 이방인인 로마에 의해 밟히고 있었으며, 그 이후에는 동로마(비잔틴) 제국에 의해 밟히고, 이어서 이슬람의 압바스 왕조, 셀주크 튀르크, 십자군, 아이유브 왕조, 맘루크 왕조, 오스만 튀르크 및 영국에 의해 밟히게 된다. 이스라엘이 건국된 1948년 이후에도 동예루살렘은 요르단의 지배 하에 있었고, 1967년에 있었던 3자 중동전쟁(6일 전쟁) 시에 이스라엘은 동

예루살렘을 회복하였지만, 지금까지 예루살렘에서 가장 중요한 성전산은 아직 요르단의 관리 하에 있다. 이 성전산이 온전히 이스라엘 품으로 돌아올 때, 그 때가 바로 이방인의 때가 차는 때가 아닌가 한다.

또한 사도 바울은 로마서에서 '이방인의 충만한 수가 들어오기까지' 이스라엘이 더러는 우둔해졌다고 설명한다. 이는 이스라엘이 우둔해져서 메시아로 오신 예수님을 바로 알아보지 못했다는 의미이며 결국 메시아에 의한 이스라엘 나라의 회복 때까지는 이방인의 충만한 수가 하나님 나라로 들어와야 한다는 의미이기도 하다.

> 형제들아 너희가 스스로 지혜 있다 하면서 이 신비를 너희가 모르기를 내가 원하지 아니하노니 이 신비는 이방인의 충만한 수가 들어오기까지 이스라엘의 더러는 우둔하게 된 것이라 (롬 11:25)

이방인의 충만한 수가 들어오기 위해서는 복음이 이방인들을 향해 땅끝까지 이르러 전파되어야 한다는 전제가 필요하다. 예수님께서는 하나님 나라의 복음이 온 세상에 전파되어 모든 민족에게 증언되어야 세상의 끝이 온다고도 말씀하신다.

> 이 천국 복음이 모든 민족에게 증언되기 위하여 온 세상에 전파되리니 그제야 끝이 오리라 (마 24:14)

결국 이스라엘 온 족속의 귀환과 이스라엘 나라의 회복은 이방인의 때 및 이방인의 충만한 수가 차는 때와 관계가 있다고 볼 수 있다. 또한 이는 모든 민족에게로의 복음 전파와 연관되어 있으며 세상의 끝 날과도 관계가 있다. 제자들이 믿고 유대인들이 고대했던 이스라엘 나라의 회복이 성취되기 이전에 이방인들을 향해 복음이 전파되고 이방인의 충만한 수가 채워져야 했다. 그렇게 해야 하나님께서 '아브람'의 이름을 '아브라함'으로 바꾸어 주신 목적이 성취되기 때문이다. '아브라함'은 '열국의 아버지'라는 의미이기 때문이다.

> 이제 후로는 네 이름을 아브람이라 하지 아니하고 아브라함이라 하리니
> 이는 내가 너를 여러 민족의 아버지가 되게 함이니라 (창 17:5)

하나님께서는 아브라함에게 모리아 산 위에서 아브라함의 자손을 통해 천하 만민이 복을 받을 것이라는 언약의 말씀을 하셨고 이후에 이삭과 야곱에게도 똑같이 말씀하셨다. 여기서 말씀하시는 '아브라함의 자손(또는 씨)'은 오실 메시아를 의미하고 있음을 쉽게 알 수 있다.

> 또 네 씨로 말미암아 천하 만민이 복을 받으리니 이는 네가 나의 말을 준
> 행하였음이니라 하셨다 하니라 (창 22:18)

아브라함과 이삭과 야곱과의 언약 내용에 나타나는 메시아는 단순히 이스라엘만을 위한 왕이 아니라 천하 만민을 위해 이 땅에 오시는 메시아다. 다니엘은 환상 중에 '인자 같은 이'로 묘사되는 세상 모든 사람의 왕으로 영원한 권세를 가지신 메시아의 모습을 보았다.

> 내가 또 밤 환상 중에 보니 인자 같은 이가 하늘 구름을 타고 와서 옛적부

터 항상 계신 이에게 나아가 그 앞으로 인도되매 그에게 권세와 영광과 나라를 주고 모든 백성과 나라들과 다른 언어를 말하는 모든 자들이 그를 섬기게 하였으니 그의 권세는 소멸되지 아니하는 영원한 권세요 그의 나라는 멸망하지 아니할 것이니라 (단 7:13~14)

이상에서 살펴보았듯이 이스라엘 나라의 회복의 때는 예루살렘이 이방인에게 밟히는 이방인의 때까지 또는 복음이 땅끝까지 전파되어 이방인의 충만한 수가 들어오기까지 기다려야 한다.

그런데 이제 그때가 다가오고 있음을 8장부터 11장에 걸쳐서 알아보고자 한다. 이 책에서는 성경에 기록된 세 번의 귀환에 이어서 1881년부터 지금까지, 또 지금도 진행되고 있고 앞으로도 진행될 귀환을 '네 번째 귀환'으로 명명했다. 이전의 세 번의 귀환(하란에서의 귀환, 출애굽, 바벨론 포로 귀환)은 성경 안에서 예언 또는 약속되었고 성경 안에서 성취되었다. 하지만 이 네 번째 귀환(전 세계로부터의 귀환)은 성경 안에서 예언되고 약속되었으나 성경 안에서는 성취되지 않은 채 미완으로 남아 있었다. 이제부터 역사 속에서 성취되어가는 네 번째 귀환과 이와 맞물려 진행되는 이스라엘 나라의 회복 과정을 살펴보기로 한다.

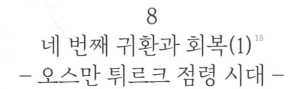

8
네 번째 귀환과 회복(1)[18]
– 오스만 튀르크 점령 시대 –

1) 네 번째 귀환 이전 시대

A.D.70년 로마 군대에 의해 예루살렘이 멸망하고 성전이 파괴된 이후 유대인들은 1900년 동안 전 세계를 방랑하는 디아스포라의 삶을 산다. 시간이 흐르면서 어떤 사람들은 남쪽으로 이동해 이집트, 리비아, 튀니지, 알제리 등 북아프리카를 거쳐 이베리아반도까지 흘러 들어가 먼저 그곳에 와있던 유대인들과 합해져 스파라딤 유대인들이 되고, 또 어떤 사람들은 북쪽으로 이동해 시리아 땅

---

18. 본 장의 내용은 대부분 '이스라엘 유대인 기구(The Jewish Agency for Israel, 이스라엘 쥬이시 에이전시)'의 웹사이트 내용 중 일부를 발췌하여 정리하였으며, 폴 존슨 저『유대인의 역사』및 위키피디아(또는 위키백과) 내용 등을 참고하여 정리하였음. 이스라엘 유대인 기구(The Jewish Agency for Israel)는 1929년에 설립되었으며, 지금까지 전 세계에 흩어져 있는 유대인들의 이스라엘 귀환(알리야)를 추진해 오고 있음.

을 지나 서쪽의 터키, 그리스, 로마, 발칸반도 등을 지나 중부 유럽 등으로 흘러 들어가 아슈케나짐 유대인들이 된다. 또 일부는 동쪽 바벨론과 페르시아 지역으로 이동한다.

그러는 사이에 예루살렘은 로마의 도시가 되었다가 기독교를 공인한 콘스탄티누스 황제가 A.D.330년 로마의 수도를 원래 그리스의 식민 도시였던 비잔티움(후에 콘스탄티노플로 명명, 지금의 이스탄불)으로 옮기면서부터는 비잔틴 제국의 통제하에 있게 된다. 이 시기에 예루살렘을 비롯한 갈릴리의 예수님의 사역지들은 성지가 되고 많은 교회가 들어선다.

하지만 A.D.610년경 아라비아의 메카와 메디나에서 마호메트에 의해 이슬람이 창시되고 이슬람 세력은 급속히 팽창하여 비잔틴 제국의 여러 지역을 병합하는데 A.D.638년에 예루살렘마저 이슬람 세력에게 병합되기에 이른다. 이때부터 약 100년 동안 십자군에 의해 점령된 시기를 제외하면, 영국군이 예루살렘에 입성할 때까지 거의 1300년의 세월 동안 예루살렘은 이슬람의 지배를 받는다.

이슬람의 지배를 받는 동안 유대인들이 예루살렘에 살지 않았던 것은 아니다. 대다수 유대인이 디아스포라로 흩어졌지만 A.D.1098년 십자군이 예루살렘을 점령했을 당시 십자군들이 예루살렘에 남아 있던 유대인들과 무슬림들 수만 명을 무참히 학살했다는 것을 보면, 무슬림들이 예루살렘을 점령하고 있을 때도 소수의 유대인은 예루살렘에 살고 있었다. 십자군 전쟁 이후에는 아주 극소수의 유대인만이 그 땅에 남아 있었던 것으로 여겨진다.

지금의 터키 중부 지방에서 발흥하기 시작한 오스만 튀르크는 지금의 터키(튀르키예) 지역은 물론 과거 동로마(비잔틴) 제국이 차지했던 영토를 지속적으로 침범해 세력을 넓혀 나갔다. 그리고 마침내 19세에 7대 술탄 자리에 오른 메메드

2세가 1453년에 천 년 이상 비잔틴 제국의 수도였으며 동방 교회의 수도였던 난 공불락의 성 콘스탄티노플을 점령하면서 제국의 위용을 드러낸다. 이때 점령당한 콘스탄티노플은 이스탄불로 이름이 바뀌어 오늘에 이른다.

오스만 튀르크의 술탄 셀림이 1517년 맘루크 투르크가 점령하고 있던 예루살렘을 점령하고 난 이후 팔레스타인 땅은 제1차 세계 대전이 막바지에 다다른 1918년 초까지 약 400년 동안 오스만 튀르크(오토만 제국)의 지배를 받았다. 오스만 튀르크 정부는 기본적으로 그 땅에 외국인의 거주를 허락하지 않았지만, 여러 유대인 지도자들 간에 팔레스타인 땅으로의 귀환과 정착에 대한 논의 및 이를 성취하고자 하는 다양한 노력이 있었으며 소규모의 유대인 귀환은 계속되고 있었다.

1차 유대인 귀환(알리야, Aliyah)의 물결이 일기 시작한 1881년 말에 오스만 튀르크의 점령하에 있던 팔레스타인 땅에는 약 7천 명의 유대인이 거주하고 있었다.

Tip. 알리야(Aliyah)

'올라간다'는 의미의 히브리어. 회당에서 성경을 읽기 위해 단상으로 올라간다는 의미로 쓰이기도 하며 이스라엘 백성들이 일 년에 세 번, 유월절과 오순절 그리고 초막절 절기에 예루살렘으로 올라간다는 의미로 사용되는 단어임. 현재는 '전 세계에 흩어진 이스라엘 백성(유대인)의 이스라엘 땅으로의 귀환'이라는 의미로 이스라엘 정부 등에서 공식 사용하고 있다.

Tip. 이스라엘 땅

히브리어로는 '에레츠 이스라엘(Erets Israel)'이라고 한다. 하나님께서 주시겠다고 아브라함과 이삭과 야곱에게 약속하신 땅이며, 창세기에는 '가나안 땅'으로 불렸고 예수님 시절에는 '유다', '사마리아', '갈릴리'로 나뉘었다. 선지서에는 '고국 땅'으로 표기되기도 한다. A.D.135년 2차 유대-로마 전쟁이 끝난 이후에는 '팔레스타인 땅'으로 불렸으며, 오늘날에도 그대로 사용된다. 이 책에서는 문장의 내용과 흐름을 반영하여 '팔레스타인 땅', '약속의 땅' 또는 '이스라엘 땅' 등으로 사용했다.

2) 1차 알리야 물결(1881~1903) ; 네 번째 귀환의 시작

* 러시아의 차르 알렉산드르 2세 암살이 계기
* 동유럽으로부터 약 3만 5천 명 귀환

바벨론 포로의 귀환(세 번째 귀환) 이후 이스라엘의 네 번째 귀환은 1881년 말 러시아 점령지에 살던 유대인들이 포그롬(대학살)을 피해 팔레스타인 땅으로 이주하면서부터 시작된다. 러시아가 폴란드-리투아니아 연합 왕국의 땅을 분할 점령하면서부터 자연스럽게 러시아가 점령한 통치 지역 내의 유대인 약 100만 명이 새로운 러시아의 국민이 되고, 이전에 거주하던 유대인을 포함해 제정 러시아 내의 유대인 수는 350만 명으로 불어난다.

앞의 6장에서도 언급했듯이 원래부터 유대인에 대한 강압적인 정책을 펴오고 있었던 제정 러시아는 유대인의 거주 제한을 위해 1812년부터는 소위 '말뚝(The Pale of Settlement)'이라는 법령을 선포해 유대인의 거주와 이전의 자유를 박탈했으며, 1827년 니콜라스 1세는 '징집에 관한 칙령'을 발동해 12세부터 25세까지의 유대인 남자들을 징집하고 유대인들에게 세례를 강요했다. 유대인 자녀들을 제정 러시아의 국립학교에 강제로 입학시키도록 했으며 유대인 출판소를 폐쇄했다.

제정 러시아 내에서 유대인에 대한 박해가 지속되던 상황에서 1881년 3월 12일 제정 러시아의 차르(황제) 알렉산드르 2세가 암살당하는 사건이 발생한다. 알렉산드르 2세는 국가의 왕정 체제를 굳건히 지키고자 했지만, 국민들 사이에서는 프랑스 혁명 등의 영향으로 왕정 타도의 분위기가 무르익던 시절이었다. 그런데 알렉산드르 2세의 암살에 유대인이 관여했다는 소문이 돌면서 곧이어 제정 러시아의 남부 지역(지금의 우크라이나 포함)에서 유대인에 대한 포그롬(대학살)이 진행되었고 모스크바에서는 유대인 추방령이 내려진다. 이때 약 35만 명의 유대인이 포그롬을 피해 제정 러시아의 점령지를 떠나 다른 나라로 이주한다. 많은 유대인이 오스트리아 및 프랑스 등지로 이주했는데, 이때 프랑스에서는 약 12만 명의 유대인을 수용했고 유대인의 미국 이주도 가속화된다.

제정 러시아의 포그롬을 피해 중서부 유럽이나 미국으로 이주한 경우 외에도 팔레스타인 땅으로 이주한 유대인들이 있었다. 1881년 말부터 1903년까지 약 3만 5천 명의 유대인이 루마니아나 우크라이나 등 제정 러시아의 점령 지역을 떠나 당시 오스만 튀르크의 영토였던 팔레스타인 땅으로 이주한다. 이것이 바로 이스라엘의 네 번째 귀환이 시작되는 '1차 알리야 물결'이다. 1881년 당시 팔레스타인 땅에는 약 7천 명의 유대인이 거주하고 있었는데, 1차 알리야 물결의 영향으로 팔레스타인 땅의 유대인은 4만 명 이상으로 급격히 불어난다. 유대인들의 팔레스타인 이주에 놀란 오스만 튀르크 정부는 유대인의 팔레스타인 이주를 금지했으며, 나중에는 토지 취득도 금지하게 된다.

1차 알리야 물결 기간에 많은 유대인이 팔레스타인 땅에 들어왔지만 그들에게는 땅도, 집도, 직업도 없었다. 그렇다고 해서 재정적으로 여유가 있었던 것도 아니었다. 당시 팔레스타인 땅 대부분은 황무지나 다름없었다. 이때 이들을 돕기 위해 등장한 인물이 파리에 거주하고 있던 에드먼드 로스차일드(Edmond

Rothchild) 남작이다. 그는 개인 재산으로 토지를 취득해 정착촌을 건설할 수 있는 기반을 조성했고 약속의 땅으로 돌아온 유대인들을 위해 다방면으로 후원하기도 했다. 그의 후원 덕분에 1차 알리야 물결을 타고 약속의 땅으로 귀환한 유대인들이 그 땅에서 살아남을 수 있었다.

엘리에제르 벤 예후다와 히브리어 복원

1차 알리야 물결이 시작되던 1881년 말, 당시 23세였던 동유럽 벨라루스 출신의 언어학자 엘리에제르 벤 예후다(Eliezer Ben Yehuda)가 그의 아내와 함께 팔레스타인 땅으로 알리야 한다. 언어학자인 그는 사장된 지 오래되어 아무도 사용하지 않던 히브리어를 새롭게 부활시킨 인물이다. 엘리에제르 벤 예후다의 아들은 어릴 때부터 히브리어만을 사용해야 했으며 그의 가족은 집 안에서 반드시 히브리어만을 사용했다.

약속의 땅으로 알리야한 그는 1884년에 최초의 시오니즘 히브리어 신문인 '하츠비'를 펴냈으며, 후에 16권에 이르는 히브리어 대사전 발간을 추진했다. 그러던 중에 그는 1922년 12월 결핵으로 사망하는데 그가 사망하기 한 달 전에 히브리어가 이스라엘의 공식 언어로 선포된다.

이후 1953년에는 이스라엘 정부 주관의 히브리어 아카데미에 의해 고대 및 현대 히브리어 대사전이 발간된다. 엘리에제르 벤 예후다의 각고의 노력이 밑바탕이 되어 히브리어가 2천 년 만에 부활한 것이다. 히브리어를 통해 세파라딤 유대인과 아슈케나짐 유대인 그리고 타지에서 귀환한 유대인들이 서로 소통할 수 있게 되었으며, 전 세계 각국에서 온 젊은이들이 군대 내에서 서로 히브리어로 소통하며 하나로 뭉칠 수가 있었다.

3) 테오도르 헤르츨과 시온주의 운동

1차 알리야 물결이 일어나는 동안, 프랑스에서는 프랑스 포병 장교인 유대인 드레퓌스(Dreyfus)가 독일 스파이라는 억울한 누명을 쓰고 재판에 회부 되어 옥살이하게 되는 소위 '드레퓌스 사건'이 발생했고, 이 사건이 계기가 되어 당시 언론인이었던 테오도르 헤르츨(Theodor Herzl)이 주도한 '시온주의 운동'이 시작된다. 시온주의 운동은 약속의 땅에 유대 국가를 세우고자 하는 운동을 말한다.

헤르츨은 1860년 오스트리아-헝가리 제국 부다페스트의 부유한 유대인 가정에서 태어났다. 그는 13세가 되어 가톨릭교회에서 세례를 받았고 기독교 학교에서 공부했다. 후에 빈으로 이사해 빈에서 법학을 공부한다. 헤르츨이 성장할 당시 1789년에 자유, 평등, 박애라는 기치를 내세우고 일어난 프랑스 혁명의 여파와 계몽주의 그리고 산업혁명의 영향으로 상당수의 유럽 국가들은 유대인에 대해 관대한 정책을 취하고 있었다. 영국, 프랑스, 오스트리아 및 독일 등의 중서부 유럽 국가에서는 유대인도 세례를 받으면 그 나라의 국민으로 살아갈 수 있었다.

헤르츨 역시 세례를 받고 오스트리아-헝가리의 국민으로서 살았으며, 유대인들 모두가 세례를 받고 기독교 사회에 동화되면 유대인을 박해하는 반유대주의 문제는 없어질 것으로 생각했다. 글쓰기를 좋아했던 그는 언론사에 근무하며 희곡 등을 쓰기도 했다. 그런데 그가 빈에 본사를 둔 신문사의 파리 특파원으로 발령받아 평화로운 시절을 보내고 있을 때, 그의 사고방식을 송두리째 바꿔놓는 소위 '드레퓌스 사건'이 프랑스에서 발생한다.

드레퓌스 사건

유대인 드레퓌스(Dreyfus)는 프랑스 포병 대위였다. 부유한 유대인 가정에서 태어난 그 역시 그 당시의 시대적 상황에 따라 세례를 받고 프랑스 국민으로 국가에 충성하는 장교로 살아가고 있었다. 그런데 그는 어느 날 프랑스의 군사 작전 기밀을 적국인 독일에 넘겼다는 반역죄로 기소되고 군사재판에 회부 된다. 그는 결백을 주장했지만 프랑스 주재 독일 대사관에서 발견된 독일군에게 보내는 편지와 그의 필체가 같다는 이유로 (실제로는 동일하지 않았음) 유죄 판결을 받고 무기 징역형을 선고받기에 이른다. 얼마 전에 사형 제도가 폐지된 프랑스에서의 무기 징역형은 법정 최고형이었다. 군에서의 모든 권리가 박탈당한 그는 남아메리카 프랑스령 기아나에 있는 '악마의 섬'에 감금되어 간수와 말조차 나눌 수도 없는 혹독한 감옥 생활을 해야만 했다.

그런데 드레퓌스가 수감 된 이후에도 프랑스 군대의 정보가 계속해서 독일군에게 흘러 들어가는 것을 알게 된 피가르 중령이 이를 조사하고 결국 스파이 활동을 한 진범인 에스테라지를 찾아내기에 이른다. 하지만 군부는 피가르 중령의 주장을 묵살한다. 갖은 방해에도 불구하고 그는 진범을 재판정에 세우기는 했지만 진범은 무죄로 풀려나고 오히려 그는 좌천되고 감옥에까지 갇힌다. 이런 과정 중에서 당시 프랑스 문호 에밀 졸라는 신문에 "나는 고발한다"라는 제목의 글을 싣는다. 반유대주의에 젖어 진실을 외면하고 드레퓌스에게 유죄를 선고한 프랑스 사회를 고발하는 글이었다. 하지만 당대 유럽 최고의 문호였던 에밀 졸라까지도 유대주의자로 몰리고 반유대주의자들의 공적이 되어 영국으로 1년간 망명을 가야 하는 처지에 몰린다. 그리고 그는 프랑스로 돌아온 지 얼마 지나지 않아 이산화탄소 중독으로 죽는다. 당시 프랑스의 반유대주의자들은 "유대인에게 죽음을"이라는 구호를 외치고 다녔다.

프랑스 사회는 드레퓌스 사건을 겪으면서 드레퓌스 편과 반드레퓌스 편으로 분열되어 10년 이상을 격렬하게 싸운다. 진실이 드러났음에도 불구하고 반드레퓌스 편에 섰던 사람들이 계속해서 드레퓌스의 유죄를 주장하며 드레퓌스 편에 섰던 사람들을 증오하기에 이르는데 이는 프랑스 국민의 마음속에 잠재하고 있었던 감정적인 반유대주의가 그 원인이라고 할 수 있다. 이런 과정을 거쳐 드레퓌스는 최종적으로 무죄로 판결받고 명예를 회복하였으며, 제1차 세계 대전 때에는 포병 장교로 참전해 프랑스를 위해 싸운다.

드레퓌스 군사재판이 시작될 무렵, 파리 특파원이었던 헤르츨은 1894년 12월 19일에 있었던 드레퓌스의 군사재판을 참관하면서 큰 충격을 받는다. 자기가 세례를 받고 오스트리아-헝가리 국민이 되어 살아가는 것처럼 드레퓌스 역시 세례를 받고 프랑스의 국민이 되어 프랑스에 충성하는 포병 장교가 되었던 것인데, 명백히 스파이 행위를 하지 않은 드레퓌스가 유대인이라는 이유로 반역죄를 뒤집어쓰고 유죄 판결을 받는 현실을 받아들이기 어려웠다. 유대인도 세례를 받으면 그 나라의 국민으로 일반인들처럼 살아갈 수 있을 것이라는 그동안의 생각이 대단히 큰 착각이었음을 깨닫게 된다. 제도적으로는 세례 받은 유대인을 국민으로 받아들였지만 많은 유럽 사람들의 마음속에는 여전히 유대인을 혐오하고 증오하는 반유대주의가 뼛속 깊이 자리하고 있음을 깨닫게 되면서 그는 엄청난 절망감에 사로잡힌다. 이 드레퓌스 사건이 계기가 되어 기독교인으로서 또 오스트리아-헝가리 국민으로서 평온하게 살아가고 있던 헤르츨은 유대인의 정체성에 대해 새롭게 눈을 뜨게 된다.

유대 국가와 시온주의 운동
드레퓌스 사건이 계기가 되어 유대인의 정체성에 대해 심각한 고민에 빠진 헤르츨은 유대인을 위한 조국의 필요성을 절실히 깨닫게 되고 '유대인 문제의 현대적 해결 시도'라는 부제를 달아 『유대 국가(Der Judenstaat)』라는 책을 집필하고 1896년 2월에 출간한다. 이 책에서 그는 1900년의 세월 동안 세계 각지에 흩어져 반유대주의로 박해받는 유대인의 문제를 해결할 방법은 각 거주 국가에 동화되는 방법이 아닌 별도의 유대인의 국가를 세우는 것이라고 강하게 주장한다. 그러면서 그는 어떻게 유대인의 국가를 세울 것인가에 대한 정치적인 청사진을 제시하고, 우선 국가 차원의 도덕적 권위를 갖는 '유대인 협회'와 이주 및 정착 단계의 재정 부문을 총괄할 '유대인 회사'를 설립할 것을 제안한다.

이후 그는 열정을 쏟아 시온주의 운동을 펼쳐나간다. 시온주의에 대한 그의 열정과 노력의 결실로 1897년 8월 29일에 제1차 시오니스트 대회가 스위스 바젤에서 개최된다. 단상 뒤편에는 다윗의 별과 아래와 위에 파란 줄이 그어진 장식이 있었는데 이 문양이 후에 이스라엘의 국기가 된다. 참석자들은 열광했고 이 대회는 약속의 땅에 유대인의 조국을 건설하고자 하는 시온주의 운동의 시발점이 되었다.

대회에는 유럽 12개국과 미국, 알제리 및 팔레스타인에서 온 204명의 유대인 대표가 참석했다. 며칠이 지나 헤르츨은 일기장에 이렇게 적었다고 한다. "나는 바젤에서 유대인 국가를 세웠다. (중략) 어쩌면 5년 후 아니면 50년 후에는 모든 사람이 확실히 알 것이다." 그 후 50년이 지난 1947년 11월 29일 유엔은 팔레스타인 땅에 유대 국가와 팔레스타인 국가를 세울 수 있다는 '분할안'을 승인했으며 이듬해인 1948년 5월 14일 이스라엘이 독립을 선포함으로써 유대 국가 '이스라엘'이 탄생한다.

이 제1차 시오니스트 대회에서 각국에서 온 유대인 대표들은 팔레스타인 땅(약속의 땅)에 유대인의 조국을 건설하자는데 합의한다. 하지만 시온주의에 대해 호의적이지 않거나 심지어는 반대하는 유대인들도 많았다. 시온주의를 둘러싸고 유대인 사회는 둘로 갈리게 된다. 그런데도 헤르츨은 맹렬하게 시온주의 운동을 펼쳐나간다. 시온주의에 찬성하는 사람들 즉, 약속의 땅에 유대 국가를 세워야 한다고 생각하는 사람들은 대부분 경제적으로 여유롭지 못 한 사람들이었다. 그래서 매년 시오니스트 대회를 개최할 때마다 거의 모든 비용을 헤르츨이 자비로 해결해야 했다. 그는 건강도 약해지고 있었지만 유대인 국가를 지지해 줄 사람들을 열정적으로 만나고 다닌다.

우선 유대 국가가 세워질 땅을 확보하기 위해 당시 팔레스타인 땅을 지배하고 있던 오스만 튀르크에 돈을 지불하고 팔레스타인 땅을 임차받는 방안을 생각했다. 그래서 자금을 마련하기 위해 로스차일드 등 부유한 유대인들이나 여러 유대인 지도자들을 만나기도 하고, 오스만 튀르크와의 협상을 위해 셀 수 없을 만큼 자주 오스만 튀르크의 수도 이스탄불을 방문한다. 그는 다양한 부처의 정부 관계자들을 만나 오스만 튀르크의 국가 채무를 해결해 주는 조건으로 팔레스타인 땅을 임차할 수 있게 해 달라는 협상안을 제시하기도 했고 술탄과의 면담에서도 거듭 이러한 제안을 제시했다. 하지만 술탄으로부터 긍정적인 대답은 듣지 못한다.

이와 동시에 그는 오스만 튀르크에 영향력을 행사할 만한 나라의 수장들을 만나 오스만 튀르크에 힘을 써달라고 부탁한다. 그가 만난 대표적인 지도자 중에는 빅토르 엠마뉴엘 이탈리아 왕 빌헬름 2세 독일 황제, 교황 비오 10세와 같은 유력 인사들이 있었는데 이들로부터도 긍정적인 대답은 듣지 못한다. 오스만 튀르크가 그가 제시한 조건에 대해 수락을 거듭 거절하자 헤르츨은 오스만 튀르크와의 협상을 포기하고 팔레스타인에 가까운 영국의 점령지를 대안으로 삼는데, 이는 제정 러시아의 도시들에서 지속적으로 포그롬이 일어나고 있었기 때문에 하루라도 빨리 유대인들의 피난처를 마련해야 한다고 생각했기 때문이다.

그러던 중 1903년 4월 6일 러시아의 점령지인 키시네프(당시 우크라이나 지역, 현재는 몰도바의 수도인 키시너우)에 있는 작은 유대인 마을에서 후에 '키시네프 포그롬'이라고 명명된 유대인 학살 사건이 발생했고 연이어 다른 지역에서도 포그롬들이 발생했다. 제정 러시아의 여러 도시에서 벌어지고 있는 다양한 '포그롬'에 대해 들으면서 헤르츨의 마음은 더욱더 급해졌다.

당시 영국 정부는 헤르츨을 돕고 싶어 했는데 헤르츨은 영국 정부의 관계자들에게 팔레스타인 땅이 아니라면 당시 영국이 점령하고 있던 지중해의 키프로스나 팔레스타인 땅의 바로 아래에 있는 시나이반도 북부의 땅이라도 달라고 요구했다. 그런데 영국의 식민지 장관은 역으로 영국 식민지로 있던 동아프리카의 우간다 땅을 제안한다.

러시아에서 학살당하고 있는 유대인들을 하루라도 빨리 피신시켜야 한다는 생각이 헤르츨을 조급하게 만들었다. 어쩔 수 없이 영국 식민지 장관의 제안에 동의한 헤르츨은 영국이 제시하는 아프리카의 우간다 땅에 유대인 국가를 세우는 방안을 1903년 제6차 시오니스트 대회의 안건으로 상정한다. 그런데 이 '우간다 안'에 대해서는 당시 '포그롬'이 진행되고 있던 러시아에서 온 유대인 대표들조차도 거세게 반발했고, 다수의 대표가 유대인 국가는 반드시 약속의 땅인 '시온'에 세워져야 한다고 강력히 주장해 헤르츨이 제시한 우간다 안은 가결 되지 못한다. 헤르츨은 이 우간다 안에 대한 표결 결과에 크게 실망했고 이듬해인 1904년 7월 3일, 7년 동안 유대 국가 건국을 위해 자신의 모든 시간과 재산을 쏟아 부었던 헤르츨은 건강이 악화하여 안타깝게도 44세의 젊은 나이로 세상을 떠나고 만다.

1948.5.14. 이스라엘 독립 선언 당시 연단에 걸린 데오도르 헤르츨의 초상화

이스라엘 초대 총리가 되는 벤 구리온이 독립선언서를 낭독하고 있으며,
헤르츨이 1차 시오니스트 대회 때 사용한 문양이 이스라엘 국기가 되었다.

빈의 장례식에는 6천 명의 유대인이 모여 그를 애도했다. 그는 가족이 안장되어있는 오스트리아 빈의 묘지에 안장되었다가 이스라엘 건국 후인 1949년 이스라엘 정부는 그의 소원에 따라 그와 그의 가족의 유해를 예루살렘으로 이장한다.

테오도르 헤르츨이 새겨진 이스라엘 지폐

그는 현재 예루살렘이 내려다보이는, 또 그의 이름으로 명명된 이스라엘의 국립묘지인 '헤르츨 언덕'에 누워있으며 벤 구리온, 바이츠만과 더불어 이스라엘 국부 중 한 사람으로 칭송받고 있다.

4) 2차 알리야 물결(1903~1914)

* 키시네프 포그롬(1903) 등 러시아 점령지 내의 다양한 포그롬이 계기
* 러시아 점령지로부터 약 5만 명 귀환

앞의 6장에서도 간단히 언급했듯이 1903년 4월 6일 당시 러시아 영토였던 키시네프(지금의 몰도바 수도)에서 러시아 소년 살해 사건의 범인이 유대인일지 모른다는 기사가 신문에 실리면서 유대인 대학살로 이어진 소위 '키시네프 포그롬'이 발생한다. 지금의 몰도바에 있는 키시네프(키시너우)에서 사흘 동안의 폭동으로 인해 유대인 49명이 죽고 수백 명이 다쳤다. 아울러 유대인의 가옥 약 700채가 파괴되고 약탈당하기도 했다.

이 키시네프 포그롬을 시작으로 러시아 영토 내에서 다양한 유대인 박해와 학살이 진행되었는데 1905년에는 우크라이나 남부의 항구 도시인 오데사에서 약 400명의 유대인이 학살당하는 사건이 발생하기도 하고(오데사 포그롬), 1906년에는 폴란드 동부의 비아위스토크에서 경찰과 군대가 가담한 대규모의 포그롬이 자행되기도 한다. 이 외에도 제정 러시아 전역의 수백 개 지역에서 유대인을 향한 포그롬이 발생해 무려 4천 명 이상의 유대인이 목숨을 잃는다.

제정 러시아 지역에서 발생한 포그롬을 피해 많은 유대인이 러시아 점령지를 떠나 중부유럽과 서유럽, 미국으로 이주했고 일부는 약속의 땅인 팔레스타인으로 알리야 했다. 키시네프 포그롬이 발생한 1903년부터 제1차 세계 대전이 발발하는 1914년까지 약 5만 명의 유대인이 약속의 땅으로 알리야 했는데 이를 통상 '2차 알리야 물결'이라고 한다. 참고로 1차 알리야 물결 및 2차 알리야 물결이 일어나는 기간 동안 제정 러시아를 떠나 미국으로 이주를 한 유대인의 수가 약 200

포그롬이 있었던 당시 제정 러시아 도시 (키시네프, 오데사, 비아위스토크)

1903년의 키시네프 포그롬 외에도 수백 곳에서 유대인을 대상으로 한 포그롬이 발생했다.

만 명이 되는데, 1906년 한 해 동안에만 약 16만 명의 유대인이 미국으로 이주했다. 이들은 향후 미국 내의 번영한 유대인 사회를 이루는데 주축이 되며 미국의 국가 발전에도 크게 이바지하게 된다.

2차 알리야 물결 기간에는 많은 유대인 젊은이가 약속의 땅으로 알리야를 한다. 이 젊은이들로 인해 팔레스타인 땅의 유대인 사회는 훨씬 더 역동적으로 발전하게 되며, 이 젊은이들은 후에 이스라엘이 건국되는데 큰 기둥의 역할을 감당하게 된다. 대표적인 인물이 이스라엘의 건국 과정에 지대한 공헌을 하고 이스라엘의 건국 후 초대 총리가 된 데이비드 벤 구리온(David Ben Gurion)이다. 또한 2대 대통령이 된 모셰 샤렛(Moshe Sharett), 3대 대통령이 된 레비 에쉬콜(Levi Eshkol)과 같은 인물들도 2차 알리야의 물결을 타고 젊은 나이에 팔레스타인 땅으로 이주했다.

1914년 7월에 보스니아의 사라예보에서 오스트리아의 페르디난도 황태자 부부가 세르비아의 청년이 쏜 총탄에 맞아 숨지면서 제1차 세계 대전이 발발하게 되고 이로써 2차 알리야 물결도 마감이 된다. 2차 알리야 물결이 끝나는 1914년에 팔레스타인 땅의 유대인 수는 약 8만 5천 명에 이르게 되어 팔레스타인 전체 인구의 약 15%를 차지한다. 유대인 정착촌도 48군데로 대폭 증가한다.

5) 제1차 세계 대전 발발과 하임 바이츠만의 활약

제1차 세계 대전이 발발하면서 유럽 각국은 전쟁의 참화 속으로 휩쓸려가는데 영국, 프랑스, 이탈리아 및 러시아 등의 협상국이 한 편이 되고 독일, 오스트리아-헝가리 및 오스만 튀르크 등이 동맹국으로 한 편이 되어 엄청나게 치열한 전투를 치르게 된다. 이 제1차 세계 대전은 유대인에게 있어서는 악몽 그 자체였다. 유대인들은 유럽의 모든 나라에 거주하고 있었기 때문에 전쟁으로 인해 동족에게 서로 총을 겨눠야 하는 비극적인 상황이 펼쳐졌기 때문이다. 영국이나 프랑스, 러시아에 거주하던 유대인 젊은이들은 독일이나 오스트리아에 거주하는 같은 유대인 젊은이들을 향해 총구를 겨눠야 했으며 그 반대도 마찬가지였다. 독일에 살던 독일 유대인 젊은이 약 10만 명이 전선에 투입되어 독일을 위해 영국과 프랑스 그리고 러시아 출신 유대인들과 전선을 사이에 두고 싸우기도 했다.

1차 및 2차 알리야 물결 기간에 팔레스타인 땅으로 알리야 한 유대인들은 대부분 러시아 지역 출신이었는데, 당시 팔레스타인 땅을 점령하고 있던 오스만 튀르크와 러시아는 서로 적국이 되어 싸우고 있었다. 그래서 오스만 튀르크 정부는 팔레스타인 땅에 거주하는 러시아 출신 유대인들을 향해 오스만 튀르크로 국적을 바꾸든지 아니면 그 땅에서 떠나라고 명령하기에 이른다. 많은 유대인이 어쩔 수 없이 그 땅에서 떠나면서 팔레스타인 땅의 유대인 인구는 8만 5천 명에서 5만 6천 명으로 감소하게 된다. 그 땅에 계속 거주하는 유대인들도 오스만 튀르크의 박해로 인해 정치적으로나 재정적으로 고통을 겪게 되는데 이때부터 시작된 미국의 도움으로 이를 견뎌내게 된다.

전쟁 중에도 약속의 땅에 유대 국가를 세우고자 하는 열망에 가득 찬 시온주의자들은 바쁘게 움직인다. 영국에서는 화약의 원료인 아세톤의 대량 생산에 기여한 바 있는 유대인 하임 바이츠만(Chaim Weizmann) 박사가 영국의 유력 정치인인 로이드 조지(Lloyd George) 수상 및 아서 벨푸어(Auther Balfour) 외무부 장관을 만난다. 동시에 다른 시온주의자들은 이스라엘의 건국을 위해 반드시 프랑스와 미국 등의 지지가 필요했기에 프랑스와 미국 등의 유력 정치인들의 지지를 얻기 위해 바쁘게 움직인다.

하임 바이츠만(Chaim Weizmann)은 1874년 당시 제정 러시아의 영토였던 벨라루스에서 태어나 독일의 베를린 종합기술학교를 거쳐 1899년 프라이부르크 대학에서 화학박사 학위를 취득한다. 이후 1910년 영국 국적을 취득하고 맨체스터 대학교로 옮겨 생화학 교수로 활동했다. 그는 1898년에 개최된 제2차 세계 시오니스트 총회에 참석한 이래 시온주의 운동에 깊이 관여하게 되었고, 후에 시온주의의 후원자가 되는 영국의 로이드 조지, 윈스턴 처칠 및 아서 벨푸어와 같은 정계의 유력 인사들과도 교분을 쌓게 된다. 그는 고무의 수요가 획기적으로 늘 것을 예견하고 인조 고무를 개발하기 위한 연구를 하던 중 우연히 아세톤의 제조 방법을 발견하고 이에 대한 특허를 획득한 바 있었다.

제1차 세계 대전이 길어지면서 적국인 독일에는 화약의 원료가 되는 천연의 아세톤이 다량으로 매장되어 있어 화약 제조에 문제가 없었지만, 영국에서는 천연 아세톤이 많이 생산되지 않아 화약의 품질이 독일에 비해 현저히 떨어지는 문제가 발생하게 되었다. 그래서 영국 정부는 바이츠만의 특허를 활용해 인공 아세톤을 대량 생산하기로 하고 바이츠만에게 고품질의 아세톤을 대량으로 제조해달라고 요청한다. 아세톤의 원료가 되는 옥수수가 영국 전역에 심어졌고 아세톤이 대량으로 생산되면서 화약 제조에 문제가 없어진 영국은 전쟁에서 독일을 비롯한 동맹국을 상대로 승기를 잡아 나가게 된다.

6) 벨푸어 선언과 제1차 세계 대전 종결

제1차 세계 대전의 전세가 협상국 측에 유리하게 전개되던 1917년, 영국 정부는 전쟁 승리에 큰 공을 세운 하임 바이츠만에게 당시 외무부 장관이었고 후에 총리가 되는 벨푸어 경을 통해 원하는 것은 무엇이든지 들어 주겠다고 했고, 시온주의 운동에 깊이 관여하고 있던 바이츠만은 벨푸어 경에게 '시온'에 유대인 국가를 세워달라고 요구한다. 바이츠만과 교류를 해왔던 벨푸어 경은 독실한 기독교 신자였고 유대인 국가 성립에 대해 긍정적으로 생각하고 있었다. 또한 전쟁 당시 막대한 전쟁 자금이 필요했던 영국 정부는 로스차일드와 같은 유대인 자본가로부터 엄청난 자금 지원도 받고 있었다. 로스차일드 가문 사람들은 처음에는 '시온'에 유대 국가를 세우고자 한 시온주의 운동에 대해 부정적이었으나 점차 시온주의 운동을 지지하는 방향으로 선회하게 되면서 많은 재산을 기부하기도 한다.

1917년 당시 전황은 영국 등 협상국에 유리하게 전개되고 있었고 동맹국 중 하나인 오스만 튀르크가 패전하는 경우, 오스만 튀르크가 점령하고 있던 팔레스타인을 비롯한 중동의 여러 지역에는 권력의 공백이 생길 것이 확실해졌다. 이를 대비하기 위해 영국과 프랑스는 권력의 공백이 생기는 중동 지역을 어떻게 분할 점령할 것인가에 대해 협의를 진행하고 있었다. 이러한 시기에 영국의 총리가 된 로이드 조지와 외무부 장관인 아서 벨푸어는 팔레스타인 땅에 유대인 국가를 세우기로 내부 동의를 한 상태에서 먼저는 협상국이었던 프랑스, 이탈리아 및 미국의 동의를 얻어냈고, 그동안 유대인에 대해 적대적인 입장이었던 로마 교황청의 동의까지 얻어낸다. 그리고 역사적인 '벨푸어 선언문'이 작성된다.

1917년 11월 2일, 영국은 벨푸어 경의 명의로 그동안 전쟁 자금 부문에 공헌을 한 바 있는 라이오넬 로스차일드 경에게 보내는 편지의 형식을 빌려 팔레스타인 땅에 유대 국가를 설립할 수 있고 영국이 이를 돕겠다는 의미가 포함된 선언문을 보낸다. 벨푸어 선언문 원문과 번역문은 다음과 같다.

벨푸어 선언문 영어 원문

Foreign Office,
November 2nd, 1917.

Dear Lord Rothschild,
I have much pleasure in conveying to you, on behalf of His Majesty's Government, the following declaration of sympathy with Jewish Zionist aspirations which has been submitted to, and approved by, the Cabinet.

"His Majesty's Government view with favour the establishment in Palestine of a national home for the Jewish people, and will use their best endeavours to facilitate the achievement of this object, it being clearly understood that nothing shall be done which may prejudice the civil and religious rights of existing non-Jewish communities in Palestine, or the rights and political status enjoyed by Jews in any other country".

I should be grateful if you would bring this declaration to the knowledge of the Zionist Federation.

Yours sincerely,
Arthur James Balfour

벨푸어 선언문의 한국어 번역문 (영어 원문의 " " 부분)

"국왕 폐하의 정부는 팔레스타인에 유대인을 위한 조국을 수립하는 것에 대해 호의를 가지고 살펴보기로 했습니다. 그리고 이러한 목표를 달성하기 위해 최선의 노력을 다할 것이며, 팔레스타인에 거주하는 기존의 비유대인 공동체의 정치적 권리와 종교적 권리, 또는 다른 모든 나라에서 유대인이 누리는 권리와 정치적 지위가 어떤 경우에도 침해되어서는 안 된다는 것을 분명히 이해하고 있습니다." (출처 : 위키백과)

로스차일드에게 전달된 벨푸어 선언문은 1주일이 지난 후 세상에 공표된다. 그리고 한 달이 지난 12월 11일, 팔레스타인에서 오스만 튀르크와 전투를 치르고 있던 영국의 알렌비 장군이 오스만 튀르크 군대를 물리치고 경건한 마음으로 예루살렘에 입성한다.

결과적으로 제1차 세계 대전은 영국을 비롯한 협상국의 승리로 끝이 난다. 이 전쟁으로 말미암아 400년 이상 중동 지역을 지배했던 이슬람 국가 오스만 튀르크(또는 오토만 제국)는 패전국이 되어 아나톨리아 반도로 영토가 축소되고 세속 국가인 터키 공화국으로 바뀌어 오늘에 이른다. 오랜 세월 동안 오스만 튀르크의 지배 아래 있었던 레바논과 시리아 지역은 프랑스의 관할 지역으로, 팔레스타인과 트랜스

벨푸어 선언문과 벨푸어 경

하임바이츠만이 새겨진 이스라엘 지폐

요르단(지금의 요르단 지역)은 영국의 관할 지역으로 할당된다.

영국이 전쟁에서 승리하는 데 있어 큰 공을 세우고 벨푸어 선언이 있기까지 최선의 노력을 한 하임 바이츠만은 후에 헤르츨이 1897년에 설립한 세계 시오니스트 기구의 의장이 되어 시온주의 운동을 위해 헌신적인 노력을 쏟고, 1948년 이스라엘 건국 후에는 초대 대통령으로 선출된다.

9
네 번째 귀환과 회복(2) [19]
– 영국 점령 시대 –

1) 3차 알리야 물결(1919~1923)

> * 벨푸어 선언 및 러시아 혁명이 계기
> * 러시아, 폴란드 등 동유럽 국가로부터 약 3만 4천 명 귀환

벨푸어 선언이 공표되고 또 400년에 걸친 오스만 튀르크의 팔레스타인 땅에 대한 점령이 종식됨에 따라 전 세계에 흩어져 있던 많은 유대인은 약속의 땅에 유대 국가를 세울 수 있을 것이라는 희망에 설레게 된다. 하지만 현실은 그렇게

---

19. 본 장의 내용은 대부분 이스라엘 유대인 기구(The Jewish Agency for Israel, 이스라엘 쥬이시 에이전시)의 웹사이트 내용 중 일부를 발췌하여 정리했으며, 위키피디아(또는 위키백과) 내용 등을 참고하여 정리하였음.

녹록하지 않았다. 전쟁이 끝난 지 얼마 되지 않은 어수선한 상태에서 팔레스타인 땅을 점령하고 있던 영국이 그 땅에 계엄령을 선포하고 동시에 유대인의 알리야를 금지시켰기 때문이다. 그런데도 벨푸어 선언과 러시아 혁명의 영향으로 1919년 말부터 '3차 알리야 물결'이 일어나기 시작한다. 이 3차 알리야 물결은 1919년 12월 러시아에서 출발한 671명의 유대인이 자파(Jaffa, 성경의 욥바, 지금의 텔아비브) 항에 도착하면서부터 시작된다. 이렇게 시작된 3차 알리야 물결은 1923년까지 짧은 기간 동안 러시아, 폴란드 및 여타 동유럽 국가로부터 약 3만 4천 명에 이르는 유대인의 알리야로 마무리된다.

특히 러시아의 경우 제1차 세계 대전이 막바지에 이른 1917년 12월 러시아 혁명으로 인해 제정 러시아가 무너지는데, 오랫동안 유대인을 박해했던 제정 러시아를 무너뜨리기 위해 많은 유대인 젊은이들이 공산 혁명 세력에 가담하게 된다. 이 일로 인해 '유대인은 공산주의자'라는 인식이 유럽 사회에 자리 잡게 되고 후에 반유대주의 및 반공주의를 주장했던 히틀러에게는 유대인 대학살(홀로코스트)의 명분이 되기도 한다. 러시아 혁명 이후 러시아에서는 1922년까지 공산 혁명 세력을 지지하는 적군과 제정 러시아를 지지하는 백군 간의 적백내전이 발생했는데, 제1차 세계 대전에 이은 러시아 혁명과 적백내전으로 인해 러시아의 경제는 이루 말할 수 없이 어려워지고, 이러한 상황 가운데 유대인들이 학살을 당하는 일이 속출하게 된다. 이런 이유로 인해 러시아 점령지(지금의 우크라이나, 벨라루스 지역 등)로부터 많은 유대인이 영국의 점령지가 된 팔레스타인 땅으로 알리야 하게 된다.

팔레스타인 땅으로 이주한 유대인들이 계속해서 정착지를 넓혀가자 이에 대한 현지 아랍인들의 불안과 불만이 커지면서, 1920년 3월에는 유대인들을 대상으로 한 팔레스타인 아랍인들의 공격이 시작되고 아랍인의 폭동이 발생한다. 그 결과 도시에 사는 유대인 11명이 사망하고 200명이 다친다. 아랍인의 폭동으로 유대인 사망자와 부상자들이 발생하게 되자 아랍인으로부터 스스로를 방어하기 위한 유대인 민병대 '하가나(Hagana)'가 설립된다. 이 하가나는 이스라엘 건국 후에 설립되는 '이스라엘 방위군(IDF)'의 모태가 된다. 또 이러한 와중에 벨푸어 선언 공표에 크게 기여했던 하임 바이츠만이 '세계 시온주의 기구(World Zionist Organizaion, WZO)'의 의장에 취임한다. 아랍인의 폭동은 이듬해인 1921년에도 발생하여 47명의 유대인이 죽고 100명 이상이 다친다. 이후에도 팔레스타인 땅에서의 아랍인들과의 마찰과 분쟁은 계속 이어진다.

1922년 10월 영국 정부는 최초로 팔레스타인 땅의 인구 조사를 실시했는데, 이때 유대인의 인구는 8만 3천 명, 아랍인의 인구는 67만 3천 명으로 유대인은 전체 인구의 11%를 차지하게 된다.

2) 4차 알리야 물결(1924~1925)

* 폴란드의 유대인 대상 억압적인 경제정책이 계기
* 폴란드를 중심으로 약 6만 명의 중산층 귀환

폴란드는 유대인에게 있어서는 아주 오랫동안 낙원과도 같은 나라였다. 폴란드는 가톨릭 국가였음에도 불구하고 유럽의 다른 나라와는 다르게 13세기부터 유대인 우대정책을 시행한 관계로 유럽 내 여러 지역에서 많은 유대인이 폴란드로 이주해 거주했다. 폴란드 유대인들은 폴란드- 리투아니아 연합 왕국의 영토가 지금의 벨라루스나 우크라이나 지역으로 확장되었을 당시에는 폴란드 왕실을 도와 중간 세금 관리인 등의 역할도 감당했다. 이러한 이유로 많은 유대인이 폴란드의 지배 아래 있던 벨라루스나 우크라이나 등의 지역에 살게 되었는데, 후에 이곳이 제정 러시아의 점령지가 되면서 유대인들에 대한 다양한 포그롬이 일어나 앞에서 설명한 1차~3차 알리야 물결이 일어난 바 있다.

그런데 오랫동안 유대인에 대해 우호적인 정책을 취했던 폴란드의 상황이 급변하여 새롭게 총리이자 재무장관으로 임명된 그라브스키(Grabsky)가 유대인에게 과도한 세금을 부과하는 등 가혹한 경제 조치를 취하기 시작한다. 이런 가혹한 조치를 피해 1924년부터 1925년까지 폴란드의 도시 지역에서 사업을 일구며 살았던 유대인 중산층들 약 6만 명이 영국이 통치하고 있는 약속의 땅으로 알리야를 한다. 폴란드에서 오랫동안 경제적으로 안정적인 생활을 누려왔던 유대인 중산층들이 그라브스키의 경제 정책으로 인해 그들이 고향으로 여기며 살았던 폴란드를 뒤로하고 약속의 땅으로 알리야를 한 것이다. 따라서 이 '4차 알리야 물결'을 '그라브스키 알리야'라고도 한다. 당시 폴란드의 유대인들은 대부분 자유롭게 사업을 펼칠 수 있는 미국으로 가기를 원했지만, 미국에서는 1924년부터 동유럽 이민자의 입국을 제한했기 때문에 그들이 선택할 수 있는 곳은 팔레스타인 땅밖에는 없었다.

폴란드 유대인들은 지금까지 주로 도시에서 사업을 일구어왔고 나름 어느 정도 재산도 가지고 있었기에 농촌이나 정착촌으로 가려고 하지 않고, 당시 인구 약 4만 명 규모의 도시로 성장하고 있던 텔아비브에 거주하고자 했다. 재산도 어느 정도 여유가 있어 외부의 별다른 도움이 없이도 정착을 할 수가 있었다. 이전에 알리야 한 유대인들이 비교적 사회주의(공산주의)적인 성향이 강했던데 반해 4차 알리야 물결에 따라 귀환한 폴란드 유대인들은 오랫동안 사업을 해왔던 사람들이었기에 비교적 개인주의적이고 자본주의적인 성향을 보이고 있었다. 그래서 이들을 통상 '대중 알리야'라고도 한다. 이때 폴란드 출신으로 율법준수에 철저한 '초정통파 유대인'들이 함께 약속의 땅으로 알리야를 한다. 이들은 현재 이스라엘 내에서 종교적인 영향력을 행사하고 있으며, 아울러 정치적으로도 꽤 강한 발언권을 가지고 있다. 1925년에는 예루살렘에 히브리 대학이 설립되었고 1927년에는 최초의 수력발전소가 건설되기도 했으며, 1928년 1월에는 이스라엘 의회의 법률인 '크네세트 헌법'이 영국 점령지 정부의 승인을 받아 발효된다.

3) 5차 알리야 물결(1933~1939)

* 반유대주의를 앞세운 독일의 나치당 출현이 계기
* 독일을 비롯한 동유럽 지역에서 약 25만 명의 대규모 귀환

유대인들의 귀환을 돕는 기관인 '유대인 기구(The Jewish Agency for Israel, 이스라엘 쥬이시 에이전시)'가 1929년에 설립되어 본격적으로 유대인들이 약속의 땅으로 귀환하는 것을 지원하게 된다. 초대 의장으로는 후에 이스라엘 초대 총리가 되는 벤 구리온이 취임한다.

한편 유대인이 지속해서 유입되는 것에 불안해지고 불만을 느끼게 된 팔레스타인 아랍인들이 1929년 유대인을 대상으로 팔레스타인 땅 전역에서 폭동을 일으킨다. 이 폭동으로 인해 150명 이상의 유대인이 사망하고 수백 명이 다쳤으며 많은 정착촌이 피해를 본다. 이 아랍인의 폭동으로 말미암아 유대인 사회는 큰 충격에 휩싸이게 되었으며 그 땅을 점령하고 있던 영국 정부 역시 큰 고민거리를 끌어안게 된다. 이 일로 인해 영국 정부는 알리야 인원을 제한하는 정책을 취하고, 유대인 사회는 이에 대해 강력히 반발하여 영국 정부와 유대인 사회 간에는

적대적인 갈등이 조성된다. 이런 상황 속에서 1931년에 2차 팔레스타인 지역 인구 조사가 실시되었고 인구 조사 결과 유대인이 17만 5천 명, 아랍인이 85만 1천 명, 기타 1만 명으로 집계되어 유대인의 비율이 17%를 차지한다.

1933년 독일에서는 인종주의(반유대주의 포함) 및 반공주의 등의 정책을 채택한 히틀러의 나치 정당이 정권을 장악하게 되면서 유럽의 유대인들이 동요하게 되고 '5차 알리야 물결'이 일어나기 시작한다. 그래서 이 5차 알리야를 '독일 알리야'라고도 한다. 1929년에 설립된 유대인 기구는 유대인을 독일 땅에서 추방하고 싶어 하는 독일의 나치 정권과 협상해 5차 알리야 기간에 약 6만 명의 독일 유대인을 약속의 땅으로 데려왔으나 독일의 유대인 박해는 그 강도가 점점 더 심해진다.

독일에서 나치 정당이 정권을 잡은 1933년부터 제2차 세계 대전이 발발하는 1939년까지 유대인 박해가 더욱더 심해진 독일을 비롯한 동부 유럽 지역으로부터 약 25만 명의 유대인들이 대거 알리야를 한다. 이 5차 알리야 물결 기간 중 약속의 땅으로 이주해 온 독일 출신 유대인 중에는 중산층에 속하는 학자, 음악가 및 많은 전문 기술자들이 포함되어 있어서 이들은 후에 이스라엘의 공업 및 산업 기반을 세우는 데 중추적 역할을 감당한다.

5차 알리야 물결을 통해 이전과는 비교도 할 수 없을 만큼 많은 수의 유대인들이 팔레스타인 땅으로 밀려 들어오게 됨에 따라 팔레스타인 내의 아랍인들의 폭동도 더욱더 거칠어진다. 1936년부터 1939년까지 아랍인에 의한 폭동으로 약 400명의 유대인이 사망하고 수천 명이 다친다. 폭동은 팔레스타인 전 지역으로 번졌고 아랍인들은 총파업을 선언하기도 했으며 영국의 점령지 정부를 향해 유대인의 알리야 및 토지 매입을 금지하도록 요구하기도 했다. 심지어는 팔레스타인 내의 권력을 아랍인에게 이양할 것을 요구하기도 하고 1938년에는 갈릴리 지역 영국 총독을 암살하기까지 한다. 이에 유대인 민병대 조직인 하가나는 아랍인의 폭동에 대해 그동안 취해왔던 소극적인 방어 정책에서 적극적인 공격 정책으로 방향 전환을 하고 이후 새롭게 세워지는 유대인 정착촌에는 방벽과 탑을 세우기로 한다.

팔레스타인 땅에서 유대인과 아랍인 간의 갈등이 고조되고 무력 충돌이 빈번하게 발생함에 따라 1936년 영국은 '팔레스타인 사태 조사 위원회(필 위원회)'를 발족시키고 그 결과로 1937년에 팔레스타인 땅을 아랍 구역과 유대인 구역으로 분할하는 '팔레스타인 분할을 위한 권고안'을 발표한다. 이 권고안에 대해 아랍 측은 즉시 거절하고 대부분의 유대 지도자들 역시 이 권고안에 반대했지만 벤구리온은 유대 지도자들을 설득해 이 권고안을 받아들이는 모험을 한다. 유대인 구역은 아랍 구역에 비해 턱없이 작았음에도 불구하고 벤 구리온은 이제부터가 시작이라는 생각에 필 위원회의 권고안을 수용한 것이다. 이런 상황 가운데 아랍 국가들이 이집트의 카이로에서 '범아랍 협의회'를 결성하고 시온주의 국가 설립을 반대함으로써 '팔레스타인 분할을 위한 권고안'은 폐기된다.

백서(White Paper)

유대인과 아랍인 간의 갈등이 첨예화되는 중에 1939년 영국은 '백서(White Paper)'를 공표하는데 이 백서에는 1917년에 발표한 벨푸어 선언을 번복하는 시온주의에 적대적인 내용이 포함된다. 영국 정부는 자기들이 관리하는 팔레스타인 지역 내의 유대인과 아랍인 간의 갈등 원인을 팔레스타인 땅에 유대 국가를 세우고자 하는 시온주의 운동으로 보았다. 이 백서로 인해 유대인 사회는 발칵 뒤집힌다. 유대인의 친구에서 적으로 변한 영국에 대항하기 위해 팔레스타인 지역 유대인 민병대인 하가나와 또 하가나로부터 독립한 강성 민병대인 이르군은 영국 정부의 시설을 공격하기로 한다. 이 백서가 공표되면서 유대인의 공식적인 알리야는 영국군에 의해 저지당하여 정상적인 방법으로는 알리야를 진행하기 어렵게 된다.

유럽 지역에서 독일 나치당의 반유대주의에 따른 유대인 박해가 갈수록 심해지는 상황에서 유럽을 떠나 약속의 땅으로 이주하고자 하는 유대인의 수는 갈수록 늘어나고 있었다. 이러한 급박한 상황 가운데 영국에 의해 알리야가 금지된 것이다. 이에 하가나는 대영국 투쟁과 더불어 하부 조직인 '하모사드 르알리야 베트(불법이민센터)'를 만들어 이르군과 함께 비밀리에 '불법 알리야'를 진행한다. 이것을 통상 '6차 불법 알리야 물결'이라고 한다.

4) 제2차 세계 대전과 6차 불법 알리야 물결(1939~1948)

* 제2차 세계 대전 중 독일의 유대인 학살과 영국의 이주 제한 정책(백서)이 계기
* 독일 점령지를 중심으로 약 11만 명 불법 귀환

영국이 1939년 백서를 발행해 유대인의 알리야 및 토지 매입을 금지한 상황 가운데, 1939년 9월 독일이 폴란드의 서부 국경을 침범하면서 제2차 세계 대전이 발발한다. 전쟁 발발 이전부터도 독일에서는 유대인에 대한 박해가 계속되고 있었다. 여기에 더해 1941년 6월 독일이 '바르바로사 작전'이라는 이름으로, 그동안 불가침 조약을 맺었던 소련을 침공해 파죽지세로 리투아니아, 벨라루시 및 소련 서남부 지역(우크라이나 포함) 등 수백만 명의 유대인들이 거주하는 지역을 점령해 나간다.

수백만 명의 유대인들이 독일의 점령지 내에 갇히게 된 상황에서, 앞의 6장에

서도 언급한 바와 같이 1942년 1월 독일의 지도자들은 유대인 멸절을 위한 소위 '최종 해결책'을 수립한다. 이때부터 본격적인 홀로코스트가 실행되어 1945년 5월 독일이 연합국에 무조건 항복할 때까지 무려 600만 명에 이르는 유대인들이 독일 점령지에서 무자비한 방법으로 희생당한다.

독일 점령지에서 벌어진 유대인들에 대한 처참한 상황이 외부에 있는 유대인들에게 처음으로 전해진 것은 1942년 11월이었다. 유대 공동체는 이 소식에 경악하지 않을 수 없었지만 독일의 이 끔찍한 만행을 저지할 방법도 없었다. 유대 공동체는 30일간의 애도 기간을 정하고 그저 함께 마음으로만 고통을 나눌 뿐이었다. 백서 문제로 영국과 적대적인 관계 속에 있던 유대인들은 영국과의 적대적인 관계를 완화하고, 영국 정부를 향해 영국군 내에 유대인 부대를 창설해달라고 강력히 요구한다. 독일과 싸우기 위해 많은 유대인 청년들이 영국군에 입대해 이탈리아 전선에 투입되기도 한다.

독일의 홀로코스트가 격화되는 급박한 상황 속에서 미국 또한 이민 제한 정책을 시행하고 있었기에 최소한의 인원만이 미국으로 이주할 수 있었다. 프랑스마저 독일에 점령된 상황이라 동유럽의 유대인이 갈 수 있는 곳은 약속의 땅 밖에 없었다. 하지만 약속의 땅의 해안은 영국군이 지키고 있었다. 이런 상황에서 유럽에 갇힌 유대인들은 독일의 유대인 말살 정책에 따라 어마어마한 희생을 치러야 했다. 이들을 한 명이라도 더 구하기 위해 '하모사드 르알리아 베트'와 '이르군'은 최선을 다해 해안을 지키는 영국군의 눈을 피해 '불법 알리야'를 감행했고 많은 유대인을 약속의 땅으로 귀환시킨다. 선박을 이용한 불법 알리야가 진행되는 가운데 유대인을 태운 배가 침몰하는 사고도 여러 건 발생한다. 나중에는 해안을 지키는 영국군의 감시를 피하려고 루마니아에서 터키까지는 선박으로 이동하고, 터키에서 팔레스타인까지는 기차로 이동하는 루트가 만들어지기도 한다. 이 불법 알리야 물결은 전쟁이 끝난 후인 1948년 5월 영국군이 팔레스타인 땅에서 철수하고 이스라엘이 건국될 때까지 이어진다.

1945년 5월 유럽이 중심이 된 전쟁은 영국을 비롯한 연합국의 승리로 마감이 되었지만, 영국 정부가 반시온주의 정책을 고수하고 알리야를 계속 금지함에 따라 유대인 공동체는 영국 정부의 이런 조치에 대해 강력히 반발한다. 하가나를 비롯해 이르군, 팔마흐, 레이히와 같은 유대인 군사 조직들은 대영국 항쟁을 선포하고 다양한 테러활동을 이어가는 한편, 전쟁 중에도 쉬지 않고 추진해 왔던 불법 알리야를 계속 진행시킨다. 알리야 과정 중 팔레스타인 해안에서 영국군에게 발각된 유대인들은 영국군이 운영하고 있던 키프로스의 수용소로 보내지기도 한다. 불법 알리야가 계속되는 중에 소위 '엑소더스 1947(Exodus 1947)'이라는 가장 비극적인 사건이 발생하기도 한다.

1947년 4월 엑소더스 1947호는 프랑스 남부 해안에서 4,500명의 유대인을 태우고 2주 만에 팔레스타인 해안에 도착했으나 영국군에게 발각되어 하이파 항으로 예인된다. 유대인들의 거센 항의에도 불구하고 영국군의 저지로 배에 탔던 승객들은 항구에서 하선할 수 없었고, 엑소더스 1947호는 다시 항해 길에 올라 지중해를 서쪽으로 가로질러 지브롤터 해협을 지나 대서양을 북쪽으로 운항하여 멀고 먼 독일의 함부르크 항에 도착한다. 그리고 배에 탔던 유대인 전원이 수용소에 갇히게 된다. 이 비인도적인 사건이 전 세계에 알려지면서 영국은 전 세계로부터 엄청난 비난을 받게 된다. 이 외에도 1948년 1월에는 각각 7,500명을 태운 두 척의 불법 이민선이 영국군에게 발각되어 승객들 모두 약속의 땅에 내리지 못하고 키프로스로 이송되어 그곳에 수용되는 일도 발생한다.

제2차 세계 대전이 발발한 1939년부터 이스라엘이 건국되는 1948년 5월까지 약 11만 명의 유대인이 험난한 난관을 뚫고 불법으로 알리야를 한다. 이렇게 해서 1881년부터 시작된 알리야의 물결은 이스라엘이 건국될 때까지 6차로 마무리가 된다. 알리야의 물결이 일어나기 전 팔레스타인 땅에 거주하는 유대인의 인구는 7천 명이었으나, 1948년 이스라엘 건국 당시 유대인의 인구는 약 65만 명이 되었다.

5) 유엔의 팔레스타인 분할 권고안 승인 및 이스라엘 독립

영국의 '팔레스타인 사태 조사 위원회(필 위원회)'의 분할 권고안이 있은 지 2년이 지난 1939년 독일이 폴란드를 침공함으로써 제2차 세계대전이 발발하고, 아랍 국가들의 석유가 절실히 필요했던 영국은 아랍 국가들의 요구를 받아들여 앞서 언급한 것처럼 팔레스타인 땅에서의 유대인의 활동을 엄격히 제한하는 '백서'를 발표한다. 더 이상 유대인의 알리야는 금지되었으며 유대인의 토지 매입도 허락되지 않는 상황 가운데 6차 불법 알리야 물결이 진행된다. 그러던 중에 1945년 제2차 세계대전이 연합국의 승리로 끝나게 되고 국제연합(UN)이 결성된다. 아울러 1945년 4월에 유대인에 대해 우호적이지 않았던 미국의 루스벨트 대통령이 죽고 유대인에게 비교적 우호적인 트루먼이 미국의 새로운 대통령이 된다.

그동안 팔레스타인을 점령하고 관리하던 영국은 팔레스타인 문제를 유엔에 이양하고, 유엔에서는 '유엔 팔레스타인 특별위원회(UNSCOP, UN Special Commitee of Palestine)'가 구성되었다. 이 위원회에서는 약 3개월에 걸쳐 팔레스타인을 방문하면서 여러 문제를 검토한 결과, 팔레스타인 문제 해결을 위해 영국의 권한을 종료하고 팔레스타인 땅에 유대 국가와 아랍 국가를 세우는 새로운 '분할 권고안'을 제시한다. 이에 따라 1947년 11월 29일 팔레스타인 땅에 유대 국가와 아랍 국가를 함께 세우는 분할 권고안이 유엔 총회에 상정이 되고 최종적으로 찬성 33표, 반대 13표, 기권 10표로 분할 권고안은 승인된다. 이때 영국은 기권표를, 미국은 찬성표를 던졌다. 테오도르 헤르츨이 1897년 10월 31일 1차 세계 시오니스트 대회를 개최한 다음 날 그의 일기장에 썼던 대로 유대인들은 1차 시오니스트 대회 이후 50년 만에 유대 국가를 세울 수 있게 된 것이다.

유엔의 분할안 승인부터 이스라엘 건국까지

팔레스타인 분할 권고안이 유엔 총회에서 승인되었을 때 유대인 세계는 이를 환영했으나 아랍 국가들은 이에 대해 철저히 승복할 수 없다는 입장을 취했다. 분할 권고안 승인 결과에 대해 아랍연맹 사무총장인 아잠 파샤(Azzam Pasha)는 "이것은 몰살을 위한 전쟁이 될 것이며 중대한 대량 학살이 될 것이다"라는 의견을 피력한다.

분할 권고안이 승인된 직후 팔레스타인 아랍인들의 폭동이 시작되었다. 이 폭동은 바로 전쟁으로 변했고, 12월 한 달 동안 수백 명의 유대인이 학살당한다. 아랍인들은 지속해서 유대인 정착촌과 교통망을 공격했고 심지어는 예루살렘의 유대인 구역까지도 포위한다. 4개월 동안 방어에 치중했던 하가나는 반격을 개시하여 아랍인들을 패퇴시키고 아랍인들의 마을을 점령했으며 포위되었던 예루살렘의

유엔 분할 권고안

유대인 구역도 원상회복 시킨다. 유대인과 아랍인 간에 치열한 전쟁이 지속되는 가운데에서도 6차 불법 알리야 물결은 계속 이어진다.

　이런 상황 속에서 '유대 국가'를 세워야 하는 유대 지도자들의 고민은 이만저만이 아니었다. 유대 국가의 독립을 선포하는 순간 주변의 아랍 국가들의 군대가 유대 국가를 향해 밀고 들어올 것이 뻔한 상황이었기 때문이다. 시기적으로 좋지 않으니 국가의 설립을 다음으로 미루자는 의견과 지금이 아니면 언제 나라를 세우겠느냐는 주장이 팽팽히 맞선다. 결국 지도자들은 장시간의 회의를 거쳐 아랍 국가들의 군대가 이스라엘 땅으로 몰려 들어온다고 할지라도 50년 전에 테오도르 헤르츨이 제창한 바 있는 유대 국가를 세우기로 하고 세워질 나라의 이름을 '이스라엘'로 정한다.

이스라엘 독립선언과 건국

　1948년 5월 14일 금요일, 유대 지도자들은 아랍인들의 방해를 피해 비밀리에 텔아비브 박물관에 모였고 벤 구리온이 독립선언서를 낭독함으로써 새로운 국가 '이스라엘'이 건국되었음을 세계만방에 공포한다. 독립선언서의 내용은 다음과 같다.

이스라엘 독립선언서

　에레츠 이스라엘[20]은 유대인의 탄생지였다. 이곳에서 그들의 영적인, 종교적인 그리고 정치적인 정체성이 형성되었다. 이곳에서 그들은 처음

---

20. '이스라엘 땅'의 히브리어 표현

으로 국가적 지위를 이루었으며, 국가적 또 세계적인 중요성을 지니는 값진 문화를 만들었고 세상에 성경을 주었다.

강제적으로 자신들의 땅에서 추방된 이후 사람들은 흩어짐에도 믿음을 지켜 절대 기도를 멈추지 않았고 오직 자신들의 정치적인 자유로의 귀환과 그것의 회복을 바랐다. 이 역사적이고 전통적인 애착에 이끌려 유대인들은 세대를 거듭하여 다시 고대의 고향에 자신들을 정착시키기 위해 노력하였다. 근 수십 년에야 그들은 다시 하나로 뭉쳤다.

개척자들… 그리고 방어자들, 그들이 사막에 꽃을 피우고, 히브리어를 부활시켰고, 마을과 촌락을 짓고 경제와 문화면에서 자립하여 번성하는 공동체를 구성하였으며, 평화를 사랑하나 자신을 지키는 법을 알았고, 나라에 사는 이들은 가릴 것 없이 발전의 축복을 가져다주었고, 항상 독립적인 한 국가의 위치를 동경하였다.

1897년, 유대 국가의 영적인 아버지, 테오도르 헤르츨의 부름 아래, 첫 세계 유대인 연합이 결성되어 유대인 국가 부활의 권리를 외쳤다. 이 권리는 영국 정부가 1917년 11월

이스라엘 독립선언서
(출처 : 위키피디아)

2일 제창한 밸푸어 선언이 지지한 것이며, 국제연맹의 위임 통치로 유대인과 팔레스타인 사이의 역사적인 연결고리 그리고 유대인들의 집을 재건할 권리에 관한 국제적인 시인을 끌어낸 바 있다.

최근 들어 유대인들에게 드리워진 재앙-유럽에서 벌어진 유대인 수백만 명의 학살-은 이스라엘을 유대 국가로 재정립하는 일이 얼마나 긴급한지를 보여준 또 다른 사건으로써, 이는 모든 유대인에게 고향을 제공하고, 그들을 국가라는 공동체의 특권을 지닌 구성원으로 만들 기회이다.

유럽의 나치 홀로코스트로부터 살아남은 이들과 다른 국가의 유대인들은 장애물들과 위험을 두려워하지 않고 계속 이스라엘로 모여들었으며, 항상 존엄한 생명, 자유 그리고 조국의 경작의 권리 주장하기를 멈추지 않았다. 이 권리는 유대인들이 자신의 운명의 주인이 되게 하는 본연의 권리로써, 다른 모든 주권 국가에서 마찬가지로 이루어진 것이다.

그러므로 영국 위임 통치의 끝을 맞이하여 팔레스타인의 유대인들 그리고 시오니스트의 구성원과 대표들, "자연적이고 역사적인 권리"의 본성에 따라 그리고 유엔의 결의안에 따라, 이 자리에서 이스라엘이라 알려질 유대 국가의 성립을 선포한다.

이스라엘은 유대인들이 자유롭게 들어와 살 수 있으며 "추방당한 이들을 거두는 땅"이 될 것이다; 이스라엘은 모든 거주민의 권익을 위해 발전을 해나갈 것이며 이스라엘은 고대 예언가들이 마음속으로 그려왔던 자유, 정의, 평화에 기반을 두고 세워질 것이다; 이스라엘은 종교, 인종, 성별을 불문하고 모든 거주민에게 사회 정치적인 권리의 평등을 보장할 것이다; 이스라엘은 종교, 의식, 언어, 교육과 문화의 자유를 보장할 것이다.

이스라엘은 모든 종교의 성지를 안전하게 보호할 것이다. 또한 이스라엘은 유엔 헌장의 원칙에 충실할 것이다.

근 몇 달간 우리에게 가해져 온 맹공 속에서 이스라엘 국가의 아랍인들에게 우리는 평화를 보전하고 국가의 성립을 협조할 것을, 평등한 시민권을 지닌 사람 대 사람으로서, 또 임시 그리고 정식 정부의 대표자로서 요구한다. 우리는 이웃하는 국가들에 평화와 친근함으로 손을 뻗으며, 주권을 가지고 제 땅에 자리를 잡은 유대인들과 협조와 상호 원조의 연결고리를 굳건히 할 것을 부탁한다. 이스라엘 국가는 중동 전체의 발전을 위한 공동의 노력에 참여할 준비가 되어있다. (출처 : 위키백과)

이스라엘이 독립을 선포함으로써 새로운 이스라엘 국가가 세워진 그날, 영국은 팔레스타인에 주둔하던 모든 영국군을 철수시킨다.

시온은 진통을 하기 전에 해산하며 고통을 당하기 전에 남아를 낳았으니 이러한 일을 들은 자가 누구이며 이러한 일을 본 자가 누구이냐 나라가 어찌 하루에 생기겠으며 민족이 어찌 한 순간에 태어나겠느냐 그러나 시온은 진통하는 즉시 그 아들을 순산하였도다 (이사야66:7~9)

이와 동시에 아랍 연맹 국가들인 이집트, 요르단, 시리아, 레바논 및 이라크 5개 국가가 이스라엘에 대한 맹렬한 공격을 개시함으로써 1차 중동전쟁이 발발한다.

6) 벤 구리온 이야기

한 치 앞을 알 수 없는 격동의 시간 속에서 많은 시온주의 유대인들이 약속의 땅에 유대 국가를 세우기 위해 헌신의 노력을 아끼지 않았다. 그 중 한 사람이 이스라엘의 초대 수상이 된 '다비드 벤 구리온(David Ben Gurion)'이다. '사자의 아들 다윗'이라는 의미이다.

벤 구리온은 1886년 폴란드의 플롬스크(Plomsk)에서 태어났다. 그는 3살 때부터 할아버지로부터 히브리어를 배우고 이어 성경을 공부한다. 10세 때에는 시온주의를 따르는 에즈라(에스라) 학회를 결성해 친구들과 함께 히브리어 공부를 하기도 한다. 이미 젊은 시절에 시온주의자가 된 그는 1903년 영국이 제기한 바 있는 유대인 국가를 우간다에 세우는 안에 대해서 분노하고 팔레스타인 땅으로의 이민을 결심하여 19세가 되는 1906년에 2차 알리야 물결을 타고 자파(Jaffa, 욥바, 지금의 텔아비브) 항에 도착한다. 당시 팔레스타인 땅에는 로스차일드 남작이 후원하는 13개의 정착촌이 있었는데, 벤 구리온은 정착촌을 돌면서 손수 밭을 일구는 일들을 하며 4년을 보낸다. 당시 팔레스타인은 오스만 튀르크의 지배 아래 있었기 때문에 그는 터키어를 공부하고 이스탄불에서 법률 공부도 했지만, 제1차 세계 대전이 시작되고 나서 오스만 튀르크에 의해 추방되어 미국으로 건너간다.

그는 앞으로 세워질 유대 국가의 형태를 자본주의 국가가 아닌 '시온주의에 근거한 사회주의 국가'로 상정하고 있었다. 팔레스타인 땅으로 돌아온 벤 구리온은 1919년에 정당을 설립했고, 그 당을 1930년에 포알레 시온(Po'Ale Zion)과 합당해 새로운 정당인 마파이(Mapai)당, 곧 '시온주의 노동당'을 세운다.

1920년대를 지나면서 팔레스타인 내의 유대인의 인구는 16만 명 정도로 증가

벤 구리온 공항

(출처 : HAARETS NEWS)

네게브 벤 구리온 대학

(출처 : 두피디아 포토커뮤니티)

하게 되고, 유대인의 인구가 늘어날수록 현지의 아랍인과의 갈등도 증폭되어 1929년에는 아랍인들에 의해 150명 이상의 유대인이 살해당하는 사건이 일어난다. 이런 급박한 상황으로 인해 벤 구리온은 '방어'라는 의미의 민

벤 구리온이 새겨진 이스라엘 지폐

병대인 '하가나'를 창설하는데, 이 하가나는 후에 이스라엘 방위군(IDF)의 모태가 된다. 아울러 그는 유대인들의 알리야와 정착을 체계적으로 추진하고 지원하기 위해 1929년에 '유대인 기구(Jewish Agency, 쥬이시 에이전시)'를 설립하고 초대 의장에 취임해 지도력을 발휘한다.

하임 바이츠만이 세계 시오니스트 기구의 수장으로 영국을 중심으로 대외적인 시온주의 운동을 전개해 나가는 동안 벤 구리온은 팔레스타인 땅에서 지도력을 발휘하면서 시온주의 운동을 전개한다. 영국 정부가 '팔레스타인 분할 권고안'을 내놓았을 때는 적극적으로 찬성하기도 하고, 영국 정부가 '백서'를 통해 유대인의 알리야와 토지 매입을 금지했을 때는 '하가나'를 활용해 적극적으로 영국 정부에 대항하기도 하며 이스라엘의 건국에 크게 기여한다.

이러한 지도력을 발휘하는 과정 중 1948년에 이스라엘이 건국되고 초대 이스라엘 총리에 선임되어 1955년까지 총리로 재직한다. 1970년 정계 은퇴 후에는 네게브에 있는 키부츠에서 생활하다가 1975년 12월 1일에 생을 마감한다.

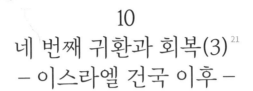

10
네 번째 귀환과 회복(3)[21]
− 이스라엘 건국 이후 −

1) 이스라엘 건국과 1차 중동전쟁

1948년 5월 14일 텔아비브에서 독립선언서가 낭독된 바로 그날, 영국 군대는 팔레스타인 땅에서 철수하고 곧바로 이집트가 남쪽 지역으로부터 공습을 시작한다. 이집트의 공습에 이어 이튿날 요르단의 군대가 요단강 동편으로부터 요단강을 건너 예루살렘과 베들레헴 지역을 향해 진군했고 이라크 군대도 요단강 중앙부를 건너 지금의 서안지구 쪽으로 진격해 들어왔다. 그리고 시리아의 군대는 갈릴리 호수 쪽으로, 레바논의 군대는 갈릴리 북쪽에서 신생 국가 이스라

---

21. 본 장의 내용은 대부분 이스라엘 유대인 기구(The Jewish Agency for Israel, 이스라엘 쥬이시 에이전시)의 웹사이트 내용 중 일부를 발췌하여 정리하였으며, 위키피디아(또는 위키백과) 내용 등을 참고하여 정리하였음.

엘로 쳐들어왔다. 아랍 국가들의 침공으로 인해 이스라엘은 삽시간에 아수라장으로 변하고 만다. 아랍의 군대는 영국군이 놓고 간 탱크와 장갑차를 앞세워 밀고 들어왔지만, 이스라엘은 탱크와 장갑차 등 기갑 차량이 전혀 없는 상태로 아랍의 군대를 막아야 하는 절체절명의 위기에 처하게 된다.

1차 중동전쟁과 아랍 군대의 진격 경로

벤 구리온은 이러한 상황을 예상했다. 제2차 세계 대전이 끝나고 나서 벤 구리온과 그가 이끌고 있던 하가나는 나름대로 전쟁에 대비하고 있었고, 메나헴 베긴이 이끌고 있던 이르군도 전쟁이 발발할 것을 대비해 교두보 확보에 주력했다. 그러나 아랍의 군대와 비교하면 병력이나 무기 모두 보잘것없었다. 하가나의 병력은 2만에서 4만 명 수준이었으며 주요 무기로는 기관총과 소총이 전부였다. 그런데도 하가나와 이르군은 총력을 다해 아랍의 군대를 저지하는 데 성공한다. 2~3일 정도면 승리하겠다고 생각했던 아랍 국가들은 강력한 이스라엘의 저지선에 막힌 상태에서 거의 한 달 동안 전쟁이 지속되자 6월 11일 한 달간의 휴전협정에 동의한다.

7월 9일부터 다시 전쟁이 재개되었지만 이때부터는 이스라엘이 본격적으로 승기를 잡아나간다. 이스라엘의 병력은 이미 10만 명 수준이 되어 있었고 제2차 세계 대전 당시 독일군의 무기를 만들었던 체코로부터 다량의 무기가 공수되었다. 당시 이스라엘의 지도자들 대부분이 사회주의자였기 때문에 소련은 이스라엘이 공산국가가 되리라 판단해 체코를 통해 이스라엘 군대에 무기를 보내도록 했다. 또한 하가나를 비롯한 유대인 민병대들이 하나가 되어 국가의 정식 군대인 '이스라엘 방위군(IDF, Israel Defence Force)'을 창설한다. 새롭게 전투가 개시된 지 열흘이 지나자 더 이상 전쟁에 승산이 없다고 판단한 아랍 측은 다시 휴전하는 데 동의한다. 수개월에 걸친 협상 끝에 이듬해 2월 14일 이집트가 휴전협정서에 서명하고, 3월 23일에는 레바논이, 4월 3일에는 요르단이 그리고 7월 20일에는 시리아가 서명함으로써 1차 중동전쟁은 이스라엘의 승리로 마무리된다. 이 전쟁을 통해서 이스라엘 방위군(IDF)은 훨씬 강한 군대로 변모한다.

이 1차 중동전쟁을 통해서 이스라엘은 유엔이 설정했던 영토보다 더 넓은 지역을 차지하게 된다. 유엔이 팔레스타인 국가에 할당했던 땅은 찢어져 일부는 이스라엘의 영토로 통합되고 요단강 서안지구와 동예루살렘은 요르단에 병합되었으며 가자지구는 이집트가 가져갔다. 팔레스타인의 아랍인들은 결국 1차 중동전쟁을 통해 국가를 세울 기본 요소 중 하나인 유엔이 분할 권고안을 통해 할당해 준 모든 국토를 잃어버리고 말았다.

거기에 더욱더 안타까운 일은 전쟁 전에 팔레스타인 땅에 살던 아랍인 약 70만 명이 그들이 살던 팔레스타인 땅을 떠나 이웃 아랍 국가로 들어가 난민이 되어버리고 만 일이다. 전쟁 중에도 이스라엘 지역에 남아있던 15만 명의 아랍인들만이 이스라엘의 국민이 되어 오늘에 이르고 있다.

팔레스타인 아랍인들은 요르단이 점령한 요단강 서안지구로 28만 명, 요르단 땅으로 7만 명, 레바논 땅으로 10만 명, 시리아 땅으로 7만 5천 명, 이집트 땅으로 7천 명, 이라크 땅으로 4천 명 그리고 이집트가 합병한 가자지구 안으로 19만 명이 흩어져 난민이 되고 만다. 그들이 팔레스타인 땅을 떠난 중요한 이유는 아랍 국가들이 이스라엘과의 전쟁은 아랍의 승리로 쉽게 끝날 것이기 때문에 며칠만 국경 밖으로 나와 있으면 곧 고향으로 돌아갈 수 있다고 부추겼기 때문이다. 그들은 며칠 동안 휴가를 떠나는 기분으로 살던 땅을 나섰다고도 한다.

　팔레스타인 땅을 등지고 이스라엘의 적국이 된 아랍 국가들의 땅으로 떠났던 팔레스타인 아랍인들은 이스라엘이 국경을 폐쇄하는 바람에 자기들이 살던 땅으로 다시는 돌아가지 못하고 난민이 되고 만다. 그들에게 고향을 떠나도록 부추겼던 아랍 국가 어디에서도 그들을 자국민으로 받아주지 않았기에 고향을 떠났던 팔레스타인 아랍인들은 70년 이상 지난 지금까지도 난민 신세를 면치 못하고 있다. 반면에 모로코, 이라크, 이집트, 튀니지, 예멘 등 주변의 아랍 국가에 살던 유대인들은 1차 중동전쟁으로 인해 순식간에 적국에 살게 되는 처지가 되어 버린다. 오랫동안 그곳에 살던 유대인들을 향해 아랍인들의 공격이 거세지자 생명의 위협을 느낀 유대인들은 자기들의 고향이라고 여기던 아랍 국가들을 떠나 이스라엘로 대규모 알리야를 한다. 약 70만 명의 팔레스타인 아랍인들은 그들이 살던 땅을 떠나 난민 신세로 전락했지만 아랍 국가와 유럽으로부터 그 땅으로 돌아온 약 69만 명의 유대인들은 모두 이스라엘의 국민이 되어 그 땅을 차지한다.

2) 건국과 함께 밀려온 거대한 알리야 물결(1948~1951)

* 이스라엘 건국과 1차 중동전쟁이 계기
* 전 세계로부터 68만 8천 명, 이 중, 1949년 한 해 동안만 25만 명 귀환
　- 유럽 국가 37만 명 / 아랍 국가 25만 명
　　(이라크 12만 명, 예멘 5만 명, 리비아 3만 3천 명, 모로코 3만 명, 이집트 1만 7천 명)

　이스라엘과 아랍 5개국 간의 1차 중동전쟁이 진행되는 동안에도 세계 각지로부터의 엄청난 알리야 물결이 밀어닥친다. 이때의 알리야는 크게 두 종류로 나눌 수 있다. 우선 제2차 세계 대전 중 독일 점령 지역에서 나치와 동조 세력들이

자행한 홀로코스트로 인해 공포에 떨었던 유대인들의 거대한 알리야 물결이 그 하나이다. 1933년 독일에서 히틀러의 나치 정당이 집권하면서부터 반유대주의와 반공주의(유대인을 공산주의자로 인식)를 내세우고, 제2차 세계 대전 동안 자행된 홀로코스트로 인해 600만 명의 유대인이 희생되는 와중에 살아남은 유대인들도 공포의 나날을 보내야만 했다. 독일을 비롯해 독일의 점령지인 폴란드, 리투아니아, 벨라루스, 우크라이나 및 러시아 동부, 심지어는 프랑스나 네덜란드와 같은 독일군 점령 지역에서도 유대인 사냥이 계속되었고 이탈리아 및 루마니아와 같은 독일의 동맹국에서도 유대인으로 발각되면 수용소로 보내졌기 때문이다. 이에 더해 스탈린이 집권하고 있던 소련에서도 유대인을 박해했기 때문에 제2차 세계 대전 후 소련 블록으로 포함되는 동유럽 국가에 살던 유대인들은 소련에 대한 공포로 인해 알리야를 결심하게 된다. 이러한 유럽 내의 복합적인 이유로 1948년부터 1951년까지 불과 4년도 안 되는 기간에 무려 38만 명의 유럽 유대인들이 새로 건국된 이스라엘로 알리야를 한다.

또 다른 하나의 큰 물결은 1차 중동전쟁으로 인해 이스라엘의 적국이 되어 버린 아랍 국가로부터의 알리야 물결이다. 이스라엘의 건국과 동시에 시작된 1차 중동전쟁으로 이스라엘과 아랍 국가들은 서로 적국이 되었고 이라크, 예멘, 리비아, 모로코, 예멘 및 이집트 등의 아랍 국가에서는 그 지역에서 오랫동안 살아왔던 유대인에 대한 박해와 학살이 자행되기에 이른다. 이러한 아랍인들의 박해와 학살을 피해 1948년부터 1951년까지 4년간 무려 25만 명의 유대인이 새롭게 건국된 이스라엘 땅으로 알리야를 한다.

이 둘을 포함해 1948년부터 1951년까지 4년 동안 무려 68만 8천 명의 유대인이 한꺼번에 약속의 땅으로 밀려들어 오면서 불과 4년 만에 이스라엘 인구는 건국 당시에 65만 명이었던 것이 두 배 이상으로 불어난다. 이스라엘 정부는 아랍

5개국과 절체절명의 전쟁을 치르면서 당시 인구보다도 더 많은 이 거대한 알리야 물결을 받아들여야만 했다.

새롭게 이스라엘 땅으로 들어오는 사람들을 위한 주택이 준비되어 있을 리 없었기에 수십만 명의 사람들이 천막 등 임시 주택에서 생활해야 했다. 주택 문제, 식량 문제, 물 문제, 의료 문제, 교육 문제 뿐만 아니라 서로 사용하는 언어가 달라 의사소통에도 많은 문제가 있었다. 이스라엘 입장에서 그나마 다행한 일은 비슷한 수인 70만 명의 아랍인들이 스스로 그들이 살던 팔레스타인 땅을 버려두고 떠나는 바람에 아랍인은 15만 명만 남게 되어, 이스라엘 국내 인구 중에서 상대적으로 적었던 유대인의 수가 훨씬 큰 비중을 차지하게 된 일이다. 이스라엘의 건국과 1차 중동전쟁과 함께 진행된 이 거대한 알리야의 물결을 통해 어느 정도 '유대 국가'의 면모가 갖추어졌다고도 할 수 있겠다.

어떤 알리야도 수월했던 적은 없었지만, 특히 예멘 유대인과 이라크 유대인의 알리야를 위해서는 주도면밀하고 극적인 작전이 필요했다. 예멘 유대인의 알리야를 위한 작전을 '매직 카펫 작전(Operation Magic Carpet)'이라고 하고 이라크 유대인의 알리야를 위한 작전을 '에스라와 느헤미야 작전(Operation Ezra and Nehemiya)'이라고 한다.

3) 매직 카펫 작전(Operation Magic Carpet)
; 예멘 유대인의 알리야

아라비아반도의 남단에 있는 예멘에 유대인이 살게 된 기원은 두 가지 설이 있다. 하나는 3천 년 전 솔로몬의 지혜를 찾아 예루살렘을 방문했던 스바 여왕의 귀국 길에 함께 따라갔던 유대인들이 그들의 조상이라는 설이고, 또 다른 하나

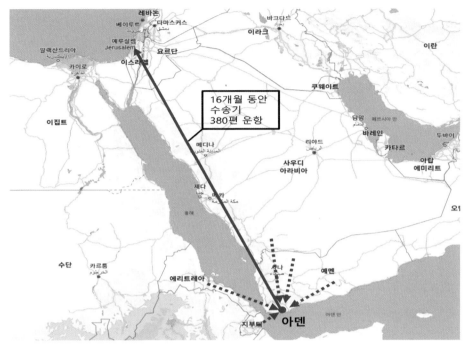

매직카펫 작전 경로

는 남유다 왕국이 바벨론에 멸망하고 많은 유대인이 바벨론에 포로로 끌려갈 때 멸망한 남유다를 떠나 예멘에 정착했던 유대인들이 그들의 조상이라고 하는 설이다. 어떤 경우를 취하더라도 유대인들이 예멘에 정착하기 시작한 시기는 최소 2500년 이전이 된다.

그 땅에서 평범하게 살아가던 유대인들은 예멘이 이슬람 국가가 되면서부터 2등 국민으로 전락해 온갖 차별과 박해를 견디며 살아야 했다. 그들은 예멘의 수도인 사나에 살 수 없었을 뿐만 아니라 직업도 천한 직업 외에는 가질 수 없었다고 한다. 대부분의 예멘 유대인들은 오랜 시간 동안 문명을 접하기 어려운 지역에 거주했고 무슬림으로부터 개종 강요와 박해를 견디며 살아왔다. 극심한 가난과 고통 속에 처한 예멘의 유대인들에게 예멘 유대인 지도자들은 아래의 성경 구절처럼 분명히 하나님께서 애굽에서 이스라엘 백성들을 구원하셨듯이 독수리 날개로 우리를 약속의 땅으로 데려갈 것이라고 하며 믿음을 심어 주었다고 한다. 그들에게 있어서 독수리 날개는 자기들을 구원해 줄 메시아의 강림을 의미하기도 했다.

> 내가 애굽 사람에게 어떻게 행하였음과 내가 어떻게 독수리 날개로 너희
>
> 를 업어 내게로 인도하였음을 너희가 보았느니라 (출 19:4)

약속의 땅으로의 귀환을 간절히 바라던 예멘 유대인 중 수천 명은 이미 1차 알리야 물결과 2차 알리야 물결 기간에 약속의 땅으로 알리야를 한 바 있으나 이후에는 여의찮았다. 그러던 중 1948년 5월 14일 이스라엘이 건국되면서 아랍 국가와 1차 중동전쟁이 발발하고 영국이 점령하고 있던 아덴 지역에서 예멘 아랍인에 의한 폭동이 일어나 최소 82명의 유대인이 사망하고 유대인의 집들이 파괴되는 일이 발생한다. 예멘의 유대인 지도자들은 예멘의 이슬람 최고 지도자인 이맘[22]에게 유대인들을 고국 땅으로 돌려보내 달라고 요구하면서 그렇게 하지 않을 경우 하나님께서 출애굽을 위해 애굽에 내렸던 재앙을 예멘 땅에도 내리실 것이라고 경고한다. 예멘의 이맘은 한동안 유대인 내보내기를 거절했지만 실제로 전염병이 돌아 많은 사람이 희생되고 나서 유대인들의 알리야를 허락했다고 한다.

유대인들은 이스라엘 땅으로 돌아가기 위해 당시 영국이 점령하고 있던 도시 아덴으로 모여들었다. 예멘(지금의 북예멘 지역)으로부터 4만 7천 명의 유대인이 아덴으로 몰려왔고, 아덴 주변 지역으로부터 1,500명의 유대인이, 주변 국가

---

22. 이슬람교의 종교 공동체를 대표하는 지도자.

인 사우디아라비아로부터 2천 명의 유대인이, 홍해 바다 건너 아프리카의 지부티와 에리트레아로부터 500명의 유대인이 먼 길을 마다하지 않고 약속의 땅을 향해 비행기가 출발하는 아덴으로 모여들었다. 이들의 수송을 위해 영국과 미국의 공군 수송기가 동원되었다. 비행기를 난생처음 본 예멘 유대인들은 정말 하나님께서 자기들을 구원해 주시기 위해 독수리를 보내 주셨다고 감격하며 환호했다고 한다. 그래서 이 작전을 '독수리 날개 작전(Operation on Wings of Eagles)' 또는 '메시아 강림 작전(Operation Messiah's Coming)'이라고도 한다. 이 매직 카펫 작전은 1949년 6월에 시작해 이듬해인 1950년 9월에 마무리된다. 16개월 동안 무려 380편의 공군 수송기가 예멘 유대인들을 태우고 아덴을 이륙했다.

1948년 이스라엘 건국 당시, 예멘(현재의 북예멘 지역)에는 5만 5천 명의 유대인이 살고 있었고, 영국 점령지인 아덴(현재의 남예멘 지역)에는 8천 명의 유대인이 살고 있었다. 매직 카펫 작전으로 4만 9천 명이 고국의 땅을 밟았고, 1959년에 추가로 3천 명의 예멘 유대인이 알리야를 한다. 그리고 나머지 대부분은 난민의 신분으로 미국이나 영국 등지로 이주하고 2021년 3월 기준 13명 만이 예멘에 남아있다고 한다. 예루살렘과 텔아비브에는 각각 이 작전을 기리기 위한 '칸페이 네샤림 스트리트(독수리 날개 길)'라고 명명한 도로가 있다.

4) 에스라와 느헤미야 작전(Operation Ezra and Nehemiyah)
; 이라크 유대인의 알리야

매직 카펫 작전이 숨 가쁘게 진행되는 가운데 이스라엘 정부는 또 하나의 대규모 알리야 작전을 준비해야만 했다. 이라크 유대인들을 대규모로 알리야 시키는

'에스라와 느헤미야 작전(Operation Ezra and Nehemiyah)'이 그것이다. 이라크는 인류의 4대 문명 중에서도 가장 먼저 문명이 일어났던 메소포타미아 지역을 품고 있으며 구약 성경에서는 주로 바벨론이나 갈대아라는 지명으로 기록된 지역이다. 이 바벨론(갈대아) 땅에 유대인이 정착하기 시작한 것은 바벨론의 느브갓네살 왕에 의해 남유다의 왕족과 귀족들이 포로가 되어 끌려갔던 B.C.605년부터이다. 이후 B.C.597에 2차 포로가 바벨론으로 끌려갔고, B.C.586년에 성전과 예루살렘이 파괴되고 남유다가 멸망하면서 3차 포로가 바벨론으로 끌려간다. 이 3차에 걸친 바벨론 포로와 또 3차에 걸친 바벨론 포로 귀환에 대해서는 4장 '이스라엘의 세 번째 귀환'에서 설명한 바 있다.

앞의 4장에서도 설명했듯이 바벨론이 메데와 페르시아 연합군에게 멸망한 후 페르시아의 고레스 왕은 조서를 내려 유다 백성들을 예루살렘으로 돌려보내 무너졌던 성전을 건축하게 했고, B.C.516년에 제2 성전인 스룹바벨 성전이 완공되고 봉헌된다. 이후 페르시아의 아닥사스다(아르타크세르크세스, Artaxerxes) 왕 때인 B.C.457년 제사장 겸 학사인 에스라가 사람들을 데리고 예루살렘으로 귀환했고, B.C.444년에는 아닥사스다 왕의 술 맡은 관원이었던 느헤미야가 무너졌던 예루살렘 성벽 건축을 위해 예루살렘으로 올라온다. 3차에 걸쳐 약 5만 명 정도의 유대인들이 예루살렘으로 올라왔지만 예루살렘으로 올라오지 않고 바벨론에 남아있던 사람들도 꽤 있었던 것으로 여겨진다. 그들의 후손이 이라크 유대인이며 1948년 이스라엘 건국 시에 약 15만 명의 유대인이 바그다드를 중심으로 이라크 땅에 살고 있었다.

그들은 바벨론 시대부터 시작해 페르시아, 파르티아 등의 제국들을 거치며 2500년의 세월 동안 그곳에 정착해 살고 있었다. 회당을 중심으로 유대인의 정체성을 유지하며 살고는 있었지만 그들에게는 굳이 약속의 땅으로 돌아가야 한다는 생각은 없었다. 심지어 1897년 헤르츨에 의해 세계 시오니스트 기구가 발족되고 이때부터 많은 유대인이 약속의 땅에 유대 국가를 세우자는 시온주의 운동에 가담했지만, 오래전부터 이라크를 고향으로 여기고 이라크 땅에서 살아왔던 이라크 유대인 지도자들은 이런 시온주의 운동에 분명한 반대 입장을 취했다. 이라크 유대인들은 약속의 땅에 유대 국가가 세워지든 말든 관심을 두지 않았다. 옛 바벨론 인근에 있는 이라크의 수도 바그다드에만 10만 명의 유대인이 살고 있었으며 유대인 교육기관이 28곳, 유대인 회당도 60곳이나 있었다.

그러던 중 제2차 세계 대전 중인 1941년 6월 1일부터 이틀 동안 바그다드에서 나치 추종자들에 의한 유대인 학살 사건이 발생해 180명의 유대인이 목숨을 잃게 되면서 이라크의 유대인 공동체에도 불안의 그림자가 드리워진다. 시간이 흐르면서 이라크 내에서 시온주의에 반대하는 이라크인들의 시위가 점점 늘어나더니, 1948년 이스라엘의 독립 선언과 동시에 아랍 국가의 이스라엘 침공으로 시작된 1차 중동전쟁에 이라크가 이스라엘을 상대로 참전하면서부터 이라크 유대인들은 생명에 대한 위협을 강하게 느끼게 된다. 1950년 4월 8일에는 바그다드의 한 유대인 카페에서 폭탄이 터지는 일이 발생하고, 1951년 6월까지 추가로 유대인을 향한 네 번의 폭탄 테러가 바그다드에서 발생한다.

이라크 정부를 향해 "내 백성을 보내라"라고 요구하는 이스라엘 정부와 유대인들을 보낼 수 없다는 이라크 정부 간의 밀고 당기는 협상이 숨 가쁘게 진행된다. 최종적으로 이라크 유대인은 이라크 내에 있는 모든 유대인의 자산이나 귀금속 등의 재산을 포기하고 1인당 140달러 상당의 소지품만을 가지고 이라크를 떠나는 것으로 합의가 이루어진다. 유대인들의 공공 자산이나 개인 재산은 모두 이라크 정부에 귀속이 되는 것으로 합의를 보았는데, 이라크 유대인들이 이라크를 떠날 때 이라크 땅에 남겨둔 재산의 규모가 어느 정도였는지는 가늠하

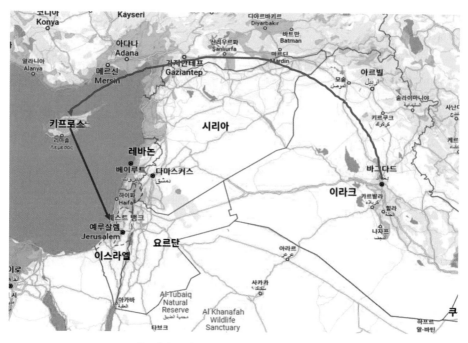
에스라와 느헤미야 작전 초기 비행 경로 (추정)

기 어렵다.

구약 성경의 바벨론 포로 귀환을 기록했던 에스라와 느헤미야의 이름으로 명명된 '에스라와 느헤미야 작전(Operation Ezra and Nehemiyah)'이 1950년 5월 중순부터 본격적으로 시작된다. 이 작전에는 근동 운송회사(Near East Transport Company)와 이스라엘 국영 항공사인 엘알(El Al)의 항공기가 투입된다. 당시 항공기의 운항 거리가 멀지 못했기 때문에 바그다드에서 출발한 항공기가 바로 이스라엘의 텔아비브까지 날아갈 수 없었다. 그래서 바그다드에서 출발한 항공기는 중간 기착지인 키프로스를 경유해 이스라엘로 가야만 했다. 수개월 간의 작전이 진행되는 중에 대형 항공기가 투입되고 나서야 바그다드에서 텔아비브까지의 직항 운항이 가능하게 되었다.

이 작전은 이듬해인 1951년 7월에 완료되는데, 이 작전을 통해 12만 명~13만 명의 이라크 유대인이 약속의 땅으로 알리야를 한다. 10만 명이었던 바그다드의 유대인 수는 5천 명으로 줄었고, 이들 대부분도 후에 이라크를 떠나 이스라엘로 알리야를 한다. 2021년 3월 기준으로 오직 3명의 유대인만이 이라크에 거주하고 있다.

바벨론 포로였던 유대인들은 하나님의 약속대로 스룹바벨의 인도하에 B.C.538년에 1차 포로 귀환을 했고, 에스라의 인도하에 B.C.457년에 2차 포로 귀환, 느헤미야의 인도하에 B.C.444년에 3차 포로 귀환을 했다. 그리고 3차 포로 귀환이 있은 지 2400년 이상의 세월이 지나 에스라와 느헤미야 작전을 통해 4차 바벨론 포로 귀환을 한 셈이다.

참고로 남유다 멸망 후의 바벨론 포로들은 바벨론 지역과 페르시아 지역으로 흩어져 살았었는데, 페르시아(지금의 이란) 지역에 살던 약 10만 명의 유대인 후손들은 1979년 이란에 이슬람 혁명이 일어나 세속주의를 추구했던 친미 팔레비 정권이 무너질 때 대부분 미국으로 이주했다.

5) 2차 중동전쟁(수에즈 작전)

1차 중동전쟁이 끝나고 2년이 지난 1951년 7월에 온건주의자였던 요르단의 압둘라(Abdullah)왕이 암살당한다. 그리고 그 이듬해 이집트에서는 군사평의회에 의해 왕정이 몰락하고 가말 압둘 나세르(Gamal Abdul Nasser)가 이끄는 인민당 독재 정권이 들어선다. 그 이듬해인 1953년 스탈린이 죽기 한 달 전에 소련은 이스라엘과의 관계를 단절했고, 1955년 9월에는 이집트와 당시 공산국가였던 체코슬로바키아가 군사협정을 맺는다. 이를 계기로 공산국가의 종주국이었던 소련은 아랍 국가들에 다량의 현대식 무기를 공급한다. 이런 분위기 속에서 1956년 이집트는 영국과 프랑스가 운영하던 수에즈 운하를 국유화하는 한편, 이스라엘의 수에즈 운하 통과를 불허하고 아카바만 남단의 티란 해협을 봉쇄함으로써 이스라엘 선박의 홍해 진입을 완전히 차단한다. 이와 더불어 이집트는 사우디아라비아 및 예멘과 군사협정을 맺고 요르단 및 시리아와 연합군을 결성한다. 여기에 맞서 이스라엘도 전쟁 준비에 박차를 가한다.

시나이반도 주변 상황이 급변함에 따라 수에즈 운하의 운영권을 상실한 영국과 프랑스가 이스라엘을 끌어들여 2차 중동전쟁을 일으킨다. 이를 위해 프랑스는 이스라엘에 전투기와 탱크 등의 군사 무기를 사전에 지원한다. 우선 1956년 10월 29일 이스라엘의 공수부대가 이집트를 향해 전광석화 같이 선제공격을 감행해 순식간에 시나이반도 전역을 점령하고 수에즈 운하까지도 점령하기에 이른다. 이어서 영국과 프랑스 군대가 전쟁을 중재한다는 명분으로 참전해 수에즈 운하를 확보한다.

영국과 프랑스의 군사행동에 놀란 소련과 미국이 영국과 프랑스를 비난하며 군대를 물릴 것을 종용하는데, 소련은 11월 5일 영국과 프랑스 그리고 이스라엘이 이집트에서 철수하지 않을 경우 런던과 파리에 핵폭탄을 투여하겠다는 협박을 하기도 한다. 제2차 세계 대전 이전까지는 영국과 프랑스가 세계의 패권국이었으나 이제 상황이 바뀌어 미국과 소련이 세계의 패권국이 되어 있었기에 영국과 프랑스 그리고 이스라엘은 어쩔 수 없이 군대를 물릴 수밖에 없는 상황이 된다. 결국 연합군을 결성했던 세 나라가 이집트 영토에서 철수함으로써 '수에즈 작전(Suez Campaign)'으로 명명된 2차 중동전쟁은 마무리된다.

종전 협상 결과, 이스라엘이 시나이반도에서 철수하는 대신 이집트는 시나이반도에서의 재무장이 허락되지 않아 시나이반도는 유엔군이 주둔하는 완충지

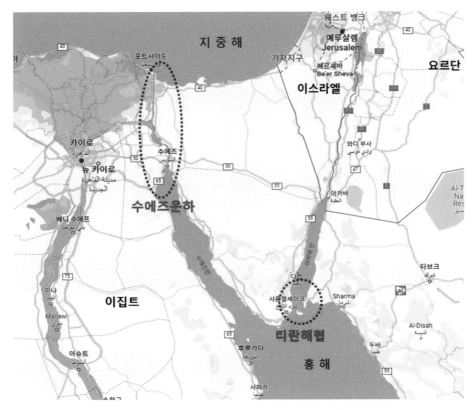

2차 중동전쟁의 계기가 된 수에즈운하와 티란해협

대가 되고, 이스라엘에 대한 티란 해협 봉쇄가 풀려 아카바 항에서 홍해로 빠져 나가는 항로가 확보된다. 이 전쟁으로 인해 영국과 프랑스는 국가적 자존심에 큰 상처를 입는데 이 일이 후에 두 나라가 핵 개발을 하게 되는 계기가 되며 프랑스가 이스라엘에 핵 기술을 공여하는 동기가 된다. 현재 이스라엘 정부는 핵탄두 보유에 대해 시인도 부인도 하지 않고 있지만 국제 사회는 이스라엘이 150기 ~200기 정도의 핵탄두를 보유하고 있는 것으로 인정하고 있다.

2차 중동전쟁은 이스라엘이 전격적으로 이집트를 공격한 전쟁으로 결과적으로 이집트에 살고 있던 유대인들에게는 재앙과도 같은 상황이 연출되고, 급기야 이집트 정부는 이집트에 살고 있던 유대인들을 이집트에서 추방함으로써 성경의 출애굽 사건 이후 3400년이 지나 다시 한번 출애굽이 이루어졌다.

6) 야긴 작전 및 벽화 작전(Operation Yachin and Operation Mural)
; 모로코 유대인의 알리야

북아프리카의 서쪽 그리고 지브롤터 해협을 사이에 두고 스페인과 마주 보고 있는 모로코에는 상당한 규모의 유대인 공동체가 자리 잡고 있었다. 유대인들이 처음 북아프리카에서 살게 된 기원은 알렉산더 사후 이집트에 왕조를 세운 헬라 제국의 프톨레미 왕조 시절로 거슬러 올라간다. 프톨레미 왕조 시절 많은 유대인이 나일 삼각주 서쪽에 자리한 이집트의 알렉산드리아에 거주하게 되고 이들이 지중해변을 따라 서쪽으로 이동하면서 모로코에도 유대인 공동체가 형성된 것으로 여겨진다.

이후 A.D.70년 예루살렘 멸망 후에 많은 유대인이 이집트를 비롯한 북아프리카 지역으로 디아스포라 되었으며, 또한 이들 중 상당수는 8세기에 이슬람이 스페인을 점령할 당시 그들을 따라 스페인으로 건너가 세파라딤 유대인이 되었고, 15세기 기독교 왕국이 영토를 회복할 때까지 거대한 공동체를 형성한다. 스페인의 레콩키스타(재정복 전쟁) 이후 스페인과 포르투갈의 유대인 추방 정책 및 종교재판 등 극심해진 박해로 인해 많은 수의 세파라딤 유대인들은 모로코, 알제리, 튀니지, 리비아, 이집트 등 북아프리카 지역 및 지중해 북쪽 지역 그리고 유럽 지역으로 이주한다. (6장 '1900년 동안의 디아스포라 유대인의 수난' 참조)

1948년 이스라엘 건국과 함께 1차 중동전쟁이 발발하고 이스라엘이 아랍동맹 국가들의 적국이 되면서 아랍 국가 중 하나였던 모로코에 거주하는 유대인들 역시 신변의 위협을 느껴 모로코를 떠나 이스라엘로 알리야를 한다. 그래도 당시는 모로코가 프랑스의 식민지였던 관계로 프랑스가 치안을 유지하고 있었기에 유대인에 대한 직접적인 박해는 덜했다.

유대인의 신변에 대한 위협이 더욱 거세진 것은 모로코 내부에서 프랑스에 대한 독립 운동이 일어나기 시작한 1950년경부터이다. 이스라엘이 건국되고 1차 중동전쟁이 일어날 당시 모로코에는 25만 명의 유대인이 살고 있었으나 1948년 5월에 1차 중동전쟁이 발발하면서부터 모로코가 프랑스로부터 독립하는 1956년까지의 기간 동안 무려 11만 명의 모로코 유대인들이 이스라엘로 알리야를 한다.

당시에는 모로코가 프랑스의 식민지였기 때문에 그리 어렵지 않게 선박이나 항공기 편으로 알리야를 할 수 있었다. 하지만 1956년 모로코가 프랑스로부터 독립하면서부터 아랍동맹 국가들의 압력을 받은 모로코 정부는 자국 내 유대인의 알리야를 금지한다. 모로코 유대인의 알리야가 금지된 상황에서도 모사드 등 이스라엘 기관들은 감시의 눈을 피해 불법적인 알리야를 진행시켰다. 그러는 한편, 이스라엘 정부는 미국 유대인들의 도움을 받아 모로코 유대인들의 알리야를 위해 모로코 정부와 협상을 계속한다. 이 협상의 결과로 진행된 작전이 바로 '야긴 작전(Operation Yachin/Yakhin)'이다.

야긴 작전(Operation Yachin or Operation Yakhin)

'야긴'이라는 이름은 솔로몬이 건축한 예루살렘 성전에 세워진 두 개의 기둥(야긴과 보아스) 중 하나의 이름이다. 모로코 유대인들이 이스라엘의 중요한 기둥 중 하나가 될 것이라는 의미에서 그렇게 작전명을 지었다고 한다. 이스라엘 정부는 지속해서 모로코 유대인들의 알리야를 위해 모로코 정부와 협상을 벌인 결과, 이

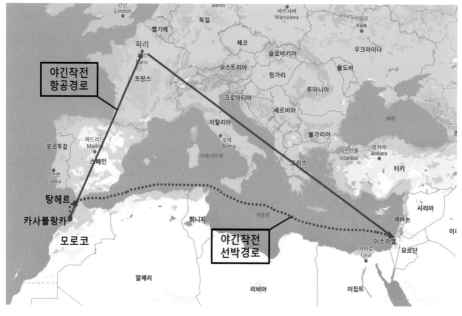

야긴작전 항공경로 및 선박경로

스라엘의 벤 구리온 총리와 모로코의 왕 핫산 2세 사이에 비밀 협정이 맺어진다.

비밀 협정의 조건으로 이스라엘은 모로코 정부에 모로코 유대인 알리야를 위한 초기 착수금으로 50만 달러를 지불하고, 이스라엘로 돌아가는 모로코 유대인의 수가 5만 명이 될 때까지는 1인당 100달러를, 그 이상의 인원에 대해서는 1인당 250달러를 지불하는 것으로 했다. 그리고 다른 아랍 국가들이 눈치채지 못하도록 비밀리에 알리야를 진행하기로 한다. 모로코 정부는 나중에 이스라엘로 알리야하지 않고 프랑스 등으로 이주한 유대인에 대해서도 손해배상금을 챙겼다고 한다.

모사드의 주도로 아랍 국가들의 눈을 피해서 진행된 야긴 작전 동안 모로코 유대인들은 비밀리에 모로코의 수도인 카사블랑카나 해안 도시인 탕헤르에 모여 항공기나 선박을 이용해 알리야 했다. 1961년 11월부터 시작된 야긴 작전은 1964년 봄까지 진행되었고, 이 작전을 통해 약 9만 7천 명의 모로코 유대인이 이스라엘 땅으로 귀환했다. 이 작전을 위해서 약 5천 만 달러 비용이 소요되었으며, 이 비용은 미국의 뉴욕에 근거지를 둔 '히브리 이주민 지원단(HIAS, Hebrew Immigrant Aid Society)'의 후원으로 충당되었다.

벽화 작전(Operation Mural)

벽화 작전은 1961년 이스라엘과 모로코 간의 야긴 작전을 위한 비밀 협정이 논의되는 가운데 모로코 국내의 위험한 상황에 직면한 유대인 어린이들을 모사드가 주도하여 우선해서 구출 및 알리야 시킨 작전이다. 이 작전은 특별히 주도면밀하게 그리고 비밀리에 진행되었는데, 실제 이 일을 진행했던 사람들조차도 이 작전이 모사드에 의해 진행되었다는 사실을 몰랐다고 한다.

모사드는 모로코 내에서 스위스로 여름 캠프를 간다고 유대인 어린이들을 모집해 5회에 걸쳐 약 500명의 유대인 어린이들을 스위스 제네바로 보낸다. 그리고 이들을 다시 이스라엘로 보내 모로코를 탈출하게 했다. 이스라엘로 보내진 어린이들은 얼마 후 진행된 야긴 작전으로 부모들을 만날 수 있었다. 2019년 기준으로 이스라엘 땅에는 47만 2,800명의 모로코 출신 유대인이 살고 있으며, 이들은 솔로몬 성전을 떠받쳤던 '야긴'처럼 현재 이스라엘을 떠받치는 기둥의 역할을 감당하고 있다.

7) 3차 중동전쟁(6일 전쟁)

2차 중동전쟁 이후 11년이 흐른 1967년 초부터 이집트의 나세르 대통령은 새로운 군의 재무장을 도모한다. 그는 1967년 5월 15일에 10만 명의 병력과 기갑

부대를 동원해 시나이반도에 주둔 중인 유엔군을 퇴각시키고 다시 시나이반도를 장악한다.

이어서 5월 22일에는 이스라엘에 대해 또다시 티란 해협을 봉쇄하고, 5월 30일에는 요르단과 군사협정을 체결한다. 이어서 이라크 병력이 요르단에 배치되고, 이집트군 역시 이스라엘 국경을 따라 시나이반도에 군대를 배치한다. 이집트를 비롯

'6일 전쟁' 동안 이스라엘이 점령한 지역

한 요르단, 시리아, 레바논 및 이라크의 이스라엘 침공이 확실시됨에 따라 이스라엘 국내에서는 엄청나게 긴장이 고조된다.

나라가 한순간에 없어질 수도 있는 급박한 상황 속에서 이스라엘 군대는 선공이 최선의 방어라는 전략으로 1967년 6월 5일 전투기를 동원해 지중해 쪽으로 낮게 날아 이집트 비행장에 있는 최신예 소련제 전투기들에 맹폭을 가함으로써 '6일 전쟁'이라 불리는 '3차 중동전쟁'이 발발한다.

이 공격으로 이집트의 공군은 완전히 괴멸당한다. 승기를 잡은 이스라엘 군대는 순식간에 탱크를 몰아 이집트가 점령하고 있던 가자지구 및 시나이반도 전체를 점령한다. 6월 7일에는 요르단 군대와의 치열한 시가전을 거쳐 요르단 군대가 점령하고 있던 동예루살렘을 포함한 예루살렘 시가지 전체를 확보한다. 6

월 8일에는 요르단 군대가 점령하고 있던 요단강 서안지구를 확보하고 6월 9일과 10일에는 시리아의 영토였던 갈릴리 호수 동편의 골란고원까지 점령하기에 이른다.

이스라엘의 전광석화와도 같은 공격에 이스라엘을 침공하고자 했던 아랍 국가들이 무릎을 꿇고 항복함에 따라 전쟁은 6일 만에 끝나고 이스라엘은 추가로 넓은 영토를 확보한다. 이집트로부터 시나이반도와 가자지구를 빼앗았고 요르단으로부터는 요단강 서안지구와 동예루살렘을 빼앗았다. 한편 시리아로부터는 전략적으로 대단히 중요한 갈릴리 호수 동편의 골란고원을 빼앗게 된다. 다만 아랍 국가들의 극렬한 반발을 고려하여 이슬람의 3대 성지 중 하나로 여겨지는 바위(황금) 돔이 자리 잡고 있는 예루살렘의 성전산은 그대로 요르단의 관리 하에 둔다.

8) 4차 중동전쟁(욤 키푸르 전쟁, 속죄일 전쟁)

1차에서부터 3차에 이르는 중동전쟁에서 승리한 이스라엘은 군사력으로 아랍 국가들보다 우위에 섰다는 자신감을 얻게 되는데, 이런 이스라엘의 자신감에 이집트와 시리아가 허를 찌른 전쟁이 4차 중동전쟁이다. 4차 중동전쟁은 1973년 10월 6일 이스라엘의 중요 절기인 속죄일(욤 키푸르)에, 이집트는 시나이반도에서 그리고 시리아는 골란고원에서 선전포고 없이 속죄일 절기를 지키고 있던 이스라엘을 기습적으로 침공하며 시작된 전쟁이다. 속죄일은 히브리력 7월 10일(한국 음력 8월 10일)로 이스라엘 백성이 하나님으로부터 속죄를 받는 날이며 이날 이스라엘 백성들은 금식한다.

전쟁 초기에 예상치 못했던 소련제 최신예 대공 미사일로 인해 이스라엘의 많은 공군 전투기가 추락하고 새로운 대전차 미사일로 인해 이스라엘의 많은 전차와 장갑차가 격파되는 일이 발생했다. 다급해진 이스라엘은 예비군 총동원령을 발동하고 긴급하게 미국의 지원을 요청한다. 이스라엘을 절체절명의 위기에서 구하기 위해 미국은 적국의 방해를 피해 공군 수송기를 이용한 대규모 무기 공수 작전을 전개한다. 이 작전을 통상 '니켈 그라스 작전'이라고 한다. 32일간에 걸쳐 포르투갈이 제공한 대서양의 라헤스 비행장을 중간 기착지로 삼고 진행된 이 작전은 역사적인 대규모 무기 공수 작전으로 기록되었다.

전열을 가다듬은 이스라엘 방위군은 신속하게 지원된 무기를 활용해 10월 9일에는 골란고원에서 시리아군의 진격을 저지했고 10월 11일에는 이집트에 빼앗겼던 시나이반도를 다시 점령한다. 개전 초기 이스라엘은 큰 피해를 입고 패색이 짙었으나 결과적으로는 이 전쟁에서도 승리하고 10월 24일 정전협정을 체결함으로써 4차 중동전쟁은 마무리된다. 이집트와 시리아는 아무 소득도 없이 돌아서야 했으며 이스라엘과의 국경선은 3차 중동전쟁 때 그려진 상태 그대로 유지가 된다.

9) 이집트와의 평화 조약 등

4차 중동전쟁이 끝나고 6년이 지난 1979년 9월 이스라엘과 이집트는 미국의 대통령 별장이 있는 캠프 데이비드에서 미국의 카터 대통령의 중재로 평화협정을 체결하고 이스라엘은 시나이반도를 이집트 측에 반환한다. 하지만 이스라엘은 3차 중동전쟁을 통해 확보한 가자지구, 요단강 서안지구(웨스트 뱅크), 골란고원 및 동예루살렘은 현재까지도 자국의 영토로 간주하고 있다.

유엔을 비롯한 대다수 국가가 이스라엘에 1947년 유엔의 분할 권고안에 명시

된 영토로 돌아가라고 촉구하고 있지만, 이스라엘은 아랍 국가들의 침공으로 시작된 전쟁에서 많은 희생을 치르며 확보한 자국의 영토이므로 돌려줄 이유가 없다는 뜻을 밝히고 있다.

이스라엘은 1979년 아랍 국가 중 처음으로 이집트와 평화 조약을 체결한 이래 1994년 요르단과 평화 조약을 체결했고, 지난 2020년에는 아랍 에미레이트 및 바레인과 각각 '아브라함 의정서'를 체결한 바 있다. 이어서 수단과도 평화협정을 체결했으며 앞으로도 이스라엘과 평화협정을 체결하는 아랍 국가는 더 늘어날 것으로 전망되기도 한다. 시아파 이슬람 국가[23]의 맹주인 이란의 공격적인 세력 확장을 저지해야 하는 수니파 이슬람 국가[24]들에게는 이란의 주적이며 막강한 군사력과 기술력을 보유하고 있는 이스라엘과 그 배후에서 이스라엘을 돕고 있는 미국의 도움이 필요하기 때문이다.

10) 레드씨 다이빙 리조트, 모세 작전, 여호수아 작전, 솔로몬 작전, 이스라엘 반석 작전 등
; 에티오피아 유대인의 알리야

에티오피아 유대인의 역사는 거의 3천 년에 이른다. 에티오피아 유대인들은 검은 피부를 갖고 있으며 스스로 솔로몬의 후손이라고 주장한다.

성경의 역대하 9장에는 스바 여왕이 지혜를 찾아 예루살렘의 솔로몬 왕을 찾아오는 내용이 기록되어 있다. 우리 성경에는 그 이후의 내용이 기록되어 있지

---

23. 시아파 이슬람 국가 : 이란, 시리아, 이라크, 바레인, 예멘(반군 세력) 등
24. 수니파 이슬람 국가 : 사우디아라비아, 이집트, 아랍 에미레이트, 카타르, 오만, 바레인, 요르단, 수단, 리비아, 챠드, 소말리아 등

않지만 스바 여왕이 솔로몬을 만나고 돌아갈 때는 이미 솔로몬의 아기를 임신했었고, 고향으로 돌아가는 도중에 에티오피아 땅에서 아이를 낳아 그 이름을 '메넬리크'라 지었다고 한다. 이 메넬리크는 장성해서 아버지 솔로몬을 찾아가 예루살렘에서 지내다가 에티오피아로 다시 돌아오는데, 그때 솔로몬은 그에게 언약궤와 율법서를 주었고 나라를 세울 수 있도록 여러 신하를 딸려 보냈다고 한다. 이 메넬리크가 에티오피아 악숨 왕국을 세운 메넬리크 1세이다.

레드씨 다이빙 리조트(Red Sea Diving Resort)

1980년 초 이스라엘의 메나헴 베긴 총리는 에티오피아 유대인들이 극심한 기근을 피해 에티오피아 북쪽의 수단 국경을 넘어 수단의 카다리프 난민 수용소에서 어려움 가운데 생활하고 있다는 정보를 접한다. 베긴 총리는 모사드 요원인 디니를 불러 비밀리에 이들을 이스라엘로 데리고 오라는 명령을 내린다. 당시 이스라엘과 이슬람 국가인 수단 간에는 국교가 맺어지지 않았기 때문에 이스라엘 사람은 수단으로의 입국 및 수단 안에서 어떤 활동도 할 수 없는 상황이었다. 총리의 명령을 받은 디니는 몇 명의 요원들과 함께 타국의 여권을 이용해 수단에 잠입했고, 이탈리아 회사가 운영하다가 2년 전에 철수한 홍해 해변의 아루스에 위치한 리조트 시설을 수단 정부로부터 임차한다.

이 리조트는 난민 수용소로부터 약 900km나 떨어져 있어 수용소에 있는 에티오피아 유대인들을 데리고 오기에는 쉽지 않은 위치였지만 수단 관계자들의 눈을 피하기에는 최적의 위치였다. 이 리조트의 이름을 '레드 씨 다이빙 리조트(Red Sea Diving Resort)'라고 불렀다.

1년 동안 영업 준비를 마친 모사드 요원들은 현지인들을 직원으로 채용하고 관광객을 받으면서 비밀리에 난민 수용소에 있는 에티오피아 유대인들을 빼내와 이스라엘로 보내는 임무를 수행한다. 처음에는 난민 수용소에서 빼내온 유대인들을 리조트 앞 해변에서 해군 함정이 준비한 보트에 태워 보내면 해군 함정은 아루스 해안을 떠나 이스라엘의 에일랏 항까지 이동하는 작전을 수행했다. 그러던 중 1982년 3월 세 번째 해상 탈출을 진행하는 과정에서 이들을 밀수업자라고 판단한 수단의 군인들과 총격전이 벌어지기도 한다. 더 이상 해상 탈출을 진행할 수 없게 되었기에 방법을 바꿔 수용소와 비교적 가까운 사막 지대에 공군 수송기를 착륙시켜 수용소에 있는 에티오피아 유대인들을 이스라엘로 탈출시키기로 한다.

작전명도 없는 이 무모하고 위험천만한 작전을 통해 4년 동안 총 17회에 걸쳐 약 2천 명의 에티오피아 유대인이 약속의 땅으로 알리야를 한다. 디니를 비롯한 모사드 요원들은 비밀이 발각되면 수단에서 사형에 처할 위험을 감수하면서 은밀하고 치밀하게 그들에게 주어진 사명을 완수한다. 혹자는 이 작전이 우간다의 엔테베 공항에서 인질로 억류되었던 약 100명의 이스라엘 국민을 이스라엘의 특수부대가 전광석화처럼 구해냈던 1976년의 '엔테베 작전'[25]보다 100배는 더 위험하고 어려운 작전이었다고 말하기도 한다.

탈출이 진행되는 동안에도 에티오피아에 있던 유대인들은 그들의 리더인 페데르의 안내로 예루살렘으로 가기 위해 800km의 험한 길을 목숨 걸고 도보로 이동해 수단의 카다리프 난민 수용소로 모여들었다. 그러나 더 이상 비밀 작전을 진행할 수 없는 상황에 이르게 되었고 카다리프 난민 수용소에 에티오피아 유대인들을 남겨둔 채 작전은 종료된다. 그리고 이 작전은 이후에 진행되는 모세

---

25. 팔레스타인 테러리스트에게 납치되어 우간다의 엔테베 공항에 억류되어 있던 에어 프랑스 항공기 탑승 인질들을 구하기 위해 1976년 7월 4일 이스라엘 특공대가 엔테베 공항에 진입해 전광석화처럼 납치범을 제압하고 납치된 인질 전원을 구조한 작전. 영화로도 상영됨.

작전으로 이어진다.

꿈에 그리던 예루살렘으로 갈 수 있다는 희망을 품고 에티오피아를 출발하여 수단의 카다리프 난민 수용소로 험난한 길을 따라 이동하는 과정에서 약 4천 명의 유대인들이 목숨을 잃었다.

온갖 역경과 위험에도 불구하고 수많은 에티오피아 유대인들을 수단의 카다리프 난민 수용소로 안내하고 모사드 요원들과 함께 목숨 걸고 알리야를 진행했던 페데르는 후에 에티오피아 유대인의 영웅으로 추앙받는다. 이 비밀 작전을 모티브로 만들어진 영화가 바로 '레드 씨 다이빙 리조트(Red Sea Diving Resort)'이며 넷플릭스를 통해 볼 수 있다.

모세 작전(Operation Moses)

수단의 카다리프 난민 수용소에 남아 있는 에티오피아 유대인들을 이스라엘로 데려오기 위해 미국의 난민 업무 조정관인 리처드 크리거(Richard Krieger)의 제안과 이스라엘의 모사드, 이스라엘 방위군(IDF) 그리고 수단 주재 미국 대사관, 수단 비밀경찰 등이 협력해 이루어낸 작전이 바로 '모세 작전(Operation Moses)'이다. 이 작전은 서로 외교관계가 없었던 이스라엘과 수단 사이에 미국이 개입함으로써 진행되었는데 다른 이슬람 국가들에 비밀이 새어 나가면 안 되는 비밀 작전이었다.

1984년 11월 21일부터 1985년 1월 5일까지 7주에 걸쳐 총 30회 동안 벨기에 유대인 소유의 트랜스 유러피안 에어웨이(Trans European Airway)사의 항공기가 수단의 카르툼에서 벨기에의 브뤼셀까지 한 번에 200명씩 에티오피아 유대인들을 실어 날랐다. 원래 이 항공편은 메카 순례를 가는 무슬림들이 많이 이용했던 관계로 이슬람 국가들의 눈을 피할 수 있었다. 그리고 벨기에에 도착한 이들은 다시 다른 항공편을 이용해 이스라엘로 이동했다.

이 모세 작전으로 6,380명의 에티오피아 유대인이 이스라엘로 알리야를 한다. 하지만 작전이 진행되는 과정 중에 작전의 내용이 언론에 흘러나가는 바람에 이슬람 국가들이 수단 정부에 강력하게 항의하면서 수용소에서 예루살렘으로 가기를 학수고대하며 기다리고 있던 에티오피아 유대인들을 남겨둔 채 어쩔 수 없이 작전이 종료된다.

여호수아 작전(Operation Joshua)

모세 작전을 통해서도 데려오지 못했던 에티오피아 유대인을 예루살렘으로 데려오기 위한 새로운 작전이 시도되는데 이를 '여호수아 작전(Operation Joshua)'이라고 한다. 이 작전은 미국의 상원 의원 100명이 로널드 레이건 대통령에게 청원하면서 진행이 되었다. 수단의 카다리프 난민 수용소에 머물고 있던 에티오피아 유대인을 데려오기 위해 당시 부통령이었던 조지 HW 부시의 지휘하에 작전이 진행된다. 1985년에 진행된 이 작전을 위해 미군 공군 수송기가 동원되었고, 수단의 난민 수용소에 남아 있던 약 500명의 에티오피아 유대인들 모두가 알리야함으로써 작전이 종료되었다.

레드씨 다이빙 리조트, 모세 작전 및 여호수아 작전을 통해 수단의 카다리프 난민 수용소에 있던 에티오피아 유대인 약 8,880명이 예루살렘으로 알리야 했다. 이 중 모세 작전을 통해 알리야를 한 에티오피아 유대인 가운데 '프니나 타마노 샤타(Pnina Tamano-Shata)'라는 세 살 짜리 여자 아이가 있었는데, 이 아이가 자라 2013년에는 에티오피아 유대인 최초로 크네셋(의회) 의원이 되었고 2022년 기준 이스라엘의 알리야 및 정착부 장관으로서 전 세계 유대인의 알리야 및 정착을 돕고 있다.

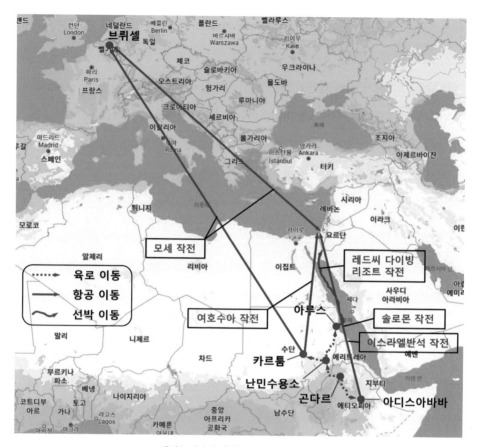

에티오피아 유대인 알리야 작전 경로

솔로몬 작전(Operation Solomon)

여호수아 작전이 있고 6년 후에 진행된 '솔로몬 작전(Operation Solomon)'
은 1991년 에티오피아 내전으로 인해 위험에 처해 있던 에티오피아 유대인들을
에티오피아 독재 정권과 협상을 통해 이스라엘 땅으로 귀환시킨 작전이다. 이
작전을 위해 이스라엘 정부는 에티오피아의 맹키투스 정권과 협상을 벌여 2,600
만 달러를 지불했다. 수송 작전에는 주로 이스라엘 국영 항공사인 엘알사의 보
잉 747 여객기 등이 동원된다. 이 솔로몬 작전을 통해 1991년 5월 24일과 25일의

36시간 동안 총 36대의 항공기가 투입되었고 14,325명의 에티오피아 유대인이 이스라엘로 알리야를 한다.

에티오피아의 독재 정권과 협상이 진행되는 동안 이스라엘 당국은 에티오피아 북부의 곤다르에 거주하는 에티오피아 유대인들을 공항이 있는 에티오피아의 수도 아디스아바바로 이동시키는 일을 진행했다. 유대인들은 버스나 트럭, 때로는 도보로 아디스아바바로 집결했고 공항 주변은 유대인들의 난민촌으로 변했다. 한 명이라도 더 태우기 위해 보잉 여객기의 좌석이 제거되었고 최대 1,088명이 탑승하기도 한다. 이 기록은 여객기 역사상 가장 많은 승객을 태운 기록으로 기네스북에 등재되었다. 수송 작전 기간에 8명의 신생아가 태어나기도 했다.

이스라엘 반석 작전(Operation Tzur Israel)

위에 열거된 여러 작전에도 불구하고 에티오피아에는 여전히 유대인들이 남겨져 있었다. 이들 중 상당수는 기독교로 개종한 에티오피아 유대인인데 이들을 통상 '버려진 크리스천'이라는 의미로 '팔라쉬 무라(Falash Mura)'라고 한다. 이스라엘 내의 에티오피아 유대인들은 에티오피아에 남겨진 그들의 가족을 데려오도록 계속해서 정부에 요구했고, 이스라엘 정부는 이러한 요구를 수용해 알리야를 손꼽아 기다리는 2천 명의 팔라쉬 무라의 알리야를 승인하기에 이른다.

지난 2021년 3월, 아홉 번째 그룹 300명이 이스라엘에 도착함으로써 이스라엘 반석 작전은 종료된다. 솔로몬 작전이 종료된 지 30년 만의 일이다. 아직도 에티오피아에는 약 9천 명의 유대인이 남아 있다고 하는데, 이스라엘 정부는 2021년 말 3천 명의 에티오피아 유대인을 데려오기 위한 '2차 이스라엘 반석 작전(Operation Tzur Israel 2)'을 승인했다. 이들의 알리야를 위해 여러 한국교회

들이 적극적인 도움의 손길을 보내고 있다. (11장 '네 번째 귀환과 회복(4) - 현재와 미래' 참조)

11) 소련 시절 및 소련 붕괴 후의 알리야

* 소련 시절의 세계 여론 및 소련 붕괴가 계기
* 소련 시절 약 16만 명, 소련 붕괴 후 약 97만 9천 명 귀환
(소련 붕괴 전후 2년간 약 33만 3천 명 귀환)

소련의 전신인 제정 러시아가 계속해서 유대인에 대한 차별과 박해 정책을 고수한 것과 같이 소련(소비에트 사회주의 공화국 연방, 약칭 소비에트 연방, USSR) 역시 유대인에 대해서는 반유대주의적인 정책을 고수한다. 러시아 혁명 당시 많은 유대인 젊은이들이 공산 혁명에 가담해 '유대인은 공산주의자'라는 인식이 있었음에도 소련의 정권을 잡은 스탈린은 유대인에 대해 박해를 가한다. 스탈린 이후의 소련 역시 가능한 모든 방법을 동원해 유대인을 체포하고 투옥하는 등 강압적인 방법으로 유대인을 박해했으며 알리야를 위한 어떤 활동도 용납하지 않았다. 1970년에 들어와서 소련 당국은 공무원들에게 이스라엘과 알리야를 공격하도록 주문하기도 했다. 이에 대항해 뉴욕에서는 소련 당국을 향해 "내 백성을 보내라"라고 외치는 대규모 시위가 일어나기도 했고, 이스라엘 정부는 소련 당국에 알리야를 요구하기 위해 대단위 대표단을 파견하기도 한다.

그러던 중 소련에서 비행기를 납치해 스웨덴으로 탈출하려다 붙잡힌 11명의 유대인에 대한 재판이 1970년 12월 레닌그라드 법정에서 열리고 2명은 사형, 나머지는 장기형을 선고받는 사건이 발생한다. 이에 대해 이스라엘 의회는 전 세

계와 연대해 유대인을 억압하는 소련에 대항하기로 의결하고, 이스라엘의 유대인들은 예루살렘 통곡의 벽에서 단식 투쟁을 벌인다.

소련은 이스라엘의 요구와 세계적인 여론 등을 반영해 '유대인 기구(The Jewish Agency for Israel, 이스라엘 쥬이시 에이전시)'의 소련 내 알리야 촉진 활동을 허가하기에 이른다. 이를 계기로 유대인을 가둬 두었던 장벽의 빗장이 서서히 열리면서 알리야도 증가하게 된다. 이런 활동들을 힘입어 1970년부터 10년 동안 16만 명의 소련 유대인이 이스라엘 땅으로 알리야 한다. 이들은 소련에서 우선 오스트리아의 빈으로 이동하고, 빈에서 다시 이스라엘로 입국하는 경로로 알리야 했다. 그런데 1980년대에는 소련에서 탈출한 상당수의 소련 유대인이 이스라엘로 오지 않고 빈에서 미국 등 서방 국가로 이주하기도 하여 이스라엘 당국자의 애를 태우기도 한다. 하지만 본격적인 소련 유대인의 대규모 알리야는, 소련이 붕괴하고 러시아를 중심으로 한 독립 국가 연합(CIS)으로 변화하는 과정에서 일어난다.

1922년 12월 3일에 건국된 소련은 건국 70주년을 4일 앞둔 1991년 12월 25일에 공식적으로 무너지고 새로운 15개의 신생 공화국으로 나누어진다. 이렇게 소련이 나누어져 새로 탄생한 나라가 바로 러시아, 에스토니아, 라트비아, 리투아니아, 벨라루스, 우크라이나, 몰도바, 조지아(그루지아), 아르메니아, 아제르바이잔, 우즈베키스탄, 카자흐스탄, 키르기스스탄, 타지키스탄, 투르크메니스탄이다. "내 백성을 보내라"라고 외치는 이스라엘 지도자들의 말을 듣지 않고 그 백성을 계속 가두어 두었던 소련은 그렇게 붕괴하고 말았다.

소련의 붕괴가 가시화되고 있던 1990년부터 소련 지역에 거주하던 유대인들의 대규모 알리야 물결이 일어나게 된다. 이스라엘 건국 초기인 1948년부터 1951년까지 4년에 걸쳐 68만 8천 명의 거대한 알리야 물결이 있었던 이래 그 누구도 또다시 이런 대규모의 알리야 물결이 있을 것이라고는 상상하지 못했는데, 50년이 지난 시점에 소련 지역으로부터 다시 한번 거대한 알리야의 물결이 이스라엘로 밀어닥친 것이다.

1990년부터 2006년까지 무려 97만 9천 명의 유대인이 구소련 지역에서 이스라엘 땅으로 알리야 한다. 특히 초기 1990년과 1991년 불과 두 해 동안 알리야 전체 인원의 34%에 해당하는 33만 3천 명이 한꺼번에 이스라엘 땅으로 밀려들어 온다. 건국 초기의 알리야 때처럼 이들을 위한 주택 문제 등 수없이 많은 문제가 발생했는데, 무엇보다도 이스라엘 정부는 이들에게 직장과 집을 마련해 주기 위해 엄청난 노력을 해야만 했다.

또한 이들은 오랫동안 공산주의 체제에서 살았던 관계로 자본주의 사회에 적응하는 데에도 애를 먹었다. 그런 와중에도 이들 중에는 의사나 기술자 등 교육 수준이 높은 사람들이 많아 이스라엘의 경제발전에 크게 기여했다.

참고로 2022년 2월 24일 발발한 러시아-우크라이나 전쟁으로 인해 2022년 (11월까지) 한 해 동안 37,364명의 러시아 유대인과 14,680명의 우크라이나 유대인이 약속의 땅으로 알리야를 했는데 동 기간 중의 알리야 인원 중 77.7%를 차지했다.

12) 미국 유대인의 알리야

미국으로 이주한 유대인들

전 세계 어디에서도 환영받지 못했던 유대인들에게 있어서 미국은 소위 제2의 '약속의 땅'이었다. 현재 약 570만 명의 유대인들이 미국에 거주하고 있으며, 미국에서 국가와 사회를 이끌어 가는 주도적인 지위를 누리고 있다. 유대인들의 미국 이주는 크게 다음과 같이 세 번의 물결이 있었던 것으로 이해된다. 아래 내용은 조엘린 졸만이 유튜브에 공개한 내용에서 발췌했다.

『최초의 유대인의 미국 이주는 1654년 브라질에서 출발해 뉴암스테르담(현재의 뉴욕)에 도착한 24명의 세파라딤 유대인 그룹으로부터 시작된다. 이들은 원래 스페인과 포르투갈에 살던 세파라딤 유대인으로 스페인과 포르투갈의 유대인 박해(개종 강요, 추방 및 종교 재판 등)를 피해 브라질로 이주한 사람들이었다. 하지만 브라질이 포르투갈의 식민지가 되면서 종교적 박해의 위험을 피해 다시금 미국으로 이주한다. 이후 세파라딤 유대인들은 뉴포트, 뉴암스테르담(현재의 뉴욕), 필라델피아, 찰스톤 및 사반나와 같은 식민 항구도시에 거주하게 된다.

두 번째 유대인의 미국 이주 물결은 1840년대부터 시작되는 독일의 아슈케나짐 유대인들의 미국 이주이다. 이들이 독일을 떠나 미국으로 이주한 주요 원인에는 유대인에 대한 엄격한 제제와 박해 그리고 경제적인 어려움이 있었다. 이들은 미국을 경제적이고 사회적인 기회의 땅으로 생각했다. 1914년 제1차 세계대전이 발발하기까지 약 25만 명의 독일계 유대인이 미국으로 이주한다. 이들은 미국의 중서부, 서부 및 남부의 작은 도시나 타운 등지에 퍼져 살면서 유대인 거주지를 형성한다. 오하이오주의 신시내티는 미국 개혁 유대교의 본산이 되는데, 보헤미아(지금의 체코)에서 미국으로 이주한 아이작 메이어 와이즈(Issac Mayer Wise) 랍비의 영향이 컸다. 독일 유대인들은 미국 내 유대인의 권익을 보호하기 위해 브나이 브리스(B'nai B'rith)라는 미국 유대인 협회와 같은 단체를 결성하기도 하고, 여성 유대인 국가 연맹(The National council of Jewish

Woman)과 같은 단체를 결성하기도 한다. 브나이 브리스는 현재 미국 유대인들의 이스라엘 알리야를 담당하고 있다.

세 번째 유대인의 미국 이주 물결은 1880년대부터 시작되는데, 주로 러시아(지금의 우크라이나 등), 오스트리아-헝가리, 루마니아 등 동유럽의 많은 유대인이 미국으로 이주한다. 이들은 주로 유대인에 대한 강압적 정책 및 박해, 그리고 가난에서 벗어나기 위해 경제 활동과 사회적 신분 유지가 보장된 미국행을 택한다. 1924년 미국 정부의 이민 제한 정책이 시행되기까지 약 200만 명의 유대인들이 미국으로 이주했다. 같은 기간에 1차, 2차 및 3차에 걸쳐 러시아를 포함한 동유럽에서 팔레스타인 땅으로 이주한 유대인의 수가 12만 5천 명이었던 것을 고려해 보면, 당시 유대인들은 척박한 팔레스타인 땅보다 미국 땅을 훨씬 더 선호했음을 알 수 있다. 1925년 미국 내 유대인 인구는 450만 명에 이르고, 유대교는 미국 내 세 번째 종교가 된다. 1930년대 말 뉴욕시의 대학생 중 50% 정도가 유대인이었고, 미국 전체 대학생의 9%(10만 5천 명)가 유대인이었다.』

미국 유대인의 성장과 활동

동유럽에서 많은 유대인이 미국으로 이주함에 따라 미국의 유대인 사회에서는 동유럽 출신의 아슈케나짐 유대인들이 주도적인 위치를 점하게 된다. 유대인들은 주로 섬유 산업을 비롯해 담배 제조, 식품 산업 및 건설 분야에 종사한다. 유대인 노동자들은 더 나은 노동 조건을 위해 노동운동을 지지했는데, 이는 많은 동유럽 출신 유대인들이 사회(공산)주의적인 사고방식을 가지고 있었기 때문이다. 이런 이유로 유대인 사회는 보수적인 색채의 공화당보다는 진보 성향의 민주당과 굳게 연결된다. 시간이 흐르면서 이들 유대인은 미국의 금융, 언론, 과학,

제조업, 교육, 영화 산업 등을 주도하는 세력으로 성장하게 된다.

미국 유대인들은 미국 내에서 정치적으로나 경제적으로 두각을 나타내면서 이스라엘의 건국 및 알리야를 위한 든든한 버팀목 역할을 감당하게 된다. 미국 내 유대인의 영향을 받았던 트루먼 대통령은 1948년 이스라엘의 건국과 1차 중동전쟁을 치르는 데 큰 힘을 보탰고 1951년 이라크 유대인들의 알리야를 진행하는 에스라와 느헤미야 작전 때 직접 미국 공군 수송기를 지원하기도 한다. 1961년 모로코와의 비밀 협상을 통해 유대인을 알리야 시키는 야긴 작전 때는 뉴욕의 히브리 이주민 지원단이 5천만 달러의 비용을 지불한다. 1973년 4차 중동전쟁(욤 키푸르 전쟁) 때도 위기에 빠졌던 이스라엘에 긴급으로 무기를 지원해 이스라엘이 승리하는 데 큰 역할을 한 것도 미국이었다.

에티오피아 유대인들의 알리야를 위한 모세 작전, 여호수아 작전 및 솔로몬 작전을 진행하는 동안에도 미국 정부는 여러 방면에서 지원했고 미국 내 유대인들 역시 재정적인 지원을 아끼지 않았다.

위에 열거한 내용 외에도 많은 부문에서 미국 유대인들은 이스라엘을 도와왔으며 지금도 미국 정부가 이스라엘을 위해 매년 상당 금액의 국방 원조를 하고 국제적인 보호막의 역할을 하도록 '미국 이스라엘 공공문제위원회(AIPAC, America Israel Public Affairs Committee)' 등의 기관을 통해 다양한 로비 활동을 하고 있다.

현재 미국은 이스라엘 다음으로 유대인이 가장 많이 거주하고 있는 국가다. 미국 유대인의 알리야는 1967년 3차 중동전쟁(6일 전쟁) 때부터 시작되었고 2021년 말까지 약 15만 명이 이스라엘 땅으로 알리야 했다. 알리야 한 인원수로 보면 소련, 폴란드, 루마니아 및 모로코에 이어 다섯 번째로 많은 숫자지만 전체 미국 거주 유대인 수에 비해서는 그 비율이 아주 적다고 말할 수 있다.

미국에 사는 유대인들은 세계 어느 나라의 유대인 보다 여러 면에서 풍요로운 생활을 하고 있고, 미국 내에서도 다른 국가 출신의 미국인들보다 전반적으로 부유한 생활을 하고 있다. 그래서 많은 미국 유대인들은 미국을 제2의 약속의 땅이라고 생각하고 있어 굳이 이스라엘로 알리야를 할 필요성을 전혀 느끼지 못하고 있다고 한다. 그렇다면 이들은 영원히 미국 땅에서 살 수 있을 것인가? 이방 땅에 한 사람도 남기지 않으시겠다는 하나님의 약속(겔 39:28)은 어떻게 결말지어질 것인가 궁금해지기도 한다.

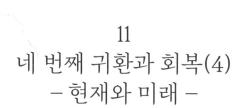

11
네 번째 귀환과 회복(4)
- 현재와 미래 -

앞의 8장, 9장 및 10장에서는 1881년을 시작점으로 약 140년 동안 진행된 네 번째 귀환 즉, 다양한 형태의 알리야 물결에 대해서 알아보았으며 이와 함께 진행된 이스라엘의 건국 과정 및 네 차례의 중동전쟁에 대해 살펴보았다. 이번 장에서는 현재에도 계속해서 진행되고 있는 네 번째 귀환 및 몇 가지 과제에 대해 살펴보고자 한다.

1) 계속되는 알리야와 그 미래

오늘날 전 세계의 유대인은 약 1,500만 명 정도로 추정되는데, 유대인을 규정하는 방법에 따라서 그 숫자는 상당히 달라지기도 한다. 유대인이 가장 많이 사는 나라는 이스라엘로 약 634만 명의 유대인이 거주하고 있으며 이는 전체 유대인의 44%에 해당한다. 두 번째가 미국으로 약 570만 명의 유대인이 살고 있다. 유대인 거주 인구가 많은 10개국의 유대인 인구는 다음과 같다.

1. 이스라엘	6,336,400명	
2. 미국	5,700,000명	
3. 프랑스	460,000명	
4. 캐나다	388,000명	
5. 영국	290,000명	
6. 아르헨티나	180,000명	
7. 러시아	179,500명	
8. 독일	117,000명	
9. 호주	113,000명	
10. 브라질	94,200명	(출처 : www.onenewman.net, 2022)

앞에서 살펴본 바와 같이 1881년 말부터 시작된 유대인의 이스라엘 귀환은 이스라엘 건국 이전까지 6차에 걸친 알리야 물결을 이루었다. 이스라엘의 건국과 함께 홀로코스트의 공포에 휩싸였던 유럽에서와 1차 중동전쟁의 발발로 이스라엘의 적대국이 된 아랍 국가들로부터 약 70만 명의 유대인들이 이스라엘 땅으로 대규모 알리야 했다. 또한 1989년 소련의 붕괴로 구소련 지역으로부터 약 100만 명 정도가 대규모로 귀환했다. 대규모는 아니더라도 소규모의 알리야는 계속해서 이루어졌으며, 최근의 알리야 추세로 보면 매년 2만 명에서 4만 명 정도의 유대인들이 전 세계에서 이스라엘로 알리야 하고 있는데 2021년에는 28,600명이 알리야를 했고 2022년에는 11월까지 약 7만 명이 알리야를 했다. 지금 이 시각에도 전 세계 각 지역으로부터의 알리야는 계속해서 진행되고

2022년에 텔아비브 공항으로 입국한 에티오피아 유대인(좌)과 우크라이나 유대인(우)

(출처 : 원뉴맨TV)

있어 이스라엘 텔아비브의 벤 구리온 공항에는 거의 매일 전 세계 각국으로부터 이스라엘 땅으로 귀환하는 유대인들이 비행기 트랩에서 내려 그 땅에 감격의 입을 맞추고 있다.

그런데도 전 세계 유대인 수에 비해 이스라엘에 거주하는 유대인의 숫자는 약 44%로 아직 절반을 넘지 않는다. 절반 이상의 유대인이 이스라엘 이외의 지역에 살고 있으며 이들 중 상당수가 미국이나 프랑스, 캐나다, 영국과 같이 정치적으로나 경제적으로 비교적 안정된 국가에 거주하고 있다. 이들은 미국이나 프랑스 같은 나라들을 자신의 조국으로 여기며 살고 있고, 굳이 이스라엘로 귀환해야 할 필요성도 느끼지 못한다. 그런데 하나님께서는 선지자 에스겔을 통해 흩어진 모든 이스라엘 백성들을 이방 땅에 한 사람도 남기지 않고 고국 땅인 이스라엘로 돌아오게 하시겠다고 말씀하셨다. 이 일을 통해서 하나님께서는 스스로 여호와 하나님이심을 드러내시겠다고 선포하셨다.

전에는 내가 그들이 사로잡혀 여러 나라에 이르게 하였거니와 후에는 내가 그들을 모아 고국 땅으로 돌아오게 하고 그 한 사람도 이방에 남기지 아니하리니 그들이 내가 여호와 자기들의 하나님인 줄을 알리라 (겔 39:28)

하나님께서는 어떻게 하나님의 약속을 성취하실 것인가? 하나님께서는 아직도 이방 땅에 거주하는 절반 이상의 유대인들을 약속의 땅으로 데려오실 계획을 갖고 계신 것인가? 인간적인 생각으로는 불가능한 이 일이 어떻게 성취된다는 말인가? 그러나 지금까지의 귀환의 과정을 되짚어 보면 하나님께서 어떻게 이 일을 이루실지 어느 정도 유추해볼 수 있겠다.

첫 번째 귀환인 야곱(이스라엘)의 귀환을 생각해 보자. 그와 그의 가족이 하란을 떠나 가나안 땅으로 귀환한 이유가 무엇이었는가? 그 이유는 바로 20년 동안 외삼촌 라반의 집에서 겪은 고된 종살이와 최종적으로는 라반 가족들과의 반목이었다. 더 이상 외삼촌 라반의 가족들과 함께 살 수 없을 만큼 생명의 위협이 느껴졌기에 야곱은 하란을 떠날 수밖에 없었다.

두 번째 귀환, 출애굽도 마찬가지였다. 이스라엘 백성들은 오랫동안 애굽에서 노예 생활을 했으며 시간이 흐를수록 노동의 강도는 더욱더 심해졌다. 애굽 사람들은 이스라엘 백성들을 혹독하게 다루었고, 이스라엘의 인구 증가를 두려워한 바로는 새로 태어나는 남아의 살해를 명하기까지 한다. 이스라엘 백성들이 이런 혹독한 상황 가운데 있었기에 하나님께서 모세를 통해 출애굽을 명하셨을 때 이스라엘 백성들은 아무 미련 없이 그 땅을 떠날 수 있었다.

세 번째 귀환인 바벨론 포로 귀환도 비슷하다. 1차 바벨론 포로 이후 유다 백성들은 70년 동안 바벨론에서 노예 생활을 했다. 그들이 어떤 생활을 했는지는 구체적으로 알 수 없으나 시편 137편의 바벨론에 대한 복수를 기원하는 내용을 통해 그들의 삶이 매우 고통스러웠음을 어느 정도 추측할 수 있다.

멸망할 딸 바벨론아 네가 우리에게 행한 대로 네게 갚는 자가 복이 있으리로다 네 어린 것들을 바위에 메어치는 자는 복이 있으리로다 (시 137:8~9)

위에서 살펴본 바와 같이 성경에 기록된 세 번의 귀환의 공통적인 배경은 고통스러운 노예 생활에 있었음을 알 수 있다. 그렇다면 이 책의 중심 주제이기도 한 네 번째 귀환의 공통적인 배경을 간단히 살펴보도록 하자.

네 번째 귀환의 시작인 1차 알리야 물결은 1881년에 발생한 제정 러시아의 알렉산드르 2세의 암살에서 시작된 러시아 점령지 내의 포그롬이 그 배경이 되었고 1903년부터 시작된 2차 알리야 물결은 키시네프 포그롬을 비롯한 제정 러시아 점령지 내의 수많은 포그롬이 그 배경이 되었다. 3차 알리야 물결은 러시아 혁명으로 인한 경제 붕괴와 유대인 학살이 배경이 되었으며, 4차 알리야 물결은 그동안 유대인에 대해 우호적이었던 폴란드 정부의 갑작스러운 반유대주의적 경제정책이 그 배경이 되었다. 5차 알리야 물결은 갑자기 독일에 나타난 나치당의 반유대주의 및 유대인 박해가 그 배경이 되었으며, 이스라엘 건국 이전까지 진행되었던 6차 불법 알리야는 독일에 의해 자행된 홀로코스트(유대인 대학살)가 그 배경이 되었다.

1948년 이스라엘 건국 이후의 귀환 역시 비슷한 배경을 가지고 있다. 제2차 세계 대전 중에 발생한 홀로코스트로 인해 충격을 받은 유럽의 유대인들이 대규모로 알리야 했으며 1차 중동전쟁으로 갑자기 적국이 되어 버린 아랍 국가 내에서의 유대인들에 대한 박해와 학살을 피해 많은 유대인이 대규모로 알리야 했다. 이라크 유대인들이 이라크인들의 적개심에 공포를 느껴 모든 재산을 포기한 채 대규모로 알리야를 했으며, 모로코 유대인들 역시 아랍인들의 공격을 피해 대규모로 알리야 했다. 소련이 무너지고 나서 소련에서 박해와 억압을 받던 유대인들이 대규모로 알리야 했고, 에티오피아 유대인들 역시 기근과 공산정권의 박해를 피해 이스라엘 땅으로 돌아왔다.

또 이와 함께 생각해 봐야 할 점은 유대인들을 박해하고 학살했던 주체가 유대인들이 조국이라고 생각하며 충성했던 국가체계였거나 아니면 함께 생활하던 이웃인 경우가 대부분이었다는 것이다. 제정 러시아 시절, 많은 유대인이 함께 살던 이웃들에 의해 어느 날 갑자기 포그롬을 당해 목숨을 잃었으며 수백 년 동안 폴란드를 조국으로 여기며 살아왔던 폴란드 유대인들은 어느 날 갑자기 등장한 반유대주의 정권의 반유대주의적 경제정책의 박해로 인해 폴란드를 떠나야 했다. 독일을 자신의 조국으로 여기며 독일에 대해 애국심을 갖고 살던 독일 유대인들 역시 어느 날 예기치 않게 등장한 히틀러와 나치당에 의해 엄청난 박해와 학살을 당하게 되면서 약속의 땅으로 알리야 했다. 2500년 이상 바벨론(메소포타미아) 땅을 고향이라고 생각하고 살아왔던 이라크 유대인들 역시 이라크가 이스라엘을 침공해 1차 중동전쟁이 발발하고 이라크 유대인에 대한 박해가 시작되자 그 땅과 재산을 모두 버리고 이스라엘 땅으로 귀환했다.

이상에서 살펴본 바와 같이 약속의 땅으로의 귀환에 대한 공통적인 배경에는 반유대주의를 기본으로 한 국가적 또는 집단적인 유대인에 대한 박해와 학살 그리고 이에 따라 현지 유대인이 겪었을 공포와 고난이 있었음을 알 수 있다. 또한 이런 일이 어느 날 갑자기 예기치 않게 일어났다는 것이다.

현재 이스라엘 이외의 지역에 사는 대다수 유대인은 자유롭고 부유한 미국이나 프랑스, 캐나다, 영국과 같은 나라에 살고 있다. 과연 언제까지 그들이 지금과 같이 이방 땅에서 편안한 삶을 살 수 있을까? 이스라엘 백성들을 세계 가운데로 흩으셨던 하나님께서는 그들을 이방 땅에 한 명도 남기지 않으시겠다고 약속하셨다. 그 약속은 언제 이루어질 것인가? 그리고 그 약속은 어떻게 이루어질 것인가?

하나님의 약속과 예언의 말씀이 언제 어떻게 이루어질지는 우리로서는 알 수가 없다. 하지만 그때가 정해지면, 이전의 알리야의 물결이 일어날 때 그랬듯이 그 땅에서도 유대인들에 대한 엄청난 박해가 가해지는 격변이 일어나고 이를 피하려고 약속의 땅으로의 거대한 알리야 물결이 일어날 것으로 생각된다. 이 일이 이루어지면 하나님께서 에스겔에게 마른 뼈 환상을 통해 보여주시면서 약속하셨듯이 이스라엘은 아무도 범접할 수 없는 '큰 군대'와 같은 아주 강력한 나라가 될 것이다.

2) 알리야를 돕는 한국 교회

이스라엘에서 국가적 차원으로 전 세계 유대인의 알리야와 정착을 관장하는 기관이 바로 '이스라엘 쥬이시 에이전시(The Jewish Agency for Israel, 유대인 기구)'이다. 벤 구리온에 의해 1929년에 설립된 쥬이시 에이전시는 건국 및 국정 수행을 위해 세워진 이스라엘 3개 국가 기관 중 하나로, 지금까지 90년이 넘는 기간 동안 디아스포라 유대인들의 알리야와 그들의 정착을 돕는 일을 해왔으며 지금도 전 세계에 4천 명의 직원을 두고 지속해서 유대인의 알리야와 정착을 돕고 있다. 이스라엘 독립 이후 초대 총리가 된 벤 구리온을 비롯해 많은 이스라엘 지도자들이 쥬이시 에이전시의 일을 감당해 왔다. 현재 이스라엘 대통령인 이츠하크 헤르초그(Isaac Herzog)가 바로 전임 쥬이시 에이전시 총재였고, 현재는 아미라 아로노비츠(Amira Ahronobiz) 여사가 쥬이시 에이전시의 CEO 일을 감당하고 있다.

쥬이시 에이전시는 아주 광범위한 알리야 지원 활동을 해왔지만 그동안 기독교에 대해서는 일반 유대인들과 마찬가지로 문을 개방하지 않았다. 하지만 이제 그 문이 서서히 열리고 있는데, 그 일을 진행하고 있는 단체가 바로 '재단법인 원뉴맨패밀리(One New Man Family, 대표 설은수 목사)'이다. 설은수 대표는 쥬이시 에이전시의 아시아 크리스천 대표로 활동하고 있으며, 한국의 여러 교회나 단체들과 협력해 알리야 지원 사역 및 정착 지원 사역을 감당하고 있다.

2018년 설립된 원뉴맨패밀리를 통해서 그동안 기독교를 터부시하며 교회나 기독교 단체로부터의 후원을 일절 받아들이지 않았던 쥬이시 에이전시가 기독교에 대해 문호를 개방하고 교회를 우호적으로 대하게 되었다. 원뉴맨패밀리와 한국 교회의 협력으로 다양한 알리야가 진행되면서 쥬이시 에이전시와 한국 교회와의 친밀감은 더욱 높아지고 있다. 2022년에는 쥬이시 에이전시 CEO인 아미라 아로노비츠 여사와 쥬이시 에이전시 크리스천 친선대사인 드보라 가나니 여사가 한국을 방문하여 제1회 알리야 컨퍼런스에 참여했고 여러 한국 교회와 교류를 나누기도 했다.

한국 교회가 처음으로 진행한 알리야 작전은 2020년 3월에 반유대주의 시위 및 테러로 인해 어려움을 겪고 있는 프랑스 유대인들을 알리야 시킨 작전이었다. 이 작전은 한국알리야운동본부의 주관으로 진행되었으며 이 작전으로 인해 300명의 프랑스 유대인이 약속의 땅으로 알리야를 할 수 있었다. 한국알리야운동본부는 같은 해 12월에 다시 한번 알리야 작전을 진행하여 카자흐스탄과 키르기스스탄에서 120명의 유대인을 약속의 땅으로 데려왔다.

원뉴맨패밀리는 특별히 에티오피아 유대인의 알리야에 힘을 쏟았다. 2021년 1월에 캄선교회 주관으로 300명의 에티오피아 유대인들이 약속의 땅으로 알리야 했으며, 같은 해 2월에는 서울 주영광교회를 비롯한 11개 교회 연합의 주관으로 333명의 에티오피아 유대인을 알리야 시켰다. 바로 이어서 3월에는 월드브릿지미션 주관으로 302명의 에티오피아 유대인을 알리야 시키는 '코뿔소 돌파 작전'이 진행되었고, 5월에는 원뉴맨패밀리 단독으로 57명의 에티오피아 유대인을 약속의 땅으로 인도했다. 이듬해인 2021년 11월에는 광주거자씨교회 주관으로 200명의 에티오피아 유대인이, 2022년 6월에는 미국의 한인교회인 버지니아 인터내셔날 갈보리교회 주관으로 300명의 에티오피아 유대인이 약속의 땅으로 귀환했다. 바로 이어서 7월에는 월드브릿지미션 주관하에 에티오피아 유대인 250명을 알리야 시키는 '코뿔소 아디스아바바 작전'이 진행되었으며, 8월에는 원뉴맨패밀리 단독으로 127명의 에티오피아 유대인 알리야를 진행했다.

2022년 2월 24일 러시아가 우크라이나의 국경을 넘어 침공해 들어오자 많은 우크라이나 국민이 피난길에 올랐으며, 그 가운데에는 많은 우크라이나 유대인들이 섞여 있었다. 쥬이시 에이전시는 러시아-우크라이나 전쟁으로 인해 삶의 터전을 잃은 유대인들을 위해 긴급하게 폴란드, 헝가리, 루마니아, 몰도바 등에 사무소를 개설하고 우크라이나 유대인의 알리야를 진행했다.

이렇게 급박하게 전개되는 상황 가운데 원뉴맨패밀리는 월드브릿지미션 주관하에 2022년 2월에 우크라이나 유대인 250명을 약속의 땅으로 데려오는 '코뿔소 우크라이나 작전'을 진행했다. 이후 캄선교회와 알리야운동본부를 비롯한 한국 교회와 개인의 후원을 받아 전쟁 기간에 우크라이나 유대인의 알리야를 진행하여 2022년 11월까지 총 2,022명을 약속의 땅으로 알리야 시켰다.

이 외에도 월드브릿지미션 주관하에 무슬림 국가 유대인 84명과 인도 므낫세 지파 유대인 548명, 페루 유대인 30명 그리고 러시아 유대인 200명을, 왕의대로 미니스트리 주관하에 남아프리카공화국 유대인 50명과 러시아 유대인 120명을, 부산 연제로교회 주관하에 카자흐스탄 유대인 120명을 약속의 땅으로 알리야 시키는 사역을 진행했다.

이렇게 한국 교회와 단체를 통해 약속의 땅으로 알리야 한 유대인의 수는 약

5,385명(2022년 11월 말 기준)이 되었으며, 이 귀중한 작전을 위해 한국 교회와 단체가 2018년부터 현재까지[26] 후원한 금액은 약 511만 6천 달러(약 65억 원, 환율 1,270원 기준)가 된다.[27]

이러한 일련의 한국 교회와 단체의 적극적인 후원에 힘입어 그 동안 교회에 대해 닫혔던 쥬이시 에이전시의 시선이 상당히 우호적으로 변하고 있다. 이러한 변화는 대단히 중요하다. 왜냐하면 흩어졌던 유대인들이 약속의 땅으로 귀환하는 일도 하나님의 약속이 성취되는 중요한 일임이 틀림없으나, 약속의 땅으로 돌아온 그들이 예수님을 자기들의 메시아로 받아들이는 일(영적 알리야) 또한 하나님의 약속이 성취되는 대단히 중요한 일이기 때문이다. 지금 하나님께서는 일반적인 알리야(육적 알리야)를 넘어 저들이 예수님을 메시아로 인정하고 예수님께로 돌아오는 '영적 알리야'를 이루시기 위해 한국 교회를 사용하고 계시는 것이다.

Tip. 에티오피아 솔로몬 왕조와 하일레 셀라시에 황제

에티오피아의 솔로몬 왕조는 이스라엘 통일왕국의 솔로몬 왕과 스바 여왕의 아들 메넬니크 1세를 시조로 하는 왕조이며, 1974년 멩기투스의 군사정권에게 하일레 셀라시에 황제가 폐위당하면서 역사 속으로 사라졌다.

솔로몬 왕조의 마지막 황제인 셀라시에 황제는 1950년 한국에서 6.25 전쟁이 발발한 이듬해 황실 근위대를 포함한 6,037명의 병사들을 5차에 걸쳐 한국에 파병했다. 그리고 그들에게 '강뉴(Kagnew)부대'란 이름을 하사했으며 "이길 때까지 싸우라 아니면 죽을 때까지 싸우라"라는 특명을 내렸다. '강뉴'는 에티오피아어(암하라어)로 '혼돈에서 질서를 확립하다' 또는 '초전박살'이라는 의미이다. 용감히 싸웠던 강뉴부대는 253번의 전투

---

26. 2022년 11월 말 기준
27. 자료 제공 : 원뉴맨패밀리

에서 253번의 승리를 거두었으며, 123명의 전사자와 536명의 부상자가 발생했지만 포로는 한 명도 없었다. 그런데 이 강뉴부대원의 상당수가 바로 에티오피아 유대인이었으니, 대한민국은 에티오피아 유대인에게 큰 빚을 진 셈이 된다. 솔로몬 왕조의 마지막 황제인 셀라시에 황제는 1968년에 한국전 참전 기념비(춘천)의 제막식에 참석하기 위해 한국을 방문했다.

이제 시간이 흘러 힘겹게 살아가면서도 예루살렘 귀환의 꿈을 꾸는 에티오피아 유대인들의 알리야를 한국 교회가 도움으로써 대한민국을 위해 피를 흘린 에티오피아 유대인에게 빚을 갚아 가고 있다.

에티오피아 한국전 참전기념비와 기념비에 헌화하는 하일레 셀라시에 황제

(출처 : 춘천시 소식지 봄내)

3) 유대인들은 예수를 메시아로 받아들일 것인가

유대인이라고 해서 모두 하나님을 믿는 것은 아니다. 그들 중에는 무신론자도 많다. 하나님을 믿는 유대인들 즉, 유대교에 속한 사람들도 다양한 형태로 하나님을 믿는다. 유대교 안에는 수없이 많은 종파가 있는데 크게는 초정통파와 정통파, 개혁파 등으로 나눈다. 개혁파 쪽으로 갈수록 비교적 세속화 되어 있다고 보면 될 것이다. 어느 종파에 속하는 유대인이건 2천 년 전에 오신 예수님을 자기

들이 기다리던 메시아로 인정하지 않고 소위 '거짓 메시아'라고 부른다. 아직 성경(구약)에 약속된 메시아가 오지 않았기 때문에 그들은 지금도 여전히 메시아의 강림을 기다린다고 한다. 그들이 약속의 땅으로 돌아오고 유대 국가를 세운 이유도 메시아의 강림을 기다리기 때문이라고 하는 사람들도 있다.

일반적으로 유대인들은 지난 1900년 동안 유대인을 증오하고, 핍박하고, 학살했던 기독교를 혐오하고 있는데, 초정통파로 갈수록 기독교와 기독교인에 대한 혐오의 정도가 더욱 심해진다. 이런 이유로 인해 유대인들에게 복음을 전하는 것이 그렇게 쉬운 일은 아니다.

그런데도 유대인 중에는 예수님을 메시아로 받아들이는 사람들이 늘고 있는데 이들을 통상 '메시아닉 쥬(Messianic Jew)'라고 한다. 다시 말해 '예수를 메시아로 믿는 유대인'이라는 의미이며 '2천 년 전에 오셨던 그 예수가 바로 성경 (구약)에 오시기로 한 바로 그 메시아라고 믿는 유대인'이라는 의미이다. 일반적으로 1970년대부터 이스라엘 내의 유대인들 가운데 메시아닉 쥬가 늘어나기 시작했으며 지금은 이스라엘 땅에 약 3만 명 이상의 메시아닉 쥬가 있다고 한다.

그들이 예수님을 메시아로 받아들이게 되는 동기는 상당히 다양하다. 유대교 내에서는 신약성경을 금서로 지정하고 절대 읽지 못하도록 하는데, 신약성경 특히 마태복음을 읽게 되면 대부분 예수님을 메시아로 영접하게 된다고 한다. (마태복음은 유대인을 위해 쓰인 복음서이다.) 어떤 경우에는 꿈에서 예수님을 만나서 예수님을 메시아로 믿게 되기도 하고, 성령의 임재를 체험하는 가운데 예수님을 영접하는 경우도 있다고 한다. 이들은 초정통파 유대인들로부터 많은 핍박을 받고 있으며 법적으로나 제도적으로나 많은 제약을 받고 있음에도 불구하고 믿음을 지켜나가고 있다. 그리고 그들의 숫자는 점차 늘고 있다.

그렇다면 예수님을 메시아로 믿는 메시아닉 쥬들을 박해하고 기독교를 혐오하는 유대인들이 과연 예수님을 그들의 메시아로 영접할 수가 있을까? 이에 대해서는 성경 속 예언의 말씀을 살펴볼 필요가 있는데 결론적으로는 "그렇다"라고 답할 수 있겠다.

에스겔서 36장 말씀 가운데 하나님께서 이스라엘 백성들을 여러 나라 가운데서 모아 고국 땅으로 들어가게 하신 이후에 그들을 정결케 하고 그들 속에 새 영을 두시겠다는 예언의 말씀이 기록되어 있다. 새 영이 그들 속에 임하게 되면 그들의 눈이 밝아져 예수님이 바로 그들이 기다렸던 메시아이심을 깨닫게 될 것이다. 지금도 이 일이 계속해서 그 땅에서 이루어지고 있다.

> 내가 너희를 여러 나라 가운데에서 인도하여 내고 여러 민족 가운데에서 모아 데리고 고국 땅에 들어가서 맑은 물을 너희에게 뿌려서 너희로 정결하게 하되 곧 너희 모든 더러운 것에서와 모든 우상 숭배에서 너희를 정결하게 할 것이며 또 새 영을 너희 속에 두고 새 마음을 너희에게 주되 너희 육신에서 굳은 마음을 제거하고 부드러운 마음을 줄 것이며 또 내 영을 너희 속에 두어 너희로 내 율례를 행하게 하리니 너희가 내 규례를 지켜 행할지라 (겔 36:24~27)

예수님께서는 십자가에 달리시기 전에 예루살렘이 황폐해질 것이라는 예언의 말씀을 하시면서 "찬송하리로다 주의 이름으로 오시는 이여"라고 할 때까지 예수님을 보지 못할 것이라 말씀하셨다. 이 말씀은 유대인들이 "찬송하리로다 주의 이름으로 오시는 이여"라고 하면서 예수님을 자기들의 메시아로 맞이할 때가 되면 예수님께서 다시 오신다는 의미이기도 하다. "찬송하리로다 주의 이름으로 오시는 이여"라는 환영의 메시지는 왕의 대관식 때 외치는 소리이며 신랑이 신부를 데리러 올 때 신랑을 맞이하는 소리이다. 따라서 유대인들의 영안이 열려 예수님을 메시아로, 또 자기들의 왕으로 인정하고 대망할 때 예수님의 재림이 이루어진다는 의미이기도 하다.

> 내가 너희에게 이르노니 이제부터 너희는 찬송하리로다 주의 이름으로
> 오시는 이여 할 때까지 나를 보지 못하리라 하시니라 (마 23:39)

기독교인들의 유대인에 대한 잔혹한 박해로 굳게 닫혔던 유대인들의 마음과 눈이 새 영으로 말미암아 열리게 되고 그들이 예수님을 메시아로 인정하고 영접하게 되는 시기는 예수 그리스도의 복음이 온 세상에 전파되는 시간과도 연결되어 있다. 예수님께서는 세상 끝 날에 관해 말씀하시면서 천국 복음이 온 세상에 전파되어야 끝이 온다는 예언의 말씀을 주셨다. 온 세상이라는 표현은 이방 민족들의 세상일 수도 있겠지만 여기에는 이스라엘까지도 포함된다고 볼 수 있다. 결국 이스라엘의 복음화 즉, 유대인이 예수님을 메시아로 인정하는 일이 이루어져야 끝이 오고 예수님께서 다시 오신다는 의미가 아니겠는가?

> 이 천국 복음이 모든 민족에게 증언되기 위하여 온 세상에 전파되리니 그
> 제야 끝이 오리라 (마 24:14)

이러한 이스라엘의 복음화는 로마서에 기록된 사도 바울의 소망과도 일치한다. 사도 바울은 이방인의 사도로 부르심을 받아 이방인들을 그리스도께 돌아오게 하려고 온갖 고초와 박해를 겪기도 했지만 그의 마음속에는 늘 자기 민족 이스라엘의 구원에 대한 간절한 소망이 간직되어 있었다.

형제들아 내 마음에 원하는 바와 하나님께 구하는 바는 이스라엘을 위함

이니 곧 그들로 구원을 받게 함이라 (롬 10:1)

그러면서 사도 바울은 복음이 이스라엘이 아닌 이방인을 향해 나아가기는 하
지만 이 일은 하나님께서 이스라엘을 완전히 버리신 것이 아니라 다만 이방인들
가운데 복음이 선포되어 충만한 수가 구원받기까지 이스라엘이 더러는 우둔하
게 된 것이며 아울러 이스라엘의 구원이 유예된 것임을 설명한다.

형제들아 너희가 스스로 지혜 있다 하면서 이 신비를 너희가 모르기를 내
가 원하지 아니하노니 이 신비는 이방인의 충만한 수가 들어오기까지 이
스라엘의 더러는 우둔하게 된 것이라 그리하여 온 이스라엘이 구원을 받
으리라 기록된 바 구원자가 시온에서 오사 야곱에게서 경건하지 않은 것
을 돌이키시겠고 내가 그들의 죄를 없이 할 때에 그들에게 이루어질 내
언약이 이것이라 함과 같으니라 (롬 11:25~27)

이스라엘의 구원은 이방인의 충만한 수가 차기까지 유예되었다. 그런데 이는
예수님께서 말씀하신 '이방인의 때'와도 연결된다. 누가복음 21장에는 예루살렘
의 멸망에 대한 예언의 말씀이 기록되어 있는데, 이 예언의 말씀은 앞의 5장에서
보았듯이 A.D.70년에 1차 유대-로마 전쟁을 통해 실현되었다. 로마에 의해 예루
살렘이 멸망한 이후 예루살렘은 이방인의 때가 차기까지 이방인들에게 밟힐 것
이라는 예언의 말씀도 하셨는데, 그렇다면 예루살렘이 이방인에게 밟히는 이방
인의 때는 과연 언제까지로 봐야 할 것인가?

그들이 칼날에 죽임을 당하며 모든 이방에 사로잡혀 가겠고 예루살렘은
이방인의 때가 차기까지 이방인들에게 밟히리라 (눅 21:24)

예루살렘은 A.D.70년 로마에게 멸망한 후 로마 제국(비잔틴 제국 포함), 사라센 제국, 셀주크 튀르크, 십자군, 아이유브 왕조, 맘루크 왕조, 오스만 튀르크 등의 이방인들에게 밟혔으며, 제1차 세계 대전 막바지인 1917년에 영국에게 점령되었다. 그리고 1948년 5월 14일 이스라엘의 건국과 함께 영국군이 철수하고 동예루살렘을 제외한 예루살렘 일부가 이스라엘의 품으로 들어온다. 하지만 이때에도 동예루살렘은 요르단의 점령하에 있었기에 예루살렘은 부분적으로 이방인에게 밟혀 있었다고 봐야 할 것이다.

1967년에 있었던 3차 중동전쟁(6일 전쟁)을 통해 이스라엘은 요르단 군대와의 치열한 전투 끝에 동예루살렘을 점령하게 된다. 하지만 예루살렘에서 가장 중요한 장소인 성전산에는 지금까지도 이슬람의 바위 돔(황금 돔)과 알악사 모스크가 자리 잡고 있으며, 여전히 이곳은 이방인인 요르단의 통제 아래 있다. 이 성전산이 완전히 이스라엘의 통제 아래 들어오는 때, 바로 그때가 예수님께서 말씀하신 이방인의 때가 차는 때로 여겨진다. 그날이 언제인지는 알 수 없으나 분명한 것은 그때가 아주 가까이 온 것 같다는 생각이 든다.

이렇게 예루살렘에서의 이방인의 때가 차게 될 때와 이방인의 충만한 수가 차게 되는 때는 이스라엘의 구원과 깊이 관계가 있으며, 이스라엘의 구원은 예수님을 배척했던 유대인들이 "찬송하리로다 주의 이름으로 오시는 이여"하며 예수님을 메시아로 인정하고 영접하는 때와도 밀접한 관계가 있다. 또한 마른 뼈가 큰 군대가 되는 에스겔의 환상처럼 이스라엘이 큰 군대와 같은 강력한 국가가 되는 때 및 전 세계에 흩어져 있는 모든 유대인이 하나님께서 아브라함과 이

삭과 야곱에게 약속하신 '약속의 땅'으로의 '네 번째 귀환'을 마무리하는 때와도 깊이 연결되어 있다고 할 수 있다. 날과 시는 정확히 알 수 없지만 이때가 바로 우리 주님 예수 그리스도께서 다시 오실 때가 아닌가 싶다.

이렇게 이 책의 서론 부분에서 언급한 성경 속 예언의 세 줄기인 메시아에 대한 예언과 이스라엘에 대한 예언 그리고 이방 민족에 대한 예언의 성취가 한 곳에서 만나 예수님의 다시 오심으로 성취됨으로써 성경 예언의 성취가 마무리되는 것이 아닐까 조심스럽게 예상해 본다.

마치면서

무엇보다도 먼저 이 책을 구상하게 하시고 한 줄 한 줄 써 내려갈 때마다 함께해 주시고 인도해 주신 우리 하나님 아버지께 감사와 영광을 올려 드린다. 머리말에서도 언급했듯이 이 책을 쓰게 된 동기는 에스겔서를 통해 받은 감동에서 비롯되었다. 책의 줄거리를 머리에 새기면서 목차를 정리할 때만 해도 그리 어렵지 않게 책을 쓸 수 있겠다는 교만함(?)이 있었다. 하지만 책의 페이지를 채워 나가면서 성경의 내용, 특히 선지서의 내용에 대해, 이스라엘의 역사에 대해 그리고 역사(歷史) 속에서 역사(役事)하시는 하나님의 성실하심에 대해 너무 무지했다는 자책이 가슴 속을 파고드는 과정을 겪을 수밖에 없었다.

특별히 이 책의 8장부터 시작되는 네 번째 귀환 이야기를 하나하나 엮어 나가면서 그동안 알지 못했던 수많은 역사적 내용을 접하게 되었고, 전개되는 사건마다 놀랍게 임하신 하나님의 손길을 강하게 느낄 수 있었다. 140년 전부터 시작된 귀환의 물결이 또 다른 물결로 이어지고 지금에 이르기까지 계속되고 있음을 본다. 이 모든 일들은 결코 우연히 그렇게 된 것이 아니고 사람의 힘으로 할 수 있는 일들도 아니었다. 오직 하나님만이 하실 수 있는 일들이었으며 또한 하나님께서 이미 선지자들의 입을 통해 그렇게 하시겠다고 약속하신 일들이었다.

네 번째 귀환의 내용을 하나하나 찾아 퍼즐을 맞추듯이 조금씩 글을 정리하면서 성경에 기록된 야곱(이스라엘) 가족의 귀환 이야기나 출애굽 때의 이야기 그리고 바벨론 포로 귀환 이야기를 읽을 때와는 비교도 할 수 없을 만큼 벅찬 감동에 젖은 적이 한두 번이 아니었다. 책 속에는 그저 몇만 명 또는 몇십만 명

이 알리야 했다는 식으로 기술되고 마무리되지만, 실제 상황을 머릿속에 그려보면 그 안에는 수만, 수십만의 개인이나 각 가정들의 사연들이 담겨있는 것이다. 다시 말해 한 번의 알리야 물결이 밀려올 때마다 첫 번째 귀환인 야곱의 귀환과도 같은 스토리가 수만 가지로 녹아들어 있으며, 야곱의 귀환 과정을 세밀하게 어루만지셨던 하나님의 손길이 알리야를 하는 각 사람과 가정에게 지금도 동일하게 역사하고 있음을 느낄 수 있다. 아울러 빈틈없고 정교하게 약속을 성취해 나가시는 하나님의 숨결 또한 느껴진다. 성경의 기록은 그저 먼 과거만의 이야기가 아닌 지금도 현재진행형이다. 이 책을 읽는 독자분들 역시 지금도 살아 역사하시는 하나님의 숨결을 함께 느꼈으면 좋겠다.

이 책을 읽은 모든 독자분께 우리 하나님의 크신 은혜가 함께 하시길 기도하며, 이 책이 출판될 수 있도록 애써 주신 홈앤에듀의 박진하 대표님과 디자인을 담당해 주신 신형기 간사님, 편집에 공을 들여 주신 홍용선 집사님, 귀한 조언과 더불어 추천서를 준비해 주신 원뉴맨패밀리의 대표이신 설은수 목사님, 추천서를 써 주신 브래드TV의 김종철 감독님, 한국알리야운동본부 장상길 목사님, 지저스웨이브 김성욱 대표님 그리고 교정을 보아주신 목윤희 사모님과 늘 귀한 섬김으로 도움을 주시는 최건해 집사님과 박은영 집사님, 함께 귀한 말씀을 나누는 <팩트 바이블 스터디> 멤버들께 감사의 말씀을 드린다. 아울러 항상 힘이 되어 주시는 죽전로뎀교회 김진철 담임목사님과 성도 여러분께도 감사를 드리며, 늘 뒤에서 기도와 응원을 하여 준 사랑하는 아내와 두 아들 그리고 두 며느리에게도 마음 깊이 고마움을 전하고 싶다.

이스라엘 회복 과정

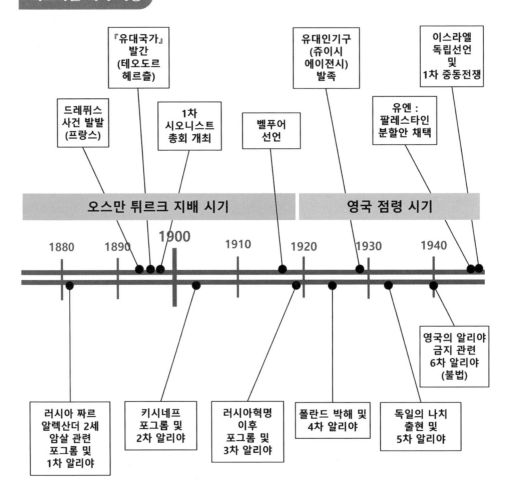

『유대국가』 발간 (테오도르 헤르츨)

유대인기구 (쥬이시 에이전시) 발족

이스라엘 독립선언 및 1차 중동전쟁

드레퓌스 사건 발발 (프랑스)

1차 시오니스트 총회 개최

벨푸어 선언

유엔 : 팔레스타인 분할안 채택

오스만 튀르크 지배 시기

영국 점령 시기

1880　1890　1900　1910　1920　1930　1940

영국의 알리야 금지 관련 6차 알리야 (불법)

러시아 짜르 알렉산더 2세 암살 관련 포그롬 및 1차 알리야

키시네프 포그롬 및 2차 알리야

러시아혁명 이후 포그롬 및 3차 알리야

폴란드 박해 및 4차 알리야

독일의 나치 출현 및 5차 알리야

유대인 귀환 과정

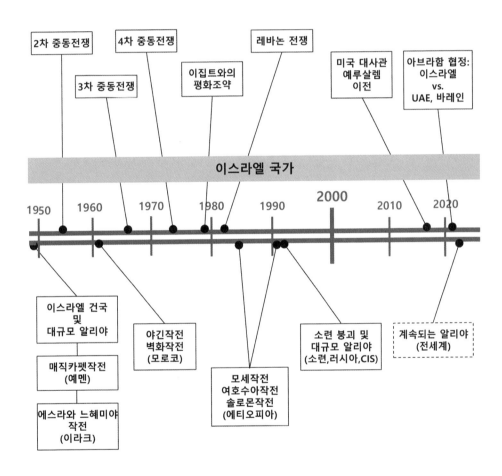

2차 중동전쟁

4차 중동전쟁

레바논 전쟁

미국 대사관
예루살렘
이전

아브라함 협정:
이스라엘
vs.
UAE, 바레인

3차 중동전쟁

이집트와의
평화조약

이스라엘 국가

1950   1960   1970   1980   1990   2000   2010   2020

이스라엘 건국
및
대규모 알리야

야긴작전
벽화작전
(모로코)

소련 붕괴 및
대규모 알리야
(소련,러시아,CIS)

계속되는 알리야
(전세계)

매직카펫작전
(예멘)

모세작전
여호수아작전
솔로몬작전
(에티오피아)

에스라와 느헤미야
작전
(이라크)

부록 2 이스라엘의 귀환과 회복에 대한 선지서의 예언

이사야서의 예언

이사야 42:9

보라 전에 예언한 일이 이미 이루어졌느니라 이제 내가 새 일을 알리노라 그 일이 시작되기 전에라도 너희에게 이르노라

이사야 11:10~16

그 날에 이새의 뿌리에서 한 싹이 나서 만민의 기치로 설 것이요 열방이 그에게로 돌아오리니 그가 거한 곳이 영화로우리라

그 날에 주께서 다시 그의 손을 펴사 그의 남은 백성을 앗수르와 애굽과 바드로스와 구스와 엘람과 시날과 하맛과 바다 섬들에서 돌아오게 하실 것이라

여호와께서 열방을 향하여 기치를 세우시고 이스라엘의 쫓긴 자들을 모으시며 땅 사방에서 유다의 흩어진 자들을 모으시리니

에브라임의 질투는 없어지고 유다를 괴롭게 하던 자들은 끊어지며 에브라임은 유다를 질투하지 아니하며 유다는 에브라임을 괴롭게 하지 아니할 것이요

그들이 서쪽으로 블레셋 사람들의 어깨에 날아 앉고 함께 동방 백성을 노략하며 에돔과 모압에 손을 대며 암몬 자손을 자기에게 복종시키리라

여호와께서 애굽 해만을 말리시고 그의 손을 유브라데 하수 위에 흔들어 뜨거운 바람을 일으켜 그 하수를 쳐 일곱 갈래로 나누어 신을 신고 건너가게 하실 것이라

그의 남아 있는 백성 곧 앗수르에서 남은 자들을 위하여 큰 길이 있게 하시되 이스라엘이 애굽 땅에서 나오던 날과 같게 하시리라

이사야 14:1~2

여호와께서 야곱을 긍휼히 여기시며 이스라엘을 다시 택하여 그들의 땅에 두시리니 나그네 된 자가 야곱 족속과 연합하여 그들에게 예속될 것이며

민족들이 그들을 데리고 그들의 본토에 돌아오리니 이스라엘 족속이 여호와의 땅에서 그들을 얻어 노비로 삼겠고 전에 자기를 사로잡던 자들을 사로잡고 자기를 압제하던 자들을 주관하리라

이사야 43:5~7

두려워하지 말라 내가 너와 함께 하여 네 자손을 동쪽에서부터 오게 하며 서쪽에서부터 너를 모을 것이며

내가 북쪽에게 이르기를 내놓으라 남쪽에게 이르기를 가두어 두지 말라 내 아들들을 먼 곳에서 이끌며 내 딸들을 땅 끝에서 오게 하며

내 이름으로 불려지는 모든 자 곧 내가 내 영광을 위하여 창조한 자를 오게 하라 그를 내가 지었고 그를 내가 만들었느니라

이사야 49:5~26

이제 여호와께서 말씀하시나니 그는 태에서부터 나를 그의 종으로 지으신 이시요 야곱을 그에게로 돌아오게 하시는 이시니 이스라엘이 그에게로 모이는도다 그러므로 내가 여호와 보시기에 영화롭게 되었으며 나의 하나님은 나의 힘이 되셨도다

그가 이르시되 네가 나의 종이 되어 야곱의 지파들을 일으키며 이스라엘 중에 보전된 자를 돌아오게 할 것은 매우 쉬운 일이라 내가 또 너를 이방의 빛으로 삼아 나의 구원을 베풀어서 땅 끝까지 이르게 하리라

이스라엘의 구속자 이스라엘의 거룩한 이이신 여호와께서 사람에게 멸시를 당하는 자, 백성에게 미움을 받는 자, 관원들에게 종이 된 자에게 이같이 이르시되 왕들이 보고 일어서며 고관들이 경배하리니 이는 이스라엘의 거룩하신 이 신실하신 여호와 그가 너를 택하였음이니라

여호와께서 이같이 이르시되 은혜의 때에 내가 네게 응답하였고 구원의 날에 내가 너를 도왔도다 내가 장차 너를 보호하여 너를 백성의 언약으로 삼으며 나라를 일으켜 그들에게 그 황무하였던 땅을 기업으로 상속하게 하리라

내가 잡혀 있는 자에게 이르기를 나오라 하며 흑암에 있는 자에게 나타나라 하리라 그들이 길에서 먹겠고 모든 헐벗은 산에도 그들의 풀밭이 있을 것인즉

그들이 주리거나 목마르지 아니할 것이며 더위와 볕이 그들을 상하지 아니하리니 이는 그들을 긍휼히 여기는 이가 그들을 이끌되 샘물 근원으로 인도할 것임이라

내가 나의 모든 산을 길로 삼고 나의 대로를 돋우리니

어떤 사람은 먼 곳에서, 어떤 사람은 북쪽과 서쪽에서, 어떤 사람은 시님 땅에서 오리라

하늘이여 노래하라 땅이여 기뻐하라 산들이여 즐거이 노래하라 여호와께서 그의 백성을 위로하셨은즉 그의 고난 당한 자를 긍휼히 여기실 것임이라

오직 시온이 이르기를 여호와께서 나를 버리시며 주께서 나를 잊으셨다 하였거니와

여인이 어찌 그 젖 먹는 자식을 잊겠으며 자기 태에서 난 아들을 긍휼히 여기지 않겠느냐 그들은 혹시 잊을지라도 나는 너를 잊지 아니할 것이라

내가 너를 내 손바닥에 새겼고 너의 성벽이 항상 내 앞에 있나니

네 자녀들은 빨리 걸으며 너를 헐며 너를 황폐하게 하던 자들은 너를 떠나가리라

네 눈을 들어 사방을 보라 그들이 다 모여 네게로 오느니라 나 여호와가 이르노라 내가 나의 삶으로 맹세하노니 네가 반드시 그 모든 무리를 장식처럼 몸에 차며 그것을 띠기를 신부처럼 할 것이라

이는 네 황폐하고 적막한 곳들과 네 파멸을 당하였던 땅이 이제는 주민이 많아 좁게 될 것이며 너를 삼켰던 자들이 멀리 떠날 것이니라

자식을 잃었을 때에 낳은 자녀가 후일에 네 귀에 말하기를 이곳이 내게 좁으니 넓혀서 내가 거주하게 하라 하리니

그 때에 네가 네 마음에 이르기를 누가 나를 위하여 이들을 낳았는고 나는 자녀를 잃고 외로워졌으며 사로잡혀 유리하였거늘 이들을 누가 양육하였는고 나는 홀로 남았거늘 이들은 어디서 생겼는고 하리라

주 여호와가 이같이 이르노라 내가 뭇 나라를 향하여 나의 손을 들고 민족들을 향하여 나의 기치를 세울 것이라 그들이 네 아들들을 품에 안고 네 딸들을 어깨에 메고 올 것이며

왕들은 네 양부가 되며 왕비들은 네 유모가 될 것이며 그들이 얼굴을 땅에 대고 네게 절하고 네 발의 티끌을 핥을 것이니 네가 나를 여호와인 줄을 알리라 나를 바라는 자는 수치를 당하지 아니하리라

용사가 빼앗은 것을 어떻게 도로 빼앗으며 승리자에게 사로잡힌 자를 어떻게 건져낼 수 있으랴

여호와가 이같이 말하노라 용사의 포로도 빼앗을 것이요 두려운 자의 빼앗은 것도 건져낼 것이니 이는 내가 너를 대적하는 자를 대적하고 네 자녀를 내가 구원할 것 임이라

내가 너를 억압하는 자들에게 자기의 살을 먹게 하며 새 술에 취함 같이 자기의 피에 취하게 하리니 모든 육체가 나 여호와는 네 구원자요 네 구속자요 야곱의 전능자인 줄 알리라

이사야 60:4~10

네 눈을 들어 사방을 보라 무리가 다 모여 네게로 오느니라 네 아들들은 먼 곳에서 오겠고 네 딸들은 안기어 올 것이라

그 때에 네가 보고 기쁜 빛을 내며 네 마음이 놀라고 또 화창하리니 이는 바다의 부가 네게로 돌아오며 이방 나라들의 재물이 네게로 옴이라

허다한 낙타, 미디안과 에바의 어린 낙타가 네 가운데에 가득할 것이며 스바 사람들은 다 금과 유향을 가지고 와서 여호와의 찬송을 전파할 것이며

게달의 양 무리는 다 네게로 모일 것이요 느바욧의 숫양은 네게 공급되고 내 제단에 올라 기꺼이 받음이 되리니 내가 내 영광의 집을 영화롭게 하리라

저 구름 같이, 비둘기들이 그 보금자리로 날아가는 것 같이 날아오는 자들이 누구냐

곧 섬들이 나를 앙망하고 다시스의 배들이 먼저 이르되 먼 곳에서 네 자손과 그들의 은금을 아울러 싣고 와서 네 하나님 여호와의 이름에 드리려 하며 이스라엘의 거룩한 이에게 드리려 하는 자들이라 이는 내가 너를 영화롭게 하였음이라

내가 노하여 너를 쳤으나 이제는 나의 은혜로 너를 불쌍히 여겼은즉 이방인들이 네 성벽을 쌓을 것이요 그들의 왕들이 너를 섬길 것이며

이사야 61:4~9

그들은 오래 황폐하였던 곳을 다시 쌓을 것이며 옛부터 무너진 곳을 다시 일으킬 것이며 황폐한 성읍 곧 대대로 무너져 있던 것들을 중수할 것이며

외인은 서서 너희 양 떼를 칠 것이요 이방 사람은 너희 농부와 포도원지기가 될 것이나

오직 너희는 여호와의 제사장이라 일컬음을 받을 것이라 사람들이 너희를 우리 하나님의 봉사자라 할 것이며 너희가 이방 나라들의 재물을 먹으며 그들의 영광을 얻어 자랑할 것이니라

너희가 수치 대신에 보상을 배나 얻으며 능욕 대신에 몫으로 말미암아 즐거워할 것이라 그리하여 그들의 땅에서 갑절이나 얻고 영원한 기쁨이 있으리라

무릇 나 여호와는 정의를 사랑하며 불의의 강탈을 미워하여 성실히 그들에게 갚아 주고 그들과 영원한 언약을 맺을 것이라

그들의 자손을 뭇 나라 가운데에, 그들의 후손을 만민 가운데에 알리리니 무릇 이를 보는 자가 그들은 여호와께 복 받은 자손이라 인정하리라

이사야 62:10~12

성문으로 나아가라 나아가라 백성이 올 길을 닦으라 큰 길을 수축하고 수축하라 돌을 제하라 만민을 위하여 기치를 들라

여호와께서 땅 끝까지 선포하시되 너희는 딸 시온에게 이르라 보라 네 구원이 이르렀느니라 보라 상급이 그에게 있고 보응이 그 앞에 있느니라 하셨느니라

사람들이 너를 일컬어 거룩한 백성이라 여호와께서 구속하신 자라 하겠고 또 너를 일컬어 찾은 바 된 자요 버림 받지 아니한 성읍이라 하리라

이사야 66:7~9

시온은 진통을 하기 전에 해산하며 고통을 당하기 전에 남아를 낳았으니

이러한 일을 들은 자가 누구이며 이러한 일을 본 자가 누구이냐 나라가 어찌 하루에 생기겠으며 민족이 어찌 한 순간에 태어나겠느냐 그러나 시온은 진통하는 즉시 그 아들을 순산하였도다

여호와께서 이르시되 내가 아이를 갖도록 하였은즉 해산하게 하지 아니하겠느냐 네 하나님이 이르시되 나는 해산하게 하는 이인즉 어찌 태를 닫겠느냐 하시니라

예레미야서의 예언

예레미야 3:17~18

그 때에 예루살렘이 그들에게 여호와의 보좌라 일컬음이 되며 모든 백성이 그리로 모이리니 곧 여호와의 이름으로 말미암아 예루살렘에 모이고 다시는 그들의 악한 마음의 완악한 대로 그들이 행하지 아니할 것이며

그 때에 유다 족속이 이스라엘 족속과 동행하여 북에서부터 나와서 내가 너희 조상들에게 기업으로 준 땅에 그들이 함께 이르리라

예레미야 16:12~15

너희가 너희 조상들보다 더욱 악을 행하였도다 보라 너희가 각기 악한 마음의 완악함을 따라 행하고 나에게 순종하지 아니하였으므로

내가 너희를 이 땅에서 쫓아내어 너희와 너희 조상들이 알지 못하던 땅에 이르게 할 것이라 너희가 거기서 주야로 다른 신들을 섬기리니 이는 내가 너희에게 은혜를 베풀지 아니함이라 하셨다 하라

여호와의 말씀이니라 그러나 보라 날이 이르리니 다시는 이스라엘 자손을 애굽 땅에서 인도하여 내신 여호와께서 살아 계심을 두고 맹세하지 아니하고

이스라엘 자손을 북방 땅과 그 쫓겨 났던 모든 나라에서 인도하여 내신 여호와께서 살아 계심을 두고 맹세하리라 내가 그들을 그들의 조상들에게 준 그들의 땅으로 인도하여 들이리라

예레미야 23:7~8

그러므로 여호와의 말씀이니라 보라 날이 이르리니 그들이 다시는 이스라엘 자손을 애굽 땅에서 인도하여 내신 여호와의 사심으로 맹세하지 아니하고

이스라엘 집 자손을 북쪽 땅, 그 모든 쫓겨났던 나라에서 인도하여 내신 여호와의 사심으로 맹세할 것이며 그들이 자기 땅에 살리라 하시니라

예레미야 31:7~14

여호와께서 이와 같이 말씀하시니라 너희는 여러 민족의 앞에 서서 야곱을 위하여 기뻐 외치라 너희는 전파하며 찬양하며 말하라 여호와여 주의 백성 이스라엘의 남은 자를 구원하소서 하라

보라 나는 그들을 북쪽 땅에서 인도하며 땅 끝에서부터 모으리라 그들 중에는 맹인과 다리 저는 사람과 잉태한 여인과 해산하는 여인이 함께 있으며 큰 무리를 이루어 이 곳으로 돌아오리라

그들이 울며 돌아오리니 나의 인도함을 받고 간구할 때에 내가 그들을 넘어지지 아니 하고 물 있는 계곡의 곧은 길로 가게 하리라 나는 이스라엘의 아버지요 에브라임은 나 의 장자니라

이방들이여 너희는 여호와의 말씀을 듣고 먼 섬에 전파하여 이르기를 이스라엘을 흩 으신 자가 그를 모으시고 목자가 그 양 떼에게 행함 같이 그를 지키시리로다

여호와께서 야곱을 구원하시되 그들보다 강한 자의 손에서 속량하셨으니

그들이 와서 시온의 높은 곳에서 찬송하며 여호와의 복 곧 곡식과 새 포도주와 기름과 어린 양의 떼와 소의 떼를 얻고 크게 기뻐하리라 그 심령은 물 댄 동산 같겠고 다시는 근심이 없으리로다 할지어다

그 때에 처녀는 춤추며 즐거워하겠고 청년과 노인은 함께 즐거워하리니 내가 그들의 슬픔을 돌려서 즐겁게 하며 그들을 위로하여 그들의 근심으로부터 기쁨을 얻게 할 것 임이라

내가 기름으로 제사장들의 마음을 흡족하게 하며 내 복으로 내 백성을 만족하게 하리 라 여호와의 말씀이니라

예레미야 31:20~22

에브라임은 나의 사랑하는 아들 기뻐하는 자식이 아니냐 내가 그를 책망하여 말할 때 마다 깊이 생각하노라 그러므로 그를 위하여 내 창자가 들끓으니 내가 반드시 그를 불 쌍히 여기리라 여호와의 말씀이니라

처녀 이스라엘아 너의 이정표를 세우며 너의 푯말을 만들고 큰 길 곧 네가 전에 가던 길을 마음에 두라 돌아오라 네 성읍들로 돌아오라

반역한 딸아 네가 어느 때까지 방황하겠느냐 여호와가 새 일을 세상에 창조하였나니 곧 여자가 남자를 둘러 싸리라

예레미야 31:31~34

여호와의 말씀이니라 보라 날이 이르리니 내가 이스라엘 집과 유다 집에 새 언약을 맺으리라

이 언약은 내가 그들의 조상들의 손을 잡고 애굽 땅에서 인도하여 내던 날에 맺은 것과 같지 아니할 것은 내가 그들의 남편이 되었어도 그들이 내 언약을 깨뜨렸음이라 여호와의 말씀이니라

그러나 그 날 후에 내가 이스라엘 집과 맺을 언약은 이러하니 곧 내가 나의 법을 그들의 속에 두며 그들의 마음에 기록하여 나는 그들의 하나님이 되고 그들은 내 백성이 될 것이라 여호와의 말씀이니라

예레미야 33:6~13

그러나 보라 내가 이 성읍을 치료하며 고쳐 낫게 하고 평안과 진실이 풍성함을 그들에게 나타낼 것이며

내가 유다의 포로와 이스라엘의 포로를 돌아오게 하여 그들을 처음과 같이 세울 것이며

내가 그들을 내게 범한 그 모든 죄악에서 정하게 하며 그들이 내게 범하며 행한 모든 죄악을 사할 것이라

이 성읍이 세계 열방 앞에서 나의 기쁜 이름이 될 것이며 찬송과 영광이 될 것이요 그들은 내가 이 백성에게 베푼 모든 복을 들을 것이요 내가 이 성읍에 베푼 모든 복과 모든 평안으로 말미암아 두려워하며 떨리라

여호와께서 이와 같이 말씀하시니라 너희가 가리켜 말하기를 황폐하여 사람도 없고 짐승도 없다 하던 여기 곧 황폐하여 사람도 없고 주민도 없고 짐승도 없던 유다 성읍들과 예루살렘 거리에서 즐거워하는 소리, 기뻐하는 소리, 신랑의 소리, 신부의 소리

와 및 만군의 여호와께 감사하라, 여호와는 선하시니 그 인자하심이 영원하다 하는 소리와 여호와의 성전에 감사제를 드리는 자들의 소리가 다시 들리리니 이는 내가 이 땅의 포로를 돌려보내어 지난 날처럼 되게 할 것임이라 여호와의 말씀이니라

만군의 여호와께서 이와 같이 말씀하시니라 황폐하여 사람도 없고 짐승도 없던 이 곳과 그 모든 성읍에 다시 목자가 살 곳이 있으리니 그의 양 떼를 눕게 할 것이라

산지 성읍들과 평지 성읍들과 네겝의 성읍들과 베냐민 땅과 예루살렘 사면과 유다 성읍들에서 양 떼가 다시 계수하는 자의 손 아래로 지나리라 여호와께서 말씀하시니라

예레미야 46:27~28

내 종 야곱아 두려워하지 말라 이스라엘아 놀라지 말라 보라 내가 너를 먼 곳에서 구원하며 네 자손을 포로된 땅에서 구원하리니 야곱이 돌아와서 평안하며 걱정 없이 살게 될 것이라 그를 두렵게 할 자 없으리라

여호와의 말씀이니라 내 종 야곱아 내가 너와 함께 있나니 두려워하지 말라 내가 너를 흩었던 그 나라들은 다 멸할지라도 너는 사라지지 아니하리라 내가 너를 법도대로 징계할 것이요 결코 무죄한 자로 여기지 아니하리라 하시니라

에스겔서의 예언

에스겔 11:14~21

여호와의 말씀이 내게 임하여 이르시되

인자야 예루살렘 주민이 네 형제 곧 네 형제와 친척과 온 이스라엘 족속을 향하여 이르기를 너희는 여호와에게서 멀리 떠나라 이 땅은 우리에게 주어 기업이 되게 하신 것이라 하였나니

그런즉 너는 말하기를 주 여호와의 말씀에 내가 비록 그들을 멀리 이방인 가운데로 쫓아내어 여러 나라에 흩었으나 그들이 도달한 나라들에서 내가 잠깐 그들에게 성소가

되리라 하셨다 하고

너는 또 말하기를 주 여호와의 말씀에 내가 너희를 만민 가운데에서 모으며 너희를 흩은 여러 나라 가운데에서 모아 내고 이스라엘 땅을 너희에게 주리라 하셨다 하라

그들이 그리로 가서 그 가운데의 모든 미운 물건과 모든 가증한 것을 제거하여 버릴지라

내가 그들에게 한 마음을 주고 그 속에 새 영을 주며 그 몸에서 돌 같은 마음을 제거하고 살처럼 부드러운 마음을 주어

내 율례를 따르며 내 규례를 지켜 행하게 하리니 그들은 내 백성이 되고 나는 그들의 하나님이 되리라

그러나 미운 것과 가증한 것을 마음으로 따르는 자는 내가 그 행위대로 그 머리에 갚으리라 나 주 여호와의 말이니라

에스겔 20:40~44

주 여호와의 말씀이니라 이스라엘 온 족속이 그 땅에 있어서 내 거룩한 산 곧 이스라엘의 높은 산에서 다 나를 섬기리니 거기에서 내가 그들을 기쁘게 받을지라 거기에서 너희 예물과 너희가 드리는 첫 열매와 너희 모든 성물을 요구하리라

내가 너희를 인도하여 여러 나라 가운데에서 나오게 하고 너희가 흩어진 여러 민족 가운데에서 모아 낼 때에 내가 너희를 향기로 받고 내가 또 너희로 말미암아 내 거룩함을 여러 나라의 목전에서 나타낼 것이며

내가 내 손을 들어 너희 조상들에게 주기로 맹세한 땅 곧 이스라엘 땅으로 너희를 인도하여 들일 때에 너희는 내가 여호와인 줄 알고

거기에서 너희의 길과 스스로 더럽힌 모든 행위를 기억하고 이미 행한 모든 악으로 말미암아 스스로 미워하리라

이스라엘 족속아 내가 너희의 악한 길과 더러운 행위대로 하지 아니하고 내 이름을 위하여 행한 후에야 내가 여호와인 줄 너희가 알리라 주 여호와의 말씀이니라

에스겔 28:25~26

주 여호와께서 이같이 말씀하셨느니라 내가 여러 민족 가운데에 흩어져 있는 이스라엘 족속을 모으고 그들로 말미암아 여러 나라의 눈 앞에서 내 거룩함을 나타낼 때에 그들이 고국 땅 곧 내 종 야곱에게 준 땅에 거주할지라

그들이 그 가운데에 평안히 살면서 집을 건축하며 포도원을 만들고 그들의 사방에서 멸시하던 모든 자를 내가 심판할 때에 그들이 평안히 살며 내가 그 하나님 여호와인 줄을 그들이 알리라

에스겔 34:11~15

주 여호와께서 이같이 말씀하셨느니라 나 곧 내가 내 양을 찾고 찾되

목자가 양 가운데에 있는 날에 양이 흩어졌으면 그 떼를 찾는 것 같이 내가 내 양을 찾아서 흐리고 캄캄한 날에 그 흩어진 모든 곳에서 그것들을 건져낼지라

내가 그것들을 만민 가운데에서 끌어내며 여러 백성 가운데에서 모아 그 본토로 데리고 가서 이스라엘 산 위에와 시냇가에와 그 땅 모든 거주지에서 먹이되

좋은 꼴을 먹이고 그 우리를 이스라엘 높은 산에 두리니 그것들이 그 곳에 있는 좋은 우리에 누워 있으며 이스라엘 산에서 살진 꼴을 먹으리라

내가 친히 내 양의 목자가 되어 그것들을 누워 있게 할지라 주 여호와의 말씀이니라

에스겔 34:25~31

내가 또 그들과 화평의 언약을 맺고 악한 짐승을 그 땅에서 그치게 하리니 그들이 빈 들에 평안히 거하며 수풀 가운데에서 잘지라

내가 그들에게 복을 내리고 내 산 사방에 복을 내리며 때를 따라 소낙비를 내리되 복된 소낙비를 내리리라

그리한즉 밭에 나무가 열매를 맺으며 땅이 그 소산을 내리니 그들이 그 땅에서 평안할

지라 내가 그들의 멍에의 나무를 꺾고 그들을 종으로 삼은 자의 손에서 그들을 건져낸 후에 내가 여호와인 줄을 그들이 알겠고

그들이 다시는 이방의 노략 거리가 되지 아니하며 땅의 짐승들에게 잡아먹히지도 아니하고 평안히 거주하리니 놀랠 사람이 없으리라

내가 그들을 위하여 파종할 좋은 땅을 일으키리니 그들이 다시는 그 땅에서 기근으로 멸망하지 아니할지며 다시는 여러 나라의 수치를 받지 아니할지라

그들이 내가 여호와 그들의 하나님이며 그들과 함께 있는 줄을 알고 그들 곧 이스라엘 족속이 내 백성인 줄 알리라 주 여호와의 말씀이라

내 양 곧 내 초장의 양 너희는 사람이요 나는 너희 하나님이라 주 여호와의 말씀이니라

에스겔 36:8~12

그러나 너희 이스라엘 산들아 너희는 가지를 내고 내 백성 이스라엘을 위하여 열매를 맺으리니 그들이 올 때가 가까이 이르렀음이라

내가 돌이켜 너희와 함께 하리니 사람이 너희를 갈고 심을 것이며

내가 또 사람을 너희 위에 많게 하리니 이들은 이스라엘 온 족속이라 그들을 성읍들에 거주하게 하며 빈 땅에 건축하게 하리라

내가 너희 위에 사람과 짐승을 많게 하되 그들의 수가 많고 번성하게 할 것이라 너희 전 지위대로 사람이 거주하게 하여 너희를 처음보다 낫게 대우하리니 내가 여호와인 줄을 너희가 알리라

내가 사람을 너희 위에 다니게 하리니 그들은 내 백성 이스라엘이라 그들은 너를 얻고 너는 그 기업이 되어 다시는 그들이 자식들을 잃어버리지 않게 하리라

에스겔 36:16~38

여호와의 말씀이 또 내게 임하여 이르시되

인자야 이스라엘 족속이 그들의 고국 땅에 거주할 때에 그들의 행위로 그 땅을 더럽혔 나니 나 보기에 그 행위가 월경 중에 있는 여인의 부정함과 같았느니라

그들이 땅 위에 피를 쏟았으며 그 우상들로 말미암아 자신들을 더럽혔으므로 내가 분 노를 그들 위에 쏟아

그들을 그 행위대로 심판하여 각국에 흩으며 여러 나라에 헤쳤더니

그들이 이른바 그 여러 나라에서 내 거룩한 이름이 그들로 말미암아 더러워졌나니 곧 사람들이 그들을 가리켜 이르기를 이들은 여호와의 백성이라도 여호와의 땅에서 떠 난 자라 하였음이라

그러나 이스라엘 족속이 들어간 그 여러 나라에서 더럽힌 내 거룩한 이름을 내가 아꼈 노라

그러므로 너는 이스라엘 족속에게 이르기를 주 여호와께서 이같이 말씀하시기를 이 스라엘 족속아 내가 이렇게 행함은 너희를 위함이 아니요 너희가 들어간 그 여러 나라 에서 더럽힌 나의 거룩한 이름을 위함이라

여러 나라 가운데에서 더럽혀진 이름 곧 너희가 그들 가운데에서 더럽힌 나의 큰 이름 을 내가 거룩하게 할지라 내가 그들의 눈 앞에서 너희로 말미암아 나의 거룩함을 나타 내리니 내가 여호와인 줄을 여러 나라 사람이 알리라 주 여호와의 말씀이니라

내가 너희를 여러 나라 가운데에서 인도하여 내고 여러 민족 가운데에서 모아 데리고 고국 땅에 들어가서

맑은 물을 너희에게 뿌려서 너희로 정결하게 하되 곧 너희 모든 더러운 것에서와 모든 우상 숭배에서 너희를 정결하게 할 것이며

또 새 영을 너희 속에 두고 새 마음을 너희에게 주되 너희 육신에서 굳은 마음을 제거 하고 부드러운 마음을 줄 것이며

또 내 영을 너희 속에 두어 너희로 내 율례를 행하게 하리니 너희가 내 규례를 지켜 행 할지라

내가 너희 조상들에게 준 땅에서 너희가 거주하면서 내 백성이 되고 나는 너희 하나님이 되리라

내가 너희를 모든 더러운 데에서 구원하고 곡식이 풍성하게 하여 기근이 너희에게 닥치지 아니하게 할 것이며

또 나무의 열매와 밭의 소산을 풍성하게 하여 너희가 다시는 기근의 욕을 여러 나라에게 당하지 아니하게 하리니

그 때에 너희가 너희 악한 길과 너희 좋지 못한 행위를 기억하고 너희 모든 죄악과 가증한 일로 말미암아 스스로 밉게 보리라

주 여호와의 말씀이니라 내가 이렇게 행함은 너희를 위함이 아닌 줄을 너희가 알리라 이스라엘 족속아 너희 행위로 말미암아 부끄러워하고 한탄할지어다

주 여호와께서 이같이 말씀하셨느니라 내가 너희를 모든 죄악에서 정결하게 하는 날에 성읍들에 사람이 거주하게 하며 황폐한 것이 건축되게 할 것인즉

전에는 지나가는 자의 눈에 황폐하게 보이던 그 황폐한 땅이 장차 경작이 될지라

사람이 이르기를 이 땅이 황폐하더니 이제는 에덴 동산 같이 되었고 황량하고 적막하고 무너진 성읍들에 성벽과 주민이 있다 하리니

너희 사방에 남은 이방 사람이 나 여호와가 무너진 곳을 건축하며 황폐한 자리에 심은 줄을 알리라 나 여호와가 말하였으니 이루리라

주 여호와께서 이같이 말씀하셨느니라 그래도 이스라엘 족속이 이같이 자기들에게 이루어 주기를 내게 구하여야 할지라 내가 그들의 수효를 양 떼 같이 많아지게 하되

제사 드릴 양 떼 곧 예루살렘이 정한 절기의 양 무리 같이 황폐한 성읍을 사람의 떼로 채우리라 그리한즉 그들이 나를 여호와인 줄 알리라 하셨느니라

에스겔 37:1~14

여호와께서 권능으로 내게 임재하시고 그의 영으로 나를 데리고 가서 골짜기 가운데 두셨는데 거기 뼈가 가득하더라

나를 그 뼈 사방으로 지나가게 하시기로 본즉 그 골짜기 지면에 뼈가 심히 많고 아주 말랐더라

그가 내게 이르시되 인자야 이 뼈들이 능히 살 수 있겠느냐 하시기로 내가 대답하되 주 여호와여 주께서 아시나이다

또 내게 이르시되 너는 이 모든 뼈에게 대언하여 이르기를 너희 마른 뼈들아 여호와의 말씀을 들을지어다

주 여호와께서 이 뼈들에게 이같이 말씀하시기를 내가 생기를 너희에게 들어가게 하리니 너희가 살아나리라

너희 위에 힘줄을 두고 살을 입히고 가죽으로 덮고 너희 속에 생기를 넣으리니 너희가 살아나리라 또 내가 여호와인 줄 너희가 알리라 하셨다 하라

이에 내가 명령을 따라 대언하니 대언할 때에 소리가 나고 움직이며 이 뼈, 저 뼈가 들어 맞아 뼈들이 서로 연결되더라

내가 또 보니 그 뼈에 힘줄이 생기고 살이 오르며 그 위에 가죽이 덮이나 그 속에 생기는 없더라

또 내게 이르시되 인자야 너는 생기를 향하여 대언하라 생기에게 대언하여 이르기를 주 여호와께서 이같이 말씀하시기를 생기야 사방에서부터 와서 이 죽음을 당한 자에게 불어서 살아나게 하라 하셨다 하라

이에 내가 그 명령대로 대언하였더니 생기가 그들에게 들어가매 그들이 곧 살아나서 일어나 서는데 극히 큰 군대더라

또 내게 이르시되 인자야 이 뼈들은 이스라엘 온 족속이라 그들이 이르기를 우리의 뼈

들이 말랐고 우리의 소망이 없어졌으니 우리는 다 멸절되었다 하느니라

그러므로 너는 대언하여 그들에게 이르기를 주 여호와께서 이같이 말씀하시기를 내 백성들아 내가 너희 무덤을 열고 너희로 거기에서 나오게 하고 이스라엘 땅으로 들어가게 하리라

내 백성들아 내가 너희 무덤을 열고 너희로 거기에서 나오게 한즉 너희는 내가 여호와 인 줄을 알리라

내가 또 내 영을 너희 속에 두어 너희가 살아나게 하고 내가 또 너희를 너희 고국 땅에 두리니 나 여호와가 이 일을 말하고 이룬 줄을 너희가 알리라 여호와의 말씀이니라

에스겔 37:15~28

여호와의 말씀이 또 내게 임하여 이르시되

인자야 너는 막대기 하나를 가져다가 그 위에 유다와 그 짝 이스라엘 자손이라 쓰고 또 다른 막대기 하나를 가지고 그 위에 에브라임의 막대기 곧 요셉과 그 짝 이스라엘 온 족속이라 쓰고

그 막대기들을 서로 합하여 하나가 되게 하라 네 손에서 둘이 하나가 되리라

네 민족이 네게 말하여 이르기를 이것이 무슨 뜻인지 우리에게 말하지 아니하겠느냐 하거든

너는 곧 이르기를 주 여호와께서 이같이 말씀하시기를 내가 에브라임의 손에 있는 바 요셉과 그 짝 이스라엘 지파들의 막대기를 가져다가 유다의 막대기에 붙여서 한 막대 기가 되게 한즉 내 손에서 하나가 되리라 하셨다 하고

너는 그 글 쓴 막대기들을 무리의 눈 앞에서 손에 잡고

그들에게 이르기를 주 여호와께서 이같이 말씀하시기를 내가 이스라엘 자손을 잡혀 간 여러 나라에서 인도하며 그 사방에서 모아서 그 고국 땅으로 돌아가게 하고

그 땅 이스라엘 모든 산에서 그들이 한 나라를 이루어서 한 임금이 모두 다스리게 하리니 그들이 다시는 두 민족이 되지 아니하며 두 나라로 나누이지 아니할지라

그들이 그 우상들과 가증한 물건과 그 모든 죄악으로 더 이상 자신들을 더럽히지 아니하리라 내가 그들을 그 범죄한 모든 처소에서 구원하여 정결하게 한즉 그들은 내 백성이 되고 나는 그들의 하나님이 되리라

내 종 다윗이 그들의 왕이 되리니 그들 모두에게 한 목자가 있을 것이라 그들이 내 규례를 준수하고 내 율례를 지켜 행하며

내가 내 종 야곱에게 준 땅 곧 그의 조상들이 거주하던 땅에 그들이 거주하되 그들과 그들의 자자 손손이 영원히 거기에 거주할 것이요 내 종 다윗이 영원히 그들의 왕이 되리라

내가 그들과 화평의 언약을 세워서 영원한 언약이 되게 하고 또 그들을 견고하고 번성하게 하며 내 성소를 그 가운데에 세워서 영원히 이르게 하리니

내 처소가 그들 가운데에 있을 것이며 나는 그들의 하나님이 되고 그들은 내 백성이 되리라

내 성소가 영원토록 그들 가운데에 있으리니 내가 이스라엘을 거룩하게 하는 여호와인 줄을 열국이 알리라 하셨다 하라

에스겔 39:21~29

내가 내 영광을 여러 민족 가운데에 나타내어 모든 민족이 내가 행한 심판과 내가 그 위에 나타낸 권능을 보게 하리니

그 날 이후에 이스라엘 족속은 내가 여호와 자기들의 하나님인 줄을 알겠고

여러 민족은 이스라엘 족속이 그 죄악으로 말미암아 사로잡혀 갔던 줄을 알지라 그들이 내게 범죄하였으므로 내 얼굴을 그들에게 가리고 그들을 그 원수의 손에 넘겨 다 칼에 엎드러지게 하였으되

내가 그들의 더러움과 그들의 범죄한 대로 행하여 그들에게 내 얼굴을 가리었었느니라

그러므로 주 여호와께서 이같이 말씀하셨느니라 내가 이제 내 거룩한 이름을 위하여 열심을 내어 야곱의 사로잡힌 자를 돌아오게 하며 이스라엘 온 족속에게 사랑을 베풀지라

그들이 그 땅에 평안히 거주하고 두렵게 할 자가 없게 될 때에 부끄러움을 품고 내게 범한 죄를 뉘우치리니

내가 그들을 만민 중에서 돌아오게 하고 적국 중에서 모아 내어 많은 민족이 보는 데에서 그들로 말미암아 나의 거룩함을 나타낼 때라

전에는 내가 그들이 사로잡혀 여러 나라에 이르게 하였거니와 후에는 내가 그들을 모아 고국 땅으로 돌아오게 하고 그 한 사람도 이방에 남기지 아니하리니 그들이 내가 여호와 자기들의 하나님인 줄을 알리라

내가 다시는 내 얼굴을 그들에게 가리지 아니하리니 이는 내가 내 영을 이스라엘 족속에게 쏟았음이라 주 여호와의 말씀이니라

호세아서의 예언

호세아 1:10~11

그러나 이스라엘 자손의 수가 바닷가의 모래 같이 되어서 헤아릴 수도 없고 셀 수도 없을 것이며 전에 그들에게 이르기를 너희는 내 백성이 아니라 한 그 곳에서 그들에게 이르기를 너희는 살아 계신 하나님의 아들들이라 할 것이라

이에 유다 자손과 이스라엘 자손이 함께 모여 한 우두머리를 세우고 그 땅에서부터 올라오리니 이스르엘의 날이 클 것임이로다

호세아 3:4~5

이스라엘 자손들이 많은 날 동안 왕도 없고 지도자도 없고 제사도 없고 주상도 없고 에봇도 없고 드라빔도 없이 지내다가

그 후에 이스라엘 자손이 돌아와서 그들의 하나님 여호와와 그들의 왕 다윗을 찾고 마지막 날에는 여호와를 경외하므로 여호와와 그의 은총으로 나아가리라

호세아 11:8~11

에브라임이여 내가 어찌 너를 놓겠느냐 이스라엘이여 내가 어찌 너를 버리겠느냐 내가 어찌 너를 아드마 같이 놓겠느냐 어찌 너를 스보임 같이 두겠느냐 내 마음이 내 속에서 돌이키어 나의 긍휼이 온전히 불붙듯 하도다

내가 나의 맹렬한 진노를 나타내지 아니하며 내가 다시는 에브라임을 멸하지 아니하리니 이는 내가 하나님이요 사람이 아님이라 네 가운데 있는 거룩한 이니 진노함으로 네게 임하지 아니하리라

그들은 사자처럼 소리를 내시는 여호와를 따를 것이라 여호와께서 소리를 내시면 자손들이 서쪽에서부터 떨며 오되

그들은 애굽에서부터 새 같이, 앗수르에서부터 비둘기 같이 떨며 오리니 내가 그들을 그들의 집에 머물게 하리라 나 여호와의 말이니라

호세아 14:4~8

내가 그들의 반역을 고치고 기쁘게 그들을 사랑하리니 나의 진노가 그에게서 떠났음이니라

내가 이스라엘에게 이슬과 같으리니 그가 백합화 같이 피겠고 레바논 백향목 같이 뿌리가 박힐 것이라

그의 가지는 퍼지며 그의 아름다움은 감람나무와 같고 그의 향기는 레바논 백향목 같

으리니

그 그늘 아래에 거주하는 자가 돌아올지라 그들은 곡식 같이 풍성할 것이며 포도나무 같이 꽃이 필 것이며 그 향기는 레바논의 포도주 같이 되리라

에브라임의 말이 내가 다시 우상과 무슨 상관이 있으리요 할지라 내가 그를 돌아보아 대답하기를 나는 푸른 잣나무 같으니 네가 나로 말미암아 열매를 얻으리라 하리라

요엘서의 예언

요엘 2:18~27

그 때에 여호와께서 자기의 땅을 극진히 사랑하시어 그의 백성을 불쌍히 여기실 것이라

여호와께서 그들에게 응답하여 이르시기를 내가 너희에게 곡식과 새 포도주와 기름을 주리니 너희가 이로 말미암아 흡족하리라 내가 다시는 너희가 나라들 가운데에서 욕을 당하지 않게 할 것이며

내가 북쪽 군대를 너희에게서 멀리 떠나게 하여 메마르고 적막한 땅으로 쫓아내리니 그 앞의 부대는 동해로, 그 뒤의 부대는 서해로 들어갈 것이라 상한 냄새가 일어나고 악취가 오르리니 이는 큰 일을 행하였음이니라 하시리라 땅이여 두려워하지 말고 기뻐하며 즐거워할지어다 여호와께서 큰 일을 행하셨음이로다

들짐승들아 두려워하지 말지어다 들의 풀이 싹이 나며 나무가 열매를 맺으며 무화과나무와 포도나무가 다 힘을 내는도다

시온의 자녀들아 너희는 너희 하나님 여호와로 말미암아 기뻐하며 즐거워할지어다 그가 너희를 위하여 비를 내리시되 이른 비를 너희에게 적당하게 주시리니 이른 비와 늦은 비가 예전과 같을 것이라

마당에는 밀이 가득하고 독에는 새 포도주와 기름이 넘치리로다

내가 전에 너희에게 보낸 큰 군대 곧 메뚜기와 느치와 황충과 팥중이가 먹은 햇수대로 너희에게 갚아 주리니

너희는 먹되 풍족히 먹고 너희에게 놀라운 일을 행하신 너희 하나님 여호와의 이름을 찬송할 것이라 내 백성이 영원히 수치를 당하지 아니하리로다

그런즉 내가 이스라엘 가운데에 있어 너희 하나님 여호와가 되고 다른 이가 없는 줄을 너희가 알 것이라 내 백성이 영원히 수치를 당하지 아니하리로다

요엘 3:1~3

보라 그 날 곧 내가 유다와 예루살렘 가운데에서 사로잡힌 자를 돌아오게 할 그 때에

내가 만국을 모아 데리고 여호사밧 골짜기에 내려가서 내 백성 곧 내 기업인 이스라엘을 위하여 거기에서 그들을 심문하리니 이는 그들이 이스라엘을 나라들 가운데에 흩어 버리고 나의 땅을 나누었음이며

또 제비 뽑아 내 백성을 끌어 가서 소년을 기생과 바꾸며 소녀를 술과 바꾸어 마셨음이니라

아모스서의 예언

아모스 9:11~15

그 날에 내가 다윗의 무너진 장막을 일으키고 그것들의 틈을 막으며 그 허물어진 것을 일으켜서 옛적과 같이 세우고

그들이 에돔의 남은 자와 내 이름으로 일컫는 만국을 기업으로 얻게 하리라 이 일을 행하시는 여호와의 말씀이니라

여호와의 말씀이니라 보라 날이 이를지라 그 때에 파종하는 자가 곡식 추수하는 자의 뒤를 이으며 포도를 밟는 자가 씨 뿌리는 자의 뒤를 이으며 산들은 단 포도주를 흘리

며 작은 산들은 녹으리라

내가 내 백성 이스라엘이 사로잡힌 것을 돌이키리니 그들이 황폐한 성읍을 건축하여 거주하며 포도원들을 가꾸고 그 포도주를 마시며 과원들을 만들고 그 열매를 먹으리라

내가 그들을 그들의 땅에 심으리니 그들이 내가 준 땅에서 다시 뽑히지 아니하리라 네 하나님 여호와의 말씀이니라

오바댜서의 예언

오바댜 1:17~21

오직 시온 산에서 피할 자가 있으리니 그 산이 거룩할 것이요 야곱 족속은 자기 기업을 누릴 것이며

야곱 족속은 불이 될 것이며 요셉 족속은 불꽃이 될 것이요 에서 족속은 지푸라기가 될 것이라 그들이 그들 위에 붙어서 그들을 불사를 것인즉 에서 족속에 남은 자가 없으리니 여호와께서 말씀하셨음이라

그들이 네겝과 에서의 산과 평지와 블레셋을 얻을 것이요 또 그들이 에브라임의 들과 사마리아의 들을 얻을 것이며 베냐민은 길르앗을 얻을 것이며

사로잡혔던 이스라엘의 많은 자손은 가나안 사람에게 속한 이 땅을 사르밧까지 얻을 것이며 예루살렘에서 사로잡혔던 자들 곧 스바랏에 있는 자들은 네겝의 성읍들을 얻을 것이니라

구원 받은 자들이 시온 산에 올라와서 에서의 산을 심판하리니 나라가 여호와께 속하리라

미가서의 예언

미가 4:6~8

여호와께서 말씀하시되 그 날에는 내가 저는 자를 모으며 쫓겨난 자와 내가 환난 받게 한 자를 모아

발을 저는 자는 남은 백성이 되게 하며 멀리 쫓겨났던 자들이 강한 나라가 되게 하고 나 여호와가 시온 산에서 이제부터 영원까지 그들을 다스리리라 하셨나니

너 양 떼의 망대요 딸 시온의 산이여 이전 권능 곧 딸 예루살렘의 나라가 네게로 돌아오리라

스바냐서의 예언

스바냐 3:14~20

시온의 딸아 노래할지어다 이스라엘아 기쁘게 부를지어다 예루살렘 딸아 전심으로 기뻐하며 즐거워할지어다

여호와가 네 형벌을 제거하였고 네 원수를 쫓아냈으며 이스라엘 왕 여호와가 네 가운데 계시니 네가 다시는 화를 당할까 두려워하지 아니할 것이라

그 날에 사람이 예루살렘에 이르기를 두려워하지 말라 시온아 네 손을 늘어뜨리지 말라

너의 하나님 여호와가 너의 가운데에 계시니 그는 구원을 베푸실 전능자이시라 그가 너로 말미암아 기쁨을 이기지 못하시며 너를 잠잠히 사랑하시며 너로 말미암아 즐거이 부르며 기뻐하시리라 하리라

내가 절기로 말미암아 근심하는 자들을 모으리니 그들은 네게 속한 자라 그들에게 지워진 짐이 치욕이 되었느니라

그 때에 내가 너를 괴롭게 하는 자를 다 벌하고 저는 자를 구원하며 쫓겨난 자를 모으며 온 세상에서 수욕 받는 자에게 칭찬과 명성을 얻게 하리라

내가 그 때에 너희를 이끌고 그 때에 너희를 모을지라 내가 너희 목전에서 너희의 사로잡힘을 돌이킬 때에 너희에게 천하 만민 가운데서 명성과 칭찬을 얻게 하리라 여호와의 말이니라

스가랴서의 예언

스가랴 8:1~8

만군의 여호와의 말씀이 임하여 이르시되

만군의 여호와가 이같이 말하노라 내가 시온을 위하여 크게 질투하며 그를 위하여 크게 분노함으로 질투하노라

여호와가 이같이 말하노라 내가 시온에 돌아와 예루살렘 가운데에 거하리니 예루살렘은 진리의 성읍이라 일컫겠고 만군의 여호와의 산은 성산이라 일컫게 되리라

만군의 여호와가 이같이 말하노라 예루살렘 길거리에 늙은 남자들과 늙은 여자들이 다시 앉을 것이라 다 나이가 많으므로 저마다 손에 지팡이를 잡을 것이요

그 성읍 거리에 소년과 소녀들이 가득하여 거기에서 뛰놀리라

만군의 여호와가 이같이 말하노라 이 일이 그 날에 남은 백성의 눈에는 기이하려니와 내 눈에야 어찌 기이하겠느냐 만군의 여호와의 말이니라

만군의 여호와가 이같이 말하노라 보라, 내가 내 백성을 해가 뜨는 땅과 해가 지는 땅에서부터 구원하여 내고

인도하여다가 예루살렘 가운데에 거주하게 하리니 그들은 내 백성이 되고 나는 진리와 공의로 그들의 하나님이 되리라

스가랴 8:13

유다 족속아, 이스라엘 족속아, 너희가 이방인 가운데에서 저주가 되었었으나 이제는 내가 너희를 구원하여 너희가 복이 되게 하리니 두려워하지 말지니라 손을 견고히 할지니라

스가랴 8:20~23

만군의 여호와가 이와 같이 말하노라 다시 여러 백성과 많은 성읍의 주민이 올 것이라

이 성읍 주민이 저 성읍에 가서 이르기를 우리가 속히 가서 만군의 여호와를 찾고 여호와께 은혜를 구하자 하면 나도 가겠노라 하겠으며

많은 백성과 강대한 나라들이 예루살렘으로 와서 만군의 여호와를 찾고 여호와께 은혜를 구하리라

만군의 여호와가 이와 같이 말하노라 그 날에는 말이 다른 이방 백성 열 명이 유다 사람 하나의 옷자락을 잡을 것이라 곧 잡고 말하기를 하나님이 너희와 함께 하심을 들었나니 우리가 너희와 함께 가려 하노라 하리라 하시니라

스가랴 10:6~12

내가 유다 족속을 견고하게 하며 요셉 족속을 구원할지라 내가 그들을 긍휼히 여김으로 그들이 돌아오게 하리니 그들은 내가 내버린 일이 없었음 같이 되리라 나는 그들의 하나님 여호와라 내가 그들에게 들으리라

에브라임이 용사 같아서 포도주를 마심 같이 마음이 즐거울 것이요 그들의 자손은 보고 기뻐하며 여호와로 말미암아 마음에 즐거워하리라

내가 그들을 향하여 휘파람을 불어 그들을 모을 것은 내가 그들을 구속하였음이라 그들이 전에 번성하던 것 같이 번성하리라

내가 그들을 여러 백성들 가운데 흩으려니와 그들이 먼 곳에서 나를 기억하고 그들이 살아서 그들의 자녀들과 함께 돌아올지라

내가 그들을 애굽 땅에서 돌아오게 하며 그들을 앗수르에서부터 모으며 길르앗 땅과 레바논으로 그들을 이끌어 가리니 그들이 거할 곳이 부족하리라

내가 그들이 고난의 바다를 지나갈 때에 바다 물결을 치리니 나일의 깊은 곳이 다 마르겠고 앗수르의 교만이 낮아지겠고 애굽의 규가 없어지리라

내가 그들로 나 여호와를 의지하여 견고하게 하리니 그들이 내 이름으로 행하리라 나 여호와의 말이니라

스가랴 12:1~10

이스라엘에 관한 여호와의 경고의 말씀이라 여호와 곧 하늘을 펴시며 땅의 터를 세우시며 사람 안에 심령을 지으신 이가 이르시되

보라 내가 예루살렘으로 그 사면 모든 민족에게 취하게 하는 잔이 되게 할 것이라 예루살렘이 에워싸일 때에 유다에까지 이르리라

그 날에는 내가 예루살렘을 모든 민족에게 무거운 돌이 되게 하리니 그것을 드는 모든 자는 크게 상할 것이라 천하 만국이 그것을 치려고 모이리라

여호와가 말하노라 그 날에 내가 모든 말을 쳐서 놀라게 하며 그 탄 자를 쳐서 미치게 하되 유다 족속은 내가 돌보고 모든 민족의 말을 쳐서 눈이 멀게 하리니

유다의 우두머리들이 마음속에 이르기를 예루살렘 주민이 그들의 하나님 만군의 여호와로 말미암아 힘을 얻었다 할지라

그 날에 내가 유다 지도자들을 나무 가운데에 화로 같게 하며 곡식단 사이에 횃불 같게 하리니 그들이 그 좌우에 에워싼 모든 민족들을 불사를 것이요 예루살렘 사람들은 다시 그 본 곳 예루살렘에 살게 되리라

여호와가 먼저 유다 장막을 구원하리니 이는 다윗의 집의 영광과 예루살렘 주민의 영광이 유다보다 더하지 못하게 하려 함이니라

그 날에 여호와가 예루살렘 주민을 보호하리니 그 중에 약한 자가 그 날에는 다윗 같

겠고 다윗의 족속은 하나님 같고 무리 앞에 있는 여호와의 사자 같을 것이라

예루살렘을 치러 오는 이방 나라들을 그 날에 내가 멸하기를 힘쓰리라

내가 다윗의 집과 예루살렘 주민에게 은총과 간구하는 심령을 부어 주리니 그들이 그 찌른 바 그를 바라보고 그를 위하여 애통하기를 독자를 위하여 애통하듯 하며 그를 위하여 통곡하기를 장자를 위하여 통곡하듯 하리로다

사도 바울의 서신에 나타난 이스라엘 회복

로마서 11:1~12

그러므로 내가 말하노니 하나님이 자기 백성을 버리셨느냐 그럴 수 없느니라 나도 이스라엘인이요 아브라함의 씨에서 난 자요 베냐민 지파라

하나님이 그 미리 아신 자기 백성을 버리지 아니하셨나니 너희가 성경이 엘리야를 가리켜 말한 것을 알지 못하느냐 그가 이스라엘을 하나님께 고발하되

주여 그들이 주의 선지자들을 죽였으며 주의 제단들을 헐어 버렸고 나만 남았는데 내 목숨도 찾나이다 하니

그에게 하신 대답이 무엇이냐 내가 나를 위하여 바알에게 무릎을 꿇지 아니한 사람 칠천 명을 남겨 두었다 하셨으니

그런즉 이와 같이 지금도 은혜로 택하심을 따라 남은 자가 있느니라

만일 은혜로 된 것이면 행위로 말미암지 않음이니 그렇지 않으면 은혜가 은혜 되지 못하느니라

그런즉 어떠하냐 이스라엘이 구하는 그것을 얻지 못하고 오직 택하심을 입은 자가 얻었고 그 남은 자들은 우둔하여졌느니라

기록된 바 하나님이 오늘까지 그들에게 혼미한 심령과 보지 못할 눈과 듣지 못할 귀를

주셨다 함과 같으니라

또 다윗이 이르되 그들의 밥상이 올무와 덫과 거치는 것과 보응이 되게 하시옵고

그들의 눈은 흐려 보지 못하고 그들의 등은 항상 굽게 하옵소서 하였느니라 그러므로 내가 말하노니 그들이 넘어지기까지 실족하였느냐 그럴 수 없느니라 그들이 넘어짐으로 구원이 이방인에게 이르러 이스라엘로 시기나게 함이니라

그들의 넘어짐이 세상의 풍성함이 되며 그들의 실패가 이방인의 풍성함이 되거든 하물며 그들의 충만함이리요

로마서 11:25~27

형제들아 너희가 스스로 지혜 있다 하면서 이 신비를 너희가 모르기를 내가 원하지 아니하노니 이 신비는 이방인의 충만한 수가 들어오기까지 이스라엘의 더러는 우둔하게 된 것이라

그리하여 온 이스라엘이 구원을 받으리라 기록된 바 구원자가 시온에서 오사 야곱에게서 경건하지 않은 것을 돌이키시겠고

내가 그들의 죄를 없이 할 때에 그들에게 이루어질 내 언약이 이것이라 함과 같으니라

그러므로 여호와의 말씀이니라
보라 날이 이르리니
그들이 다시는 이스라엘 자손을 애굽 땅에서 인도하여 내신
여호와의 사심으로 맹세하지 아니하고

이스라엘 집 자손을 북쪽 땅,
그 모든 쫓겨났던 나라에서 인도하여 내신
여호와의 사심으로 맹세할 것이며
그들이 자기 땅에 살리라 하시니라

[렘 23:7~8]

예언과 성취로 이루어진 4천 년 역사 **이스라엘 귀환 스토리**

알리야 물결, 약속의 땅으로

초판 발행	2023년 2월 10일
지은이	홍광석
발행인	박진하
교정	목윤희
편집	홍용선
펴낸곳	홈앤에듀
신고번호	제 379-251002011000011호
주소	경기도 성남시 수정구 복정동 639-3 정주빌딩 B1
전화	050-5504-5404
홈페이지	홈앤에듀 http://homenedu.com
패밀리	홈스쿨지원센터 http://homeschoolcenter.co.kr
	아임홈스쿨러 http://www.imh.kr
	아임홈스쿨러몰 http://imhmall.com
	아임홈스쿨러 페이스북 httpP//facebook.com/imhkr
판권소유	홈앤에듀

* 모든 성경구절은 특별히 언급되지 않는 한 개역개정판을 사용함.

ISBN 979-11-978007-4-0 03230

값 25,000원